JN094482

堀川照代 編著
HORIKAWA TERUYO

児童サービス論

新訂版

JLA図書館情報学
テキストシリーズⅢ 6

日本図書館協会

TEXTBOOK SERIES Ⅲ

Children's Service

(JLA Textbook Series of Library and Information Studies Ⅲ ; 6)

児童サービス論 ／ 堀川照代編著. − 新訂版. 東京 ： 日本図書館協会, 2020. − 270p ； 26cm. − (JLA 図書館情報学テキストシリーズⅢ ／ 塩見昇［ほか］編 ； 6). − ISBN978-4-8204-1909-9

t1. ジドウ サービス ロン t2. ジェイエルエイ トショカンジョウホウガク テキスト シリーズ a1. ホリカワ, テルヨ
s1. 図書館奉仕 s2. 児童図書館 ①016.28

テキストシリーズⅢ刊行にあたって

情報と資料の専門機関として，地域社会の経済，教育，文化にかかわる多様な課題に応える図書館活動を創造するためには，それに携わる人材の育成が欠かせない。しかも，先人の叡智を尊重し，現代のニーズに対応し，将来の発展を見据える能力が求められる。また，世界規模での連携や協同をも視野に収めて行動する力量が期待される。こうした人材の要となる司書を養成する教育の基礎課程が，図書館法に謳われ，図書館法施行規則に明示された「図書館に関する科目」である。

日本図書館協会は，1997年の図書館法施行規則改正に基づき，司書養成教育の充実に向け，本格的なテキストブックの刊行を開始した。当時の課程は，大学で開設される「図書館に関する科目」ではなく，司書講習のためのものであった。しかし，シリーズ編集者は，この改正を「図書館に関する科目」へと展開していく段階の一つであると認識して企画を進めた。テキストブックは順次刊行され11巻を揃えるに至り，扱う題材に応じた改訂や補訂を加えてきた。2007年からは図書館を巡る情勢の変化を反映させ，内容を刷新した「シリーズⅡ」に移行した。これにより，両シリーズを通じて予定した13巻を刊行し，多くの読者の好評を得てきた。

「シリーズⅢ」は，2008年の図書館法改正に沿って「図書館に関する科目」が2012年度より適用されることを機に，これまでの構想と基調を踏まえながら，全面的な見直しを図ったものである。すなわち，現代および未来の司書養成教育として，日本図書館協会が少なくともこれだけはと考えている内容を取り上げ，教育実践の効果が高まるよう UNIT 方式を導入している。2単位科目を 50UNIT，1単位科目を 25UNIT とし，スタンダードな内容を解説している。また，発展的に扱うことが望まれる内容を option に収めている。これにより，教育の取り組みとの協調が促されることを期待している。その上で，「シリーズⅢ」の新たな試みとして，各巻に UNIT0 を設け，教育課程全体における当該科目の意義を記し，他の科目との関係を示すようにした。教育課程の体系を読者が意識できることが，学習成果を高めることにつながると確信するからである。さらに，養成教育と研修を一貫した過程ととらえ，構成と記述に配慮した。本シリーズが大学の授業教材となるとともに，図書館員のキャリア形成の素材として多面的に活用されることを願っている。

お気づきの点，ご提言やご批判，ご叱正をいただければ，専門職の技能形成という日本図書館協会の基幹事業にも貢献する。各位のお力添えを賜れば幸甚である。

シリーズ編集者

塩見昇　　柴田正美　　小田光宏　　大谷康晴

はじめに　新訂版にあたって

児童サービス論に関する科目は，1941年に文部省講習所規則改正により「児童図書館管理法」が新設されたのが嚆矢であり，戦後，図書館法が公布され図書館法施行規則で「児童に対する図書館奉仕」（必修科目１単位）が設置された。しかし，1968年の施行規則改正により，児童サービスに関する内容は「図書館活動」に吸収されることとなり，その他に「青少年の読書と資料」（選択科目１単位）が新設された。そして1996年の図書館法施行規則改正により，「児童サービス論」（必修科目１単位）が再び独立し，2009年の図書館法施行規則改正で，「児童サービス論」は１単位から２単位となったのである。それに対応して，「JLA 図書館情報学テキストシリーズⅢ」（2014年２月刊行）から本書の内容を旧版のものから倍増してお届けすることとなり，そして今また時代の変化に対応すべく改訂させていただいた。ただ，改訂といっても，テキストという性質上，押さえるべき基本をしっかりとお伝えすることを前提としている。

「子どもの読書活動の実態とその影響・効果に関する調査研究　報告書［概要］」（国立青少年教育振興機構　2013.2）によると，「子どもの頃に読書活動が多い成人ほど，＜未来志向＞，＜社会性＞，＜自己肯定＞，＜意欲･関心＞，＜文化的作法･教養＞，＜市民性＞のすべてにおいて，現在の意識・能力が高い」という結果が出ている。また，「特に，就学前から小学校低学年までの＜家族から昔話を聞いたこと＞，＜本や絵本の読み聞かせをしてもらったこと＞，＜絵本を読んだこと＞といった読書活動は，成人の＜文化的作法・教養＞との関係が強い」という結果が示されている。

このように子ども時代の読書の重要性は明らかであるが，その子ども時代の読書を保障するのが児童サービスの役割である。図書館は，資料や情報の世界と利用者の世界をつなぐ，すなわち，本と子どもをつなぐためにさまざまな手立てを行うと同時に，資料や情報への平等のアクセスと知的自由を保障するものである。これらの役割を確実に果たすために，児童サービス担当者は，館内におけるサービスばかりでなく，地域の読書推進活動にも積極的に関わる必要がある。これはとくに，2000年の子ども読書年，2001年子ども読書活動の推進に関する法律の制定，2002年子どもの読書活動の推進に関する基本的な計画の策定，という流れの中で公共図書館が地域における子ども読書活動推進の連絡調整役，企画推進役を果たすべき機関であることが，自他ともに認められてきたものである。

本書の作成には，現場の図書館員，本と子どもに関わる図書館員などを養成・研修する立場にある者，児童サービス研究者など，多様な立場の者が関わっている。

編集の途中，執筆者のひとりから次のような文が寄せられた。「小学校低学年の男の子が，児童室のカウンターで職員が演じる人形劇の“「赤ずきん」の狼は怖いの？”と聞いてきてくれたり，学校訪問のブックトークで配布したチラシを２年ぐらいしてから図書館に持参して，紹介してある本を読みたいと言ってくれたり，うらわ美術館で堀内誠一氏のギャラリートークを行ったときに，大人に交じって何人もの子どもが70分もの長い話を最後まで聞いてくれた……」，また別の方からは「先日，すごく元気で本も好きな４年生の女の子が言った言葉が心に残りました。“わたし，友だち少ないんだ。でも，本が友だち！一番の友だち！だって，いつも一緒にいてくれるもん！！”わたしは感動で涙が出そうでした。こんな子どもたちに向けて仕事ができることは本当に光栄です」という声が聞かれた。このような現場の息吹を本書から感じとっていただけたら幸いである。

本書の作成にあたり，たくさんの方々のお世話になった。執筆・編集に多くのご助言をいただくとともに多くのご面倒をおかけしたシリーズ編集者の塩見昇氏，柴田正美氏，小田光宏氏，大谷康晴氏，および日本図書館協会出版編集部の内池有里氏に，心よりお礼申し上げる。また，多くの機関の方々から資料提供を受けたり，ホームページから引用させていただいたりした。以下はその機関名の一部である。ここに記してお礼を申し上げる。そして最後に，この執筆者チームでの『児童サービス論』は今回の改訂をもって終了することを付け加えさせていただきたい。これまでにお世話になったすべての方々に心から感謝とお礼を申し上げたい。

稲城市立図書館
浦安市立図書館
恵庭市立図書館
大阪市立図書館
大阪府立中央図書館
鎌倉市図書館
熊取町立熊取図書館
国立国会図書館国際子ども図書館
小平市立図書館
小牧市立図書館
埼玉県立久喜図書館
さいたま市立北浦和図書館
さいたま市立図書館
袖ケ浦市立図書館
千葉県立図書館
鳴門教育大学附属図書館児童室
白山市学校図書館支援センター
枚方市立図書館
広島県立図書館
山口県子ども読書支援センター
山口県立山口図書館
横浜市立中央図書館
横浜市立盲特別支援学校

（名称は五十音順）

2020年１月31日

堀川照代

目次

CONTENTS

CONTENTS

UNIT 0 児童サービス論について

●…………「児童サービス論」に求められるもの

「児童サービス」の定義は難しい。UNIT 1で述べるように，本書では，乳幼児サービス，児童サービス（狭義），ヤングアダルト（YA）サービスの三つを含めて広義で児童サービスととらえている。実際には，ヤングアダルトサービスを児童サービスとは独立したものとしてとらえている図書館もある。ヤングアダルトを視野に入れつつ，独立させずに図書館全体でサービスしている館もある。大きな「児童」のくくりの中で「乳幼児」や「ヤングアダルト」といった年齢層によるサービス名称や，「子育て支援」，「学校支援」といった内容によるサービス名称が強調されたり独立したりすることとなる。

2009年の図書館法施行規則改正に当たって，児童図書館界からは，「児童サービス」のほか，「児童資料論」と「児童サービス演習」の科目新設が要望されていたが実現はみなかった。しかしこれらの科目は，児童サービスの基本の基本である。

「児童図書館にやってくる子どもたち，母親たち，教師たちとわたりあうためのたった一つの武器は，子どもの本についての知識だけ」と，児童文学作家でニューヨーク公共図書館の児童図書館員の経験をもつ渡辺茂男は述べた（『幼年文学の世界』渡辺茂男　日本エディタースクール出版部　1980　p.228）。児童サービス担当者は，館内の資料について即座に紹介できるだけでなく，新たに出版された資料についても，遅れることなくその価値を判断しておかなければならない。資料を正しく評価し選択できる目が必要であり，それを常に磨いておかなければならない。

また，本書では特に演習事項として示してはいないが，解説や例示したものを参考にぜひ演習してみていただきたいことがたくさんある。ストーリーテリングは2人くらいなら毎回の授業の最初に実施できる。ブックトークは時間がかかるので，実際に行うように話し言葉で書いてもらう紙上ブックトークの形をとることもできる。絵本の評価についても考えることができる。たとえば，山口県子ども読書支援センターのWebページに掲載されている「20年以上読み継がれてきた絵本」のリストを参考に絵本を選び，なぜこの絵本が読み継がれてきたのかを検討するとよい。レビュースリップを参考に児童書を選定してみることもできる。YA向けのPOPや新着図書案内のリスト等を作成することもよい。子ども向けホームページ（HP）

やYA向けHPの比較をすることもできる。各自治体の子ども読書活動推進計画を比較することもできる。

以上のように，資料についての知識を深め，演習しながら児童サービス担当者としての資質・能力を養い高めてもらいたい。

●…………本書「児童サービス論」の構成と学びのポイント

本書は50のUNITと21のoptionから構成されており，以下の図に示すとおりである。内容的には，図書館法施行規則に則っているが，「児童資料論」にあたるところは8ユニット分を費やして解説している。その他，学校図書館の機能について独立したユニットを設けた。公共図書館の学校および学校図書館への支援の重要性を考慮すると，学校図書館自体について知ることが必要だからである。

児童サービス論を学びながら，考えていただきたいことがある。「なぜ，それを実施するのか」ということである。なぜ読み聞かせをするのか。なぜフロアワークをするのか。なぜ子ども読書活動推進計画を策定する必要があるのか… など考えることは多い。

この児童サービス論を学びながら，自分の身の内において子ども時代の読書の重要性を理解することから，その重要性を確信することへとつながっていくことを期待している。児童サービスに関する知識や技術をもとに，コミュニケーションとアイデアを駆使して子どもをはじめとする利用者と対応し，児童サービスを創造していける図書館員の誕生を願っている。

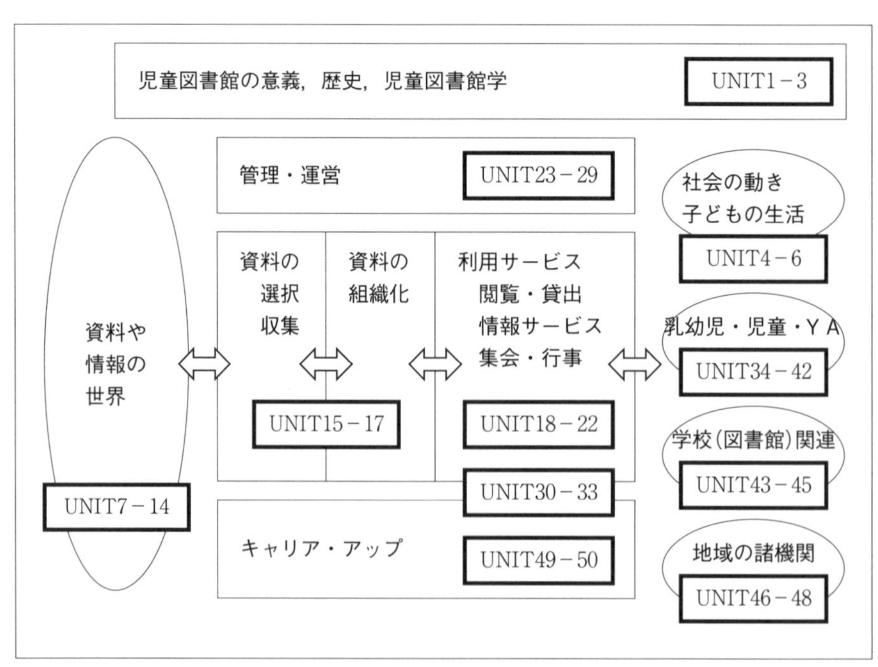

◉——option A

子どもにとっての図書館

子どもにとって，図書館とはなんだろうか。試しに聞いてみよう。「本があるところ」「本が借りられるところ」，ということばのあとに，「行ったことはないけど」ということばがついてはいないか。

図書館情報学を学ぶ者にとって図書館の存在は前提だが，子どもはおとなの行動に左右される。読書習慣のない親，図書館利用の習慣がない親，多忙で図書館に来られない親は，子どもを図書館に連れてこない。おとなが図書館に連れて行かなければ図書館に行く経験はできない。その意味で，図書館の児童サービスはおとなのためのサービスと密接につながっている。

親や教師に連れられて，あるいは，子ども自身が図書館に来たあと，通い続けるようになるかどうかは，図書館に本があるからだけではなく，それ以外の要素が影響する。図書館員の対応，児童コーナーの雰囲気，それらが，子どもを図書館に通わせ続ける要素となる。幸運にも通い続けるようになった子どもは，図書館と図書館員に何を求めるだろうか。

〈子どもが図書館と図書館員に求めること〉
- 面白い本があるところ　役に立つ本があるところ
- いつでも本を読んでもらえるところ
- いつでもおはなしが聞けるところ
- 本のことならなんでも知っている人がいるところ
- いつでも同じ人がいるところ
- いつまでも変わらずにあること

〈図書館と図書館員ができること〉
- 子どもの身近な場所にあること
- すべての子どもに開かれていること
- 子どもをひとりの人間として尊重すること
- 本の世界の楽しさを手渡すこと
- 来館していない子どもにも，本の世界の楽しさを届けること

図書館員は，本を貸し出すために仕事をしているのではない。本の中の世界を手渡すのが仕事である。本の可能性を信じ，子どもの可能性を信じ，その良き出会いのために日々仕事をする。そうした図書館員の存在そのものが図書館である。子ども時代の楽しい図書館体験は，その子の子どもも図書館利用者にするだろう。

『ゲド戦記』の作者，アーシュラ・K. ル＝グウィンは，米国のあちこちの図書館を利用してすごした子ども時代をこう語っている。

「図書館は共同体にとって，焦点となる場所，聖なる場所です。なぜ聖なる場所かといえば，それは図書館がだれでも入れる，あらゆる人に開かれている場所だからです。（中略）わたしはいくつかの図書館を，わたしの図書館として－わたしの人生におけるもっともすばらしい要素として－まざまざと，楽しく，思い出すことができます。」（『ファンタジーと言葉』ル＝グウィン著）

UNIT 1

◉児童サービスの意義

児童サービスの意義

●…………児童サービスとは

児童サービスとは，公共図書館が提供する児童のための図書館サービスである。児童とは，児童福祉法では満18歳未満をさし，乳児（0～1歳），幼児（1歳～学齢），児童（小学校就学から満18歳未満）に分かれる。図書館では，生後から3歳位までの子どもたちを主対象とする場合を〈乳幼児サービス〉，就学前児から小学生を主対象とする場合を〈児童サービス〉，中高生を主対象とする場合を〈ヤングアダルトサービス（YA サービス）〉とよぶ。本書では，これら三つを含めて広義の児童サービスと考える。

乳幼児サービス

児童サービス

ヤングアダルトサービス（YA サービス）

児童サービスは，一般の閲覧室とは別の場所，つまり独立した児童室や，一般の閲覧室の一部に設けられた児童コーナーで行われる。自治体によっては，独立した建物の児童図書館をもっているところもある。また YA サービスのためのコーナーや担当者を設けているところもある。

児童サービスの対象には，おとなも含まれる。親，保育者，学校の教師，子どもの本や児童サービスを勉強している学生，研究者，児童書の作り手などである。

児童サービスの担当者には，司書としての基礎的な知識だけでなく，①子どもを知り，②子どもの本について知り，③子どもと本を結ぶための技術を学ぶことが必要とされる。また，児童サービスには，利用者への直接サービスだけでなく，児童室の管理運営，資料の選択・収集・組織，さまざまなプログラムの計画・実施，学校等他機関との連携・協力など，利用者の目には見えない仕事が含まれる。

意義と目的

●…………児童サービスの意義と目的

児童サービスもまた，一般の図書館サービスと同じように，公共図書館の理念である「誰もが自由に自分の求める知識や情報を手に入れ，読書を楽しむことができる」という考えに支えられている。その上で，子どもの特性を考慮して行われる点に，児童サービスの特殊性がある。子どもは，おとなのような長い人生経験をもたない，まだ人生の入り口にいる人たちである。子どもにとって，この世の中の多くのことが未知のものといってよいだろう。本についても図書館についても，どういうものであるかはっきり認識している子どもは少ない。そこでおとなとは違った，積極的に働きかけるサービスが必要になるのである。

児童サービスの意義について，日本の児童サービスの発展に多大な貢献をした小河内芳子は次のように述べている。

小河内芳子

> 子どもの図書館，それは子どもを読書の楽しみの世界へいざない，子どもの多様な潜在的な興味をひきだし，現実の世界から空想の世界まで，未知の世界を子どもの目の前にひろげてみせる多種多様な本を備えているところである。そこでは子どもは，人として尊ばれ，社会の一員として尊重され，よい文化環境である図書館を自由に利用することができる。子どもがそこへくることも，本を選ぶことも，選んだ本を読むことも借りて帰ることもすべて自由であるのが，子どもの図書館である。（小河内芳子編『子どもの図書館の運営』日本図書館協会，1986，p.35（図書館員選書・11））

上記の文章は，児童憲章の「児童は，人として尊ばれる」「児童は，社会の一員として重んぜられる」「児童は，よい環境の中で育てられる」という宣言をふまえており，児童サービスの精神をよく言い表わしている。

児童憲章

またここには，図書館は公教育機関のひとつであるが，学校と違って，すべてが子どもの自由意思によることも，はっきりと明記されている。学校における読書教育は，教育の枠組の中で行われ，ある種の強制を伴うが，図書館では，本を読む読まないということも含めて，読書は完全に個人の自由な意思に任されている。

読書教育

児童サービスは，子どもの自発性を尊重しながら，子どもを楽しく豊かな本の世界に導き，子どもが求める知識や情報を手に入れる方法を教え，人類のよき遺産である資料を通して，一個の人間として成長するよう手助けすることを目的とする。

児童サービスは，未来社会の健全な成員を育てることを目的とすると同時に，生涯学習の出発点でもある。すべての人に開かれた文化施設である公共図書館を，生涯にわたって使いこなせるようにするためにも，児童サービスの意義は大きい。

生涯学習

2001年の「子どもの読書活動の推進に関する法律」の公布以降，子どもの読書に対する社会の関心は高く，さまざまな取り組みがなされている。しかし，それらは必ずしも読書本来の意味や，子どもの立場を考えて行われているとは限らない。成績向上や道徳的効果を狙った“ためになる読書”，おとなの感動を一方的に押しつける読み聞かせ，マスコミ受けを狙ったイベントなども多い。このような時代，個人の自由な読書を保障する公共図書館の児童サービスの役割は，その重要度を増してきたといえよう。

子どもの読書活動の推進に関する法律

子どもが子どもでいられる時間は近年ますます短くなってきた。子どもを取り巻く環境も厳しくなる一方である。児童図書館員には今改めて，児童サービスの意義を確認し，子どもたちが可能性に満ちた楽しく豊かな子ども時代を過ごせるよう，努力することが求められている。

UNIT 2

◉児童サービスの意義

児童サービスの歴史

近代公共図書館

●…………近代公共図書館の誕生

図書館は長い歴史の中で，情報と知識の集積である資料を保存管理して後世に伝えることを，その主な目的としてきた。知識や情報を一部の特権階級のみがもつことを許されていた時代，図書館は今日のように庶民の利用を目的としたものではなく，王侯貴族や一部の知識階級，富裕な商人などの，富と権力を象徴する宝蔵のようなものであった。当時は資料である写本の数も少なく，非常に高価であった。

活版印刷術

やがて，15世紀半ばに活版印刷術が発明され，本が量産されるようになった。また，初等教育の普及により庶民の識字率が向上し，産業革命で経済力をつけた市民階級が知識や情報を求めるようになった。そして民主主義社会を土壌として，庶民にも開かれた近代的な図書館が生まれてきたのである。

ボストン公共図書館法

1848年，アメリカでボストン公共図書館法が定められた。これは，世界で初めて税金で図書館を設立，維持管理するための法律である。２年後の1850年，イギリスでも公共図書館法が成立する。

公共図書館法

新しい国造りを目指すアメリカ社会で，公共図書館は急速な発展を遂げた。1876年に設立されたアメリカ図書館協会（ALA：American Library Association）は，「最もよい本を，最大多数の人々に，最も安く」のスローガンを掲げた。だが，この“最大多数の人々”の中に，当時まだ子どもは含まれていなかった。児童に対する図書館サービスが本格的に始動するまでには，もう少し時間を要したのである。

アメリカ図書館協会（ALA）

●…………アメリカでの児童サービスの誕生

児童サービスは，アメリカの図書館サービスの中でも，最も成功したといわれた活動である。しかし，19世紀のアメリカ公共図書館の多くは，12歳から14歳以下の子どもの利用を認めていなかった。公共図書館は，公立の学校教育を終えた人々の自己教育を助けるためのものであり，子どもの読書は学校が責任をもつべきであると考えられていたのである。公共図書館は学校に団体貸出をして協力し，生徒への貸出や読書指導などは教員の手にゆだねられた。やがて図書館の中に，こうした間接サービスではなく，青少年を公共図書館に受け入れて直接サービスをするべきであるという考えが芽生えてくる。

自己教育

ALA 発足の年，1876年にフレッチャー（W. L. Fletcher）は，公共図書館の年齢制限撤廃の論文を ALA の機関誌に発表した。また，現場の図書館員たちによる実践的な活動もあった。児童サービス開拓者の一人とされるサンダース（Minerva Sanders）は，子どもの体に合わせて図書館の机や椅子の脚を切って短くし，質を考慮して子どもの本を選び，ブックリストを作るなどして子どもを迎えた。ヒューインズ（Calorine M. Hewins）は，子どもには，日曜学校図書室（子どもが利用した）にある教訓主義的な本ではなく，楽しく質の良い本こそが必要であると主張，図書館に備えるべき児童書のリストを作り，子どもと本をつなぐ方法を論じた。彼女は，各地の図書館に児童サービスについてアンケート調査を行い，精力的に図書館界にその必要性を訴えた。他にも各地で独自の試みをする図書館員たちが出現し，こうした人々の努力により児童サービスの機運は盛り上がり，公共図書館が全米に広まっていく時期と重なって，子どもを受け入れる図書館が急速に増えていった。

フレッチャー
年齢制限
サンダース
ブックリスト
ヒューインズ
日曜学校図書室

子どもが殺到するようになると図書館は，おとなの邪魔をしないよう独立の部屋を設けるなど，子どもに対する特別なサービスの必要性に気づくようになった。そして19世紀末には，図書館学校で児童図書館員養成コースが始まった。

児童図書館員養成コース

この頃児童サービスが対象としたのは，主に10代の子どもたちであった。今日では YA サービスの対象とされる年齢の高い青少年も多く，その意味では19世紀の児童サービスの誕生は，YA サービスの誕生とも重なる。（幼児を積極的に受け入れるようになるのは，第 2 次大戦以後である。）

1906年，ニューヨーク公共図書館の児童部長（1941年まで在任）となったアン・キャロル・ムーア（Anne Carroll Moore）は，子どもを一個の人間として尊重し，彼らには質のよい本を与えるべきであるという理念のもとに，児童サービスの内容を今日の形に整え，図書館サービスの一つとして確立した。ムーアはまた，子どもの本を道徳や教化の手段ではなく，文学として評価する姿勢を強く打ち出した批評の分野でも活躍し，他の児童図書館員とともにアメリカの児童書の質の向上と発展に貢献した。これにより児童図書館員は，アメリカの子どもの本の編集や出版に対して大きな影響力をもつようになった。アメリカ図書館協会児童図書館部会は，1922年にニューベリー賞（前年度に米国で出版されたもっとも優れた児童書に与えられる）を，1938年にコルデコット賞（同じ趣旨で絵本が対象）を創設した。児童図書館員を中心とした委員たちの審査によるこの二つの賞は，今でも権威あるものとして評価されている。

アン・キャロル・ムーア
ニューベリー賞
コルデコット賞

以後アメリカの児童サービスは，その時々の政治や社会，そして子ども観の影響を受けて変化してきた。特に情報メディアの発達した現代では，児童図書館員の仕事はますます難しくなっているが，読書が子どもに豊かな実りをもたらすという信念は今でも受け継がれ，児童サービスの根幹を支えている。

●…………日本の児童サービス(1)――誕生から戦前

1867（慶応２）年，福沢諭吉の『西洋事情』によってわが国に初めて近代的な図書館の概念がもたらされた。開国後の日本では，明治政府が西欧の国々から先進文化を取り入れて近代化を急いだ。近代国家にふさわしい国民を育てるために，教育にも力を入れ，1872（明治５）年に学制を定め，同じ年に文部省書籍館を東京の湯島聖堂内に開設した。これを皮切りに，地方にも公立の書籍館が設けられていった。一方，民衆の間にも情報や知識を求める欲求は高まり，新聞縦覧所や，農村の青年会，自由民権運動の結社等を母体とした民間の読書施設等も設けられるようになった。しかしこの時代，まだ児童の利用を視野に入れた図書館はなかった。

文部省書籍館

新聞縦覧所

日本での児童サービスは，1887（明治20）年に開館した大日本教育会附属書籍館が，小学生のための閲覧規則を定めて児童図書室を開いたことに始まる。教育会とは地方での教育事業を推進することを目的とし，教員や役人，地方の有力者などで構成された組織である。附属書籍館を子どもが利用するには学校長の許可が必要で，校長が指定した図書しか閲覧できないなどの制約があり，近代図書館の理念に基づいたサービスとはいえなかった。

大日本教育会附属書籍館

明治も30年代に入ると，図書館界全体に本格的な活動を目指す動きが現れるようになる。その中で，欧米の児童サービスの手法を取り入れた試みをする図書館が出てきた。1903（明治36）年開館の山口県立図書館が，公立図書館として初めて児童室を設置している。館長の佐野友三郎は，アメリカの文献から学んだ先進的な図書館運営（無料公開制，巡回文庫による全域サービス，十進分類法の採用，郷土資料の収集）に積極的に取り組んだ。また，京都府立図書館でも，アメリカで図書館学を学んだ館長湯浅吉郎が，1905（明治38）年児童室を開室した。

山口県立図書館

佐野友三郎

湯浅吉郎

私立では，博文館創立者の大橋佐平が欧米視察後1902（明治35）年に設立した大橋図書館が，有料ではあるものの12歳以上の児童の利用を認めていた。京都の小学校の同窓会が1905（明治38）年に開設した私立修道会児童文庫は，前述した湯浅吉郎の指導のもと，独立した児童図書館として活動した。東京では，雑誌『少年世界』の編集者であり自らも子どもの本を書いた竹貫直人（佳水）が，1906（明治39）年，自宅を開放して「少年図書館」を開館した。これは今日でいう家庭文庫のようなものであった。開館の日には巌谷小波等を招いて口演童話を子どもに聞かせたりもしたという。この図書館は，東京市立日比谷図書館児童室の開室と同時に譲渡され，竹貫自身も市立図書館の嘱託となって児童サービスに従事した。

竹貫直人

東京市立日比谷図書館児童室

1908（明治41）年，東京市立日比谷図書館が開館し，児童室も同時にサービスを開始した。開館当初は閲覧料を徴収，閲覧用紙や退館証の提出などのわずらわしさはあったが，子どもたちが殺到し，混雑をきわめたという。やがて1913（大正２）年から館外貸出を開始，翌年には閲覧料を無料として，本格的な児童サービスを展開していった。この成功により，以後次々と開かれていく東京各区の図書館（ほとんどが小学校に併設）には，すべて児童のためのコーナーか室が設けられ，おはなし会や団体貸出などの児童サービスが行われた。

東京市立図書館

日本の児童サービス史上画期的な東京市立図書館の活動は，当時の東京市教育課長の戸野周二郎の理解，開館時の館長渡辺又次郎や先述した竹貫直人等の努力，そして，1914（大正３）年に日比谷図書館の館長（翌年館頭）に就任した今澤慈海の指導力などによる。今澤は，竹貫とともにイギリスのセイヤーズの著書を基にした『児童図書館の研究』（博文館　1918）を刊行，これは日本で最初の児童サービスについて論じた本である。また今澤は児童書の図書目録である『児童読物』（三省堂　1921）も編纂した。児童サービスの隆盛は，大正デモクラシーを背景にした自由教育や，雑誌『赤い鳥』創刊など童心主義による新しい童話運動にも支えられた。

今澤慈海

セイヤーズ

東京市立図書館の目覚ましい活動の一方，1910（明治43）年，大逆事件後に，時の文部大臣から「図書館設立に関する注意事項」（小松原訓令）が発せられた。これは民衆のための図書館普及と先進的な図書館運営を掲げながら，民衆教化の手段としての図書館の方向を示唆したものであった。以後，全国の公共図書館は急速にその数を増していくが，その内容（蔵書数もサービスも）は非常に貧しく，図書館本来の活動は期待できなかった。日比谷図書館の活躍によって盛り上がった児童サービスも，公共図書館の弱体化に伴い全国に発展していく機会を失った。

民衆教化

昭和に入り，日本は戦争に向けての歩みをさらに強め，思想弾圧，検閲は図書館にも及び，図書館はもっぱら思想善導の機関として利用された。第２次大戦中には図書館も壊滅的な被害を受け，児童サービスも含めて日本の図書館活動は停滞した。

思想善導

●…………日本の児童サービス(2)――戦後から現代

戦後の占領下，連合国軍総司令部（GHQ：General Headquarters）の民間情報教育部（CIE：Civil Information and Education Section）は，民主主義教育の一つの手段として，各地にCIE図書館を設置してアメリカの公共図書館のあり方を示そうとした。ここには児童書も備えられ，美しい絵本は子どもたちを楽しませた。しかし，この試みはその理念を日本の図書館界に根づかせるまでには至らなかった。

連合国軍総司令部

民間情報教育部

1950（昭和25）年，図書館法公布。この法律は無料公開制をうたうなど，民主的な新しい図書館のあり方を示した。しかし理念はあっても図書館の現状は貧しく，まして児童サービスに配慮する図書館はほとんどなかった。そのような中，長野県立図書館は，子どもを通して母親に読書を奨励する「PTA母親文庫」運動を開始する。後の鹿児島県立図書館の「母と子の20分間読書」運動（1960年開始）とともに，教育的色合いの濃い読書普及運動だったが，読書を親子の交流に結びつけたこれらの運動は，全国に広まっていった。

図書館法

無料公開制

PTA母親文庫

母と子の20分間読書

また1950年代には，自宅を開放して近所の子どもに本を提供する“子ども文庫”も出てきた。これは，図書館サービスの貧しさを補う日本独特の子どものための読書施設である。やがて，1965（昭和40）年に『子どもの図書館』（岩波書店）が刊行されると，それに刺激を受けて全国に多くの文庫が誕生した。この本は，児童文学者の石井桃子が，自宅に開いた「かつら文庫」での実践報告をまとめ，海外の児童図書館サービスにも触れたものである。こうした流れの中で児童サービスに関心をもつ人たちも増え，文庫関係者の中から公共図書館を要求する声が高まっていった。

石井桃子

図書館界では，戦前から児童サービスに携わっていた小河内芳子を中心に1953年「児童図書館研究会」が発足した。研究会には図書館員だけでなく文庫関係者も加わり，協力して日本の児童サービスを育てていこうとした。そして，アメリカに留学して図書館学を学び，現場も体験してきた人たちは帰国後，教育や研修，文献の翻訳などを通して児童サービスの重要性を訴え，実際の仕事を指導した。

児童図書館研究会

この時期，児童書出版界にも大きな動きがあった。海外の優れた児童文学や絵本を紹介した「岩波少年文庫」（1950年刊行開始），「岩波の子どもの本」（1953年刊行開始）は，これまでの子どもの本にはない面白さで人々を魅了し，新しい日本の児童文学を誕生させる起爆剤となった。福音館書店は，1956（昭和31）年に月刊の創作絵本雑誌『こどものとも』を創刊，1961（昭和36）年には，原著に忠実な判型で新しい海外の絵本を紹介する「世界傑作絵本シリーズ」の刊行も始めた。これら質の良い子どもの本の出版も，また児童サービスの発展を支えた。

岩波少年文庫

岩波の子どもの本

『こどものとも』

1963（昭和38）年，日本図書館協会は『中小都市における公共図書館の運営』（中小レポート）を刊行した。これは，日本各地の図書館の実態を調査した上で，市民のための図書館として，今後あるべき公共図書館サービスの基準を示したものである。この“中小レポート”の理論をもとに，貸出を重視し，移動図書館１台でサービスを開始した日野市立図書館では，子どもの利用の多さが注目され，その実践を経てまとめられた『市民の図書館』（日本図書館協会　1970）には，児童サービスの重要性が説かれていた。1970年代から80年代にかけて日本の公共図書館は飛躍的に発展，その多くが児童サービスに力を入れるようになり，公共図書館の児童室は“当たり前”の存在になった。しかし，こうして読書環境が整ってきたことと反比例して，’80年代後半から子どもの読書離れが始まった。児童室を利用するのは母親に連れてこられた乳幼児が多く，読書を楽しめる年齢の子どもは減少してきた。子どもの読書離れを危惧して2001（平成13）年には「子どもの読書活動の推進に関する法律」が公布され，それに伴う基本計画では児童サービスの重要性も確認された。しかし，公共図書館が抱えている指定管理者制度や司書の専門性の問題をそのままにして児童サービスの今後を考えるのは難しい。図書館は子どもに対して何をなすべきか，今，改めて問われている。

『中小都市における公共図書館の運営』

『市民の図書館』

子どもの読書活動の推進に関する法律

指定管理者制度

UNIT 3

◉子どもの生活と読書

児童サービスの現状

●…………児童サービスの現状

日本図書館協会が毎年，全国の図書館を調査して『日本の図書館』としてまとめている。児童サービス関連項目の調査は2008年以来，実施されていなかったが，2018年調査より復活され，表（p.20）のような結果が報告されている。 日本の図書館

また，『第四次「子供の読書活動の推進に関する基本的な計画」(関係資料)』(http://www.mext.go.jp/b_menu/houdou/30/04/__icsFiles/afieldfile/2018/04/20/1403863_003_3.pdf）には，図（p.20）のように，図書館設置状況や児童室を有する図書館等の数値が示されている。これらの数値から，わが国の子どもたちのどれくらいの割合が，児童サービスを享受していると考えられるであろうか。 子供の読書活動の推進に関する基本的な計画

●…………公共図書館を利用すること

「子どもたちを図書館に連れてくるのは，いつもの生活の場から，わくわくするようなところへの旅なのです。学齢前の子どもたちへのお話の時間から，高校生のための職業選択計画まで，児童サービス担当職員は適切に対応しますが，それは図書館に来る一人ひとりの若者の，その年代に特有の要求について，いつも注意を怠らないからなのです。」(『図書館のめざすもの』新版　竹内悊編・訳　日本図書館協会　2014　p.28)

この文章は「アメリカ社会に役立つ図書館の12か条－新版」（アメリカ図書館協会　2010）の第6条「図書館は若い心を開きます」に述べられているものである。

公共図書館では，子どもも一人の利用者として尊重される。年齢にかかわらず登録カードを作ることができる。児童向けばかりでなくどの資料も利用できる。全資料を目の当たりにして知識の宇宙を感じ，生涯学習の入り口に立つことができる。公共図書館は，子どもにとって初めて主体的に利用する公共施設である。公共の物（資料）を使うための手続きを知り，資料を借りる権利があると同時に返す義務があることを知る。自他の所有物の区別を知り，共用の資料を利用するルールを知る。公共の場での振る舞いを知り，公共性を身につけていくのである。 生涯学習 公共施設 公共性

表　公共図書館集計（2018年）

（http://www.jla.or.jp/Portals/0/data/iinkai/ 図書館調査事業委員会 /toukei/ 公共集計2018.pdf）

	都道府県立	市区立	町村立	私立	計
1　設置					
自治体数	47	814	927		
図書館設置自治体数	47	805	528		
人口（千人）	127,907	116,758	11,149		
2　図書館					
図書館総数	58	2,599	620	19	3,296
回答館数	58	2,607	620	19	3,304
9 「児童」についてのデータ					
蔵書冊数（千冊）	45,910	342,946	48,336	797	437,989
（うち児童）	5,405	94,151	14,514	129	114,200
年間受入図書冊数（千冊）計	925	12,843	1.618	7	15,392
（うち児童）	142	3,528	517	3	4,189
（うち購入）	652	10,904	1,317	4	12,877
（うち購入うち児童）	123	3,147	425	2	3,697
貸出1. 個人貸出登録者数（千人）	3,323	43,407	5,324	23	52,076
（うち児童）	167	4,348	489	9	5,014
貸出2. 個人貸出数（千点）	15,635	579,979	45,309	104	641,026
（うち児童）	4,522	181,680	14,085	51	200,337

＊「児童」についてのデータは，数値解答のあった館を抽出した。

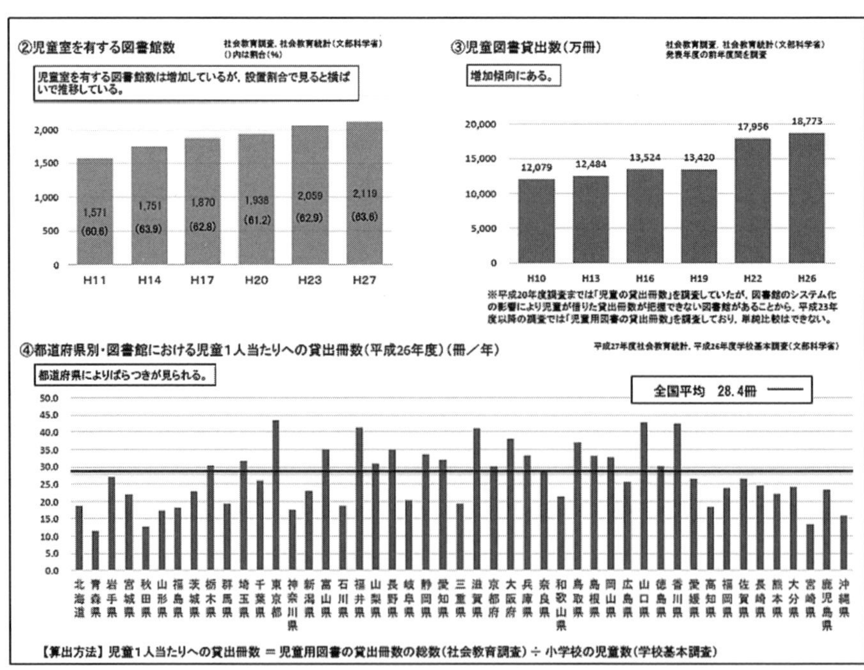

図　児童室を有する図書館数など

（「第四次子供の読書活動の推進に関する基本的な計画」（関係資料））

●…………子どもにこそ最高のものが与えられるべき

小寺啓章

1983年に開館した兵庫県太子町立図書館の当時の小寺啓章館長の方針は，「植物の根に新鮮な水を供給するのと同様な，静かで着実なサービスの提供」であり，そこから生まれる「図書館の存在と本を通しての人間関係があるという安心感」によってそのサービスが支えられるというものであった。

石井桃子

この小寺啓章館長は，石井桃子の考え方や人と仕事に対する取り組み方などから多くのことを学んだと言う。「彼女には，子どもにこそ最高のものが与えられるべきである，という信念がある。彼女の目の高さ，志の高さから学ぶべきことが多い」と小寺は述べており，竹内悊もまた，同様のことを述べている。

竹内悊

> 「子どもにこそ最高のものを与えるべきだ」ということについて，私の恩師ルイス・ショアーズ博士は，トルストイの芸術論を引いて，図書館員の仕事を説明するのが常でした。トルストイは，art ということを，「人前で演技したり歌を歌ったりすることだけではない，その中にこめられている，人間が生み出した最高のもの，それを伝えるのがart だ」といいました。それを引いてショアーズ博士は，「図書館員の仕事も同様だ。これは art なのだ」と主張したのです。(『あなたは読んでいますか』竹内悊著刊　2010　p.20)

●…………居場所としての図書館

「さまざまな困難や『生きづらさ』を抱えた」子どもたちが増加している。これまでも「受験競争，学級崩壊，いじめ，校内暴力，不登校，虐待など」日本の子どもを取り巻く環境は厳しく，「さらに貧困や格差によってその深刻さは増している。そして，そのような困難を抱えていない子どもたちでさえも，教室での同調圧力，友人関係，親子関係などで『生きづらさ』を抱えているのが現状である」と久野和子は述べ，「子どもにとって最良の『第三の場』とは『信頼できる大人』たちが共にいる場所である」とオールデンバーク (Ray Oldenburg) の言を引いている（久野和子「子どもたちの『第三の場』としての学校図書館・公共図書館」『図書館雑誌』111巻10号　2017　p.656-657)。

第三の場

右図は2015年８月に鎌倉市図書館がツイートして大きな反響を呼んだものである。「心の居場所」として子どもたちから認められるように，図書館員は子どもたちの信頼を得ることができているだろうか。

心の居場所

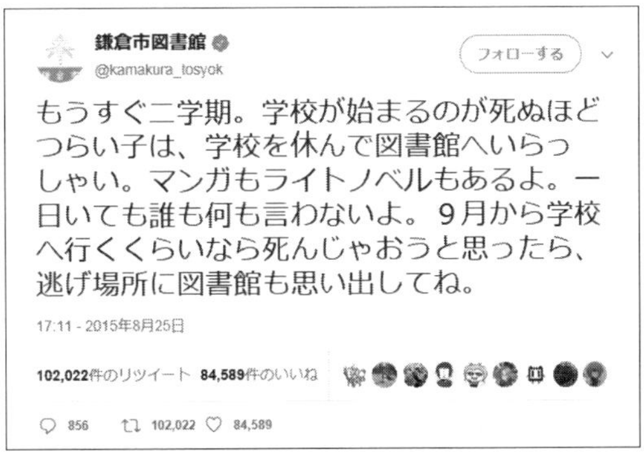

鎌倉市図書館
@kamakura_tosyok
フォローする
もうすぐ二学期。学校が始まるのが死ぬほどつらい子は、学校を休んで図書館へいらっしゃい。マンガもライトノベルもあるよ。一日いても誰も何も言わないよ。９月から学校へ行くくらいなら死んじゃおうと思ったら、逃げ場所に図書館も思い出してね。
17:11 - 2015年8月25日
102,022件のリツイート　84,589件のいいね
856　102,022　84,589

https://twitter.com/kamakura_tosyok/status/636329967668695040

●…………児童サービス担当者として

子どもたちに子ども時代の読書を保障するために，児童サービス担当者はどのような点に留意しなければならないだろうか。次の「児童図書館員にささげる」と「ヤングアダルトサービス10箇条」は発表されてから久しいが，基本として参考になる。我々はさらに，現代のデジタル時代に対応した資質・能力を備えなければならない。

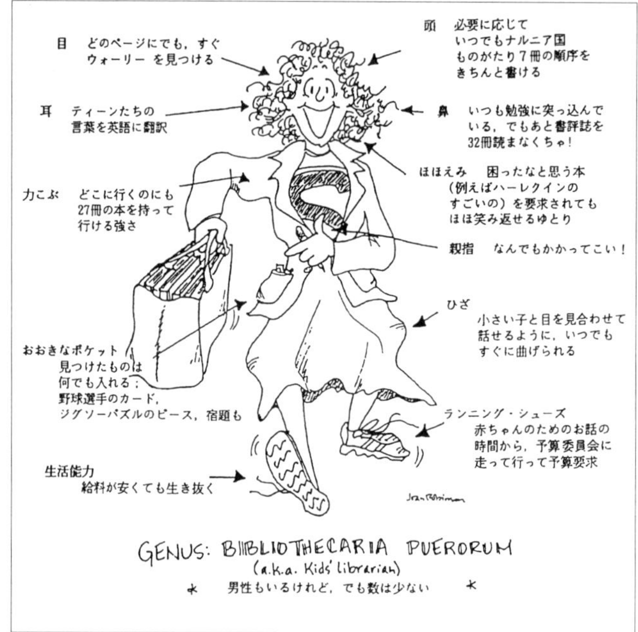

児童図書館員にささげる
（竹内悊訳）
（ALSC Newsletter, June 1994 Vol.15 no.4. 竹内悊訳『やっぱり図書館がだいじ』大阪子ども文庫連絡会　1997　p.137）

ヤングアダルトサービス10箇条

①関心を持たせる：興味を引くような資料を用意し，質問しやすい雰囲気を作る。
②宣伝をする：ヤングアダルトが利用するメディア・場所にイベントの情報を流す。
③直接話す：親と一緒にやってきても，親ではなく本人に直接話す。
④助言を求める：定期的にヤングアダルトによる協議会を開催し，ニーズや興味を知る。
⑤尊重する：知的にも，感情的にも成熟した大人として対応する。
⑥一貫した対応をする：図書館の決まりは例外なく守らせる。
⑦接触を持つ：ヤングアダルトの生活に何が起こっているか，注意を払う。
⑧準備をする：学校でよく出される宿題については準備をしておく。
⑨場所を用意する：専用のフロアをもうけることは出来なくても，掲示板・壁等のスペースを用意する。
⑩素早くクールに：問題が起こったときには素早く，落ち着いて対処する。

Ref: Minudri, Regina, et al. The top 10 things you need to know about teens, Sch Libr J（45）1　1999, p.30-31
（「ヤングアダルトサービス10箇条」 カレントアウェアネス　No.235　1999.03.20
https://current.ndl.go.jp/node/1000）

UNIT 4

◉子どもの生活と読書

子どもを取り巻く社会の動き

●…………「子ども・若者育成支援推進法」の成立・施行

子ども・若者育成支援推進法

「2000年代前半，我が国社会において少子高齢化，情報化，国際化，消費社会化が進行し，家庭，学校，職場，地域，情報・消費の場など青少年を取り巻く環境にも大きな影響が及んでいる」（『子供・若者白書　令和元年版』内閣府　p.52 https://www8.cao.go.jp/youth/whitepaper/r01honpen/pdf_index.html）という認識により，2003年6月に内閣に青少年育成推進本部が設置され「青少年育成施策大綱」が定められた。しかし，ニートやひきこもり，児童虐待，いじめ，少年による重大事件，有害情報の氾濫など，子どもや若者をめぐる厳しい状況の継続に対応して「子ども・若者育成支援推進法」が2009年に成立した。この法に基づいて2010年7月に「子ども・若者ビジョン」が策定された。これが5年を経過したことから，2016年2月に新たな「子供・若者育成支援推進大綱」（p.24）が策定された。その基本的な方針には，①すべての子ども・若者の健やかな育成，②困難を有する子ども・若者やその家族の支援，③子ども・若者の成長のための社会環境の整備，④子ども・若者の成長を支える担い手の養成，⑤創造的な未来を切り拓く子ども・若者の応援の5項目が挙げられている。

「子ども・若者ビジョン」

●…………日常生活能力の習得

文部科学省は2006年から「早寝早起き朝ごはん」国民運動を推進している。子どもが望ましい基本的な生活習慣を身につけ生活リズムを向上させることがねらいである。また，文部科学省をはじめ内閣府，厚生労働省，農林水産省においても，子どもの頃から食に対する基本的知識や習慣を身につけ，意識を高め，心身の健康を増進する健全な食生活を実践することができるようになるために食育活動が推進されている。いじめの社会問題化や重大事件をひきおこすなど子どもの問題行動への対応として「善悪の判断といった規範意識や倫理観の育成を図ることが，これまで以上に求められて」おり，「学校の教育活動全体を通じて，だれに対しても思いやりの心を持つことや広い心で自分と異なる意見や立場を大切にすることに関する指導が行われている。また，伝え合う力の育成を重視し，発表・討論を積極的に取り入れた学習活動が行われている。」（『子供・若者白書　令和元年版』p.60）

食育活動

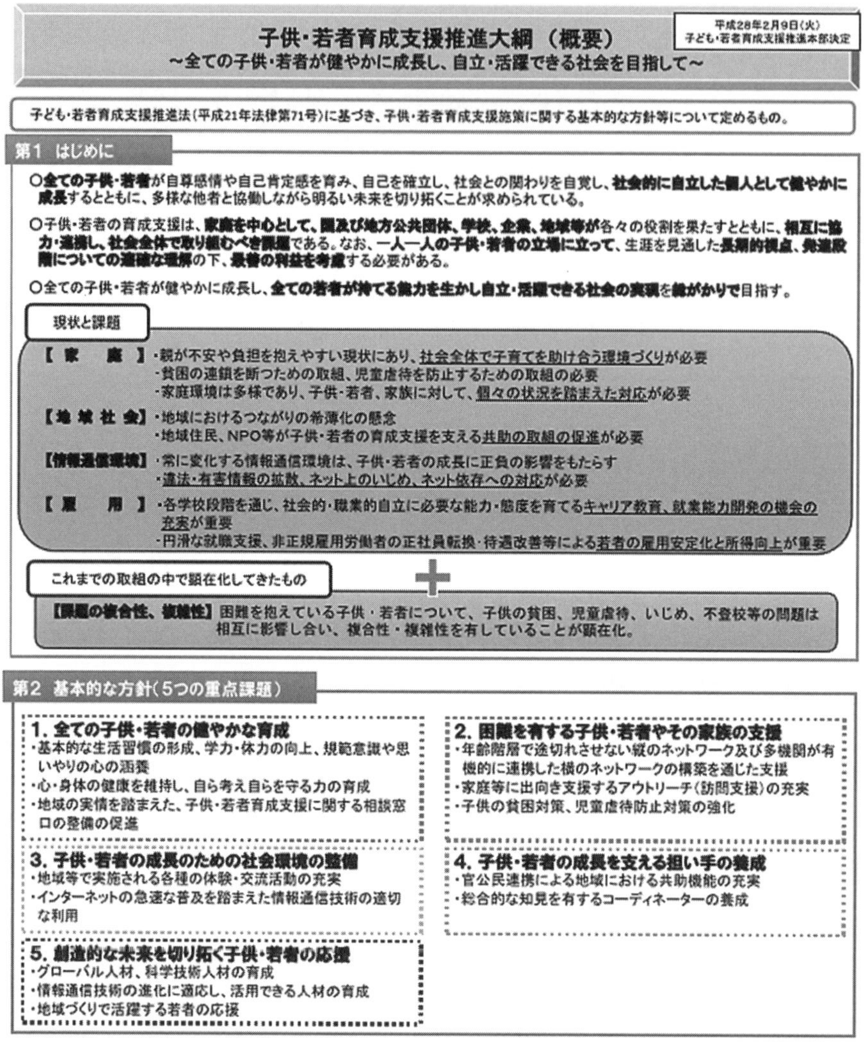

平成28年2月9日（火）
子ども・若者育成支援推進本部決定

子供・若者育成支援推進大綱（概要）
～全ての子供・若者が健やかに成長し、自立・活躍できる社会を目指して～

子ども・若者育成支援推進法（平成21年法律第71号）に基づき、子供・若者育成支援施策に関する基本的な方針等について定めるもの。

第1　はじめに

○**全ての子供・若者**が自尊感情や自己肯定感を育み、自己を確立し、社会との関わりを自覚し、**社会的に自立した個人として健やかに成長**するとともに、多様な他者と協働しながら明るい未来を切り拓くことが求められている。

○子供・若者の育成支援は、**家庭を中心として、国及び地方公共団体、学校、企業、地域等が**各々の役割を果たすとともに、**相互に協力・連携し、社会全体で取り組むべき課題**である。なお、**一人一人の子供・若者の立場に立って**、生涯を見通した**長期的視点、発達段階についての適確な理解**の下、**最善の利益を考慮**する必要がある。

○全ての子供・若者が健やかに成長し、**全ての若者が持てる能力を生かし自立・活躍できる社会の実現**を**総がかりで**目指す。

現状と課題

【家　　庭】・親が不安や負担を抱えやすい現状にあり、社会全体で子育てを助け合う環境づくりが必要
・貧困の連鎖を断つための取組、児童虐待を防止するための取組の必要
・家庭環境は多様であり、子供・若者、家族に対して、個々の状況を踏まえた対応が必要

【地域社会】・地域におけるつながりの希薄化の懸念
・地域住民、NPO等が子供・若者の育成支援を支える共助の取組の促進が必要

【情報通信環境】・常に変化する情報通信環境は、子供・若者の成長に正負の影響をもたらす
・違法・有害情報の拡散、ネット上のいじめ、ネット依存への対応が必要

【雇　　用】・各学校段階を通じ、社会的・職業的自立に必要な能力・態度を育てるキャリア教育、就業能力開発の機会の充実が重要
・円滑な就職支援、非正規雇用労働者の正社員転換・待遇改善等による若者の雇用安定化と所得向上が重要

これまでの取組の中で顕在化してきたもの　＋

【課題の複合性、複雑性】困難を抱えている子供・若者について、子供の貧困、児童虐待、いじめ、不登校等の問題は相互に影響し合い、複合性・複雑性を有していることが顕在化。

第2　基本的な方針（5つの重点課題）

1. 全ての子供・若者の健やかな育成
・基本的な生活習慣の形成、学力・体力の向上、規範意識や思いやりの心の涵養
・心・身体の健康を維持し、自ら考え自らを守る力の育成
・地域の実情を踏まえた、子供・若者育成支援に関する相談窓口の整備の促進

2. 困難を有する子供・若者やその家族の支援
・年齢階層で途切れさせない縦のネットワーク及び多機関が有機的に連携した横のネットワークの構築を通じた支援
・家庭等に出向き支援するアウトリーチ（訪問支援）の充実
・子供の貧困対策、児童虐待防止対策の強化

3. 子供・若者の成長のための社会環境の整備
・地域等で実施される各種の体験・交流活動の充実
・インターネットの急速な普及を踏まえた情報通信技術の適切な利用

4. 子供・若者の成長を支える担い手の養成
・官公民連携による地域における共助機能の充実
・総合的な知見を有するコーディネーターの養成

5. 創造的な未来を切り拓く子供・若者の応援
・グローバル人材、科学技術人材の育成
・情報通信技術の進化に適応し、活用できる人材の育成
・地域づくりで活躍する若者の応援

●…………学習指導要領の改訂

学習指導要領

学習指導要領は約10年ごとに改訂される。

2008年，2009年の改訂では，「言語活動の充実」と「探究型の学び」が強調された。この背景の一つに，2000年以降3年ごとに開催されている経済協力開発機構（OECD）の生徒の学習到達度調査（PISA）の結果がある。15歳の子どもたちが調査対象であるが，2000年から2006年にかけて読解力が低下したことが問題視され，「読解力の向上」が強調された。PISA型読解力とは，「自らの目標を達成し，自らの知識と可能性を発達させ，効果的に社会に参加するために，書かれたテキストを理解し，利用し，熟考する能力」である。PISAでは，このほか「数学的リテラシー」と「科学的リテラシー」を測るが，日本の子どもたちは読解力に課題があることが

学習到達度調査（PISA）

読解力

指摘されており，文部科学省が2007年度から実施している「全国学力・学習状況調査」においても言語能力の低下が指摘されている。

なお，PISA は2015年度からコンピュータ使用型に移行し，読解力定義は「自らの目標を達成し，自らの知識と可能性を発達させ，社会に参加するために，テキストを理解し，利用し，評価し，熟考し，これに取り組むこと。」となった。

2017年，2018年に改訂された学習指導要領の総則には，次のように述べられている。「各学校においては，児童の発達の段階を考慮し，言語能力，情報活用能力（情報モラルを含む。），問題発見・解決能力等の学習の基盤となる資質・能力を育成していくことができるよう，各教科等の特質を生かし，教科等横断的な視点から教育課程の編成を図るものとする。」

教科等横断的

子どもたちに求められているのは，知識を獲得し再現する力だけではなく，未知の状況で自分で判断し思考し表現できる力であり，「主体的･対話的で深い学び（アクティブ・ラーニング）」が強調されている。

主体的・対話的で深い学び

●…………学校教育の情報化の推進

情報のデジタル化が急速に高度に進展する中で，子どもたちは情報社会に主体的に対応していく力がますます求められている。2019年４月から「学校教育法等の一部を改正する法律」等関係法令が施行され，従来の紙の教科書を主たる教材として使用しながら，必要に応じて学習者用デジタル教科書を併用することができることとなった。また2020年度から小学校においてプログラミング教育が必修化されるが，その趣旨や教育委員会・学校等での取り組みや教材などの情報を共有するポータルサイト「未来の学びコンソーシアム」が，文部科学省・総務省・経済産業省の連携により2019年３月に立ち上げられた。2019年６月には「学校教育の情報化の推進に関する法律」が公布・施行され，第８条で文部科学大臣は「学校教育の情報化の推進に関する計画」（学校教育情報化推進計画）を定めなければならない，第９条で，都道府県や市町村はその区域の「学校教育の情報化の推進に関する施策についての計画」（学校教育情報化推進計画）を定めるよう努めなければらない，とされている。

デジタル教科書

学校教育の情報化の推進に関する法律

また，文部科学省は学校における最低限必要で，かつ優先的に整備すべきICT環境について「平成30（2018）年度以降の学校における ICT 環境の整備方針」を2017年12月に策定した。そしてこの整備方針を踏まえ，学校における ICT 環境の整備に必要な経費として「教育の ICT 化に向けた環境整備５か年計画（2018～2022年度）」を策定し 単年度1,805億円の地方財政措置を講じた。しかし，2018年３月現在で学習者用コンピュータ１台当たりの児童・生徒数は5.6人と，「３クラスに１クラス分程度整備」という目標水準には届いておらず，自治体間で大きな差がある。

困難を有する子ども若者

●…………困難を有する子どもや若者やその家族の支援

「困難を有する子どもや若者」には，ひきこもりや不登校，障害のある子どもや若者，非行・犯罪に陥った子ども・若者，貧困を抱えた子ども・若者，性同一性障害等を抱えた子ども・若者等，さまざまな状況の子どもたちや若者たちがある。

不登校

小・中学生の不登校者数は，2013年度から2017年度の５年続けて前年を上回っている。その不登校の要因は，家庭に係る状況，いじめを除く友人関係をめぐる問題，学業の不振等が多くみられるという（『子供・若者白書　令和元年版』p.120）。

障害には，視覚・聴覚障害，発達障害等があるが，児童・生徒一人ひとりに個別のニーズがある。それらを理解し，学習や社会参加に主体的に取り組めるよう適切に指導及び必要な支援をするために「特別支援教育」が学校教育法に2007年４月から位置づけられた。2016年に施行された「障害を理由とする差別の解消の推進に関する法律」（障害者差別解消法）では，「不当な差別的取扱いの禁止」と「合理的配慮の提供」の二つが定められている。2019年６月には，「視覚障害者等の読書環境の整備の推進に関する法律」（読書バリアフリー法）が成立した。この法律においては、「視覚障害者等の読書環境の整備の推進に関する基本的な計画」を定めなければならないとし，「視覚障害者等」とは，「視覚障害，発達障害，肢体不自由その他の障害により，書籍（雑誌，新聞その他の刊行物を含む。以下同じ。）について，視覚による表現の認識が困難な者をいう」と定義されている。

読書バリアフリー法

子ども食堂

子どもの貧困対策の推進に関する法律

子どもたちの貧困の問題もある。民間において学習支援や子ども食堂が広がりを見せているが，2013年６月に「子どもの貧困対策の推進に関する法律」が成立し（2014年１月施行），2014年８月に「子供の貧困対策に関する大綱」が策定された。

厚生労働省の国民生活基礎調査によると，18歳未満の子どもの貧困率は2003年の13.7％から上昇が続き，2012年調査で16.3％に達した。2016年調査では，子どもの貧困率は13.9％（2015年）となり，過去最悪だった前回の2012年調査から2.4ポイント改善した。しかし子どもの７人に１人が所得が少なくて生活が苦しい貧困状態であり，OECD の平均13.2％（2013年）を上回る。デンマークの2.7％や韓国7.1％などに及ばず，わが国は主要36カ国で24位にとどまる。

（「子どもの貧困率，12年ぶり改善　主要36カ国で24位」井上充昌　2017年６月27日12時14分　https://www.asahi.com/articles/ASK6V4DZBK6VUTFK002.html）

UNIT 5

◉子どもの生活と読書

子どもの読書とインターネット利用

●…………子どもの情報や資料へのアクセス権

1989年11月に国連総会において採択（1990年発効）された「児童の権利に関する条約」の第17条には次のように述べられており，子どもの情報へのアクセスを保障することが意図されている。

児童の権利に関する条約

情報へのアクセス

第17条（大衆媒体の機能）

締約国は，大衆媒体（マス・メディア）の果たす重要な機能を認め，児童が国の内外の多様な情報源からの情報及び資料，特に児童の社会面，精神面及び道徳面の福祉並びに心身の健康の促進を目的とした情報及び資料を利用することができることを確保する。（後略）

●…………子どもの読書の状況

全国学校図書館協議会と毎日新聞社が共同で毎年６月に，児童生徒を対象に読書調査を実施している。全国から小・中学校は都市規模別，高校は学科別にサンプル校を抽出し，各学年１クラスで実施しており，2018年の第64回学校読書調査では，小学生（４～６年生，2,730人），中学生（１～３年生，2,714人），高校生（１～３年生，2,976人）が対象であった。

読書調査

平均読書冊数は，どの校種においても減少したが，小学生は前年より1.3冊減少して9.8冊と10冊を下回った。特に４年生では前年比3.0冊減であり，うち男子が4.1冊減，女子1.9冊減であった。

調査対象の５月１か月間に読んだ本が０冊の児童生徒を「不読者」と呼んでいるが，今回の調査ではどの校種とも不読者が増加した。どの校種・学年も女子より男子のほうが不読率が高く，特に高校３年生は男子63.4％，女子60.4％と，ともに60％を超えている。

不読者

「あなたは，どんなときに本（雑誌やマンガをのぞく）を読みたくなりますか」という設問には，全学年を通して「ひまな時間ができたとき」という回答が60％前後を占め，次に多い回答は小学生男子を除いた全学年で「楽しみたいとき」（12.2～21.4％）であった。

第64回学校読書調査報告（『学校図書館』817号　2018.11　p.12-47）によると，

読み聞かせ

本の紹介

小学校入学前に家の人に本を読んでもらったことがある児童生徒は7～8割，小学校低学年のときに先生から読み聞かせをしてもらったことがあると回答した児童生徒は6～7割であった。また，各校種とも「家の人から本の紹介があった児童生徒は，現在の読書冊数が多い」傾向にあるという。「先生から本の紹介があった」のは「家の人から本の紹介があった」割合よりおおむね上回っていたが，紹介された本を読んでみたいと回答した割合は，中・高校生は先生より家の人からの本の紹介のほうが効果があり，小学生は家の人の紹介を上回るほど先生からの紹介が効果があることがわかった。また，読書好きな児童生徒は，繰り返し読みたくなる本と出会っており，「生き方・考え方に影響を与えた本」との出会いには，適切で的確な支援が必要と指摘されている。

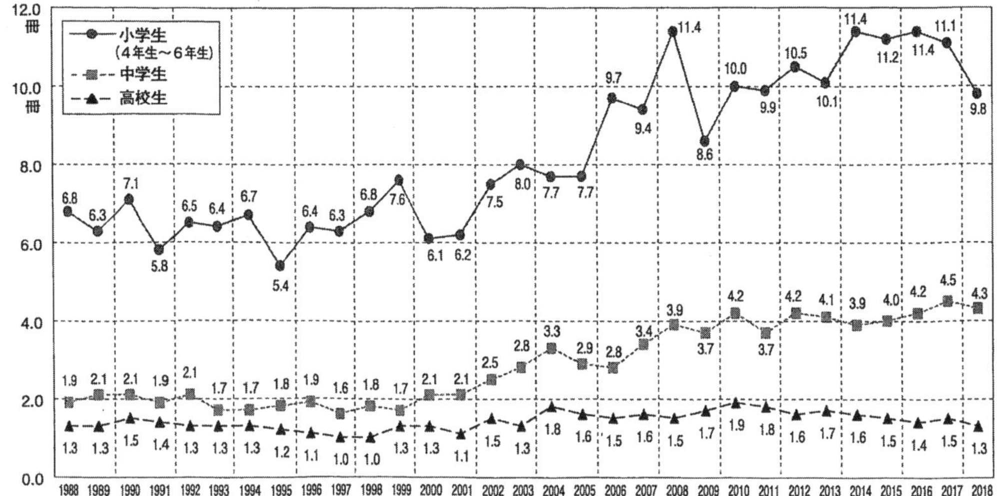

過去31回分の5月1か月間の平均読書冊数の推移

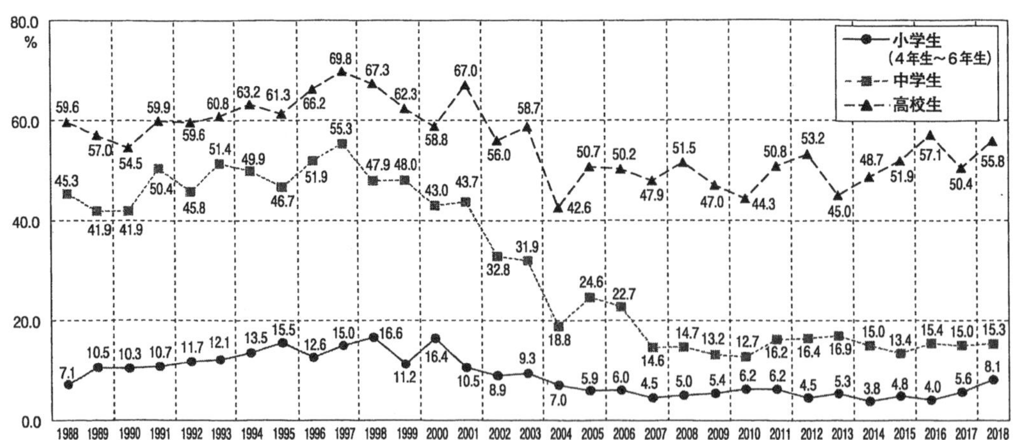

過去31回分の不読者（0冊回答数）の推移

（出典：「第64回学校読書調査報告」『学校図書館』No.817　2018,11）

●…………青少年のインターネット利用状況

2009年4月に「青少年が安全に安心してインターネットを利用できる環境の整備等に関する法律」(青少年インターネット環境整備法)が施行され，その施行状況のフォローアップのための基礎的データを得ることを目的に，2009年度から毎年「青少年のインターネット利用環境実態調査」が内閣府によって実施されている。

青少年インターネット環境整備法

2018年度は11～12月に，青少年調査（満10～17歳，3,079人）とその保護者調査（青少年と同居する3,445人)，低年齢調査（0～満9歳の子どもと同居する保護者，2,274人）を対象に調査が実施された（「平成30年度青少年のインターネット利用環境実態調査結果（概要)」内閣府　2019.3　https://www8.cao.go.jp/youth/youth-harm/chousa/net-jittai_list.html)。

調査結果から，0～17歳の年齢別の傾向が以下のように示されている。

○　年齢が上がるとともにインターネットの利用率も高くなる傾向（0歳は6.1%17歳は98.8%)。

○　子ども専用のものを使っている割合は，11歳から12歳にかけて24.9ポイント上昇し，専用と共用の割合が逆転。

○　利用内容の割合は，動画視聴が全年齢を通じて高い。コミュニケーション及び音楽視聴は12歳より加齢に伴う増加が顕著。ゲームは12歳以降では頭打ち。

○　インターネットの平均利用時間は，年齢とともに増加傾向にある（2歳は83.0分，17歳は232.5分)。

また，「青少年調査」と「低年齢調査」の結果は表（p.30）のとおりである。低年齢層の56.9%がインターネットを利用しているが，そのうち0歳は6.1%，1歳は18.3%，2歳では46.6%，6歳は66.3%，9歳は77.3%である。インターネット利用時間は，低年齢調査においても青少年調査においても前回調査よりも増加している。

ネット依存

一方，厚生労働省では2018年8月に，全国で93万人の中高生がネット依存の疑いがあるという推計を発表した。国立病院機構久里浜医療センター（神奈川県）は2011年，国内で初めて「ネット依存外来」を開設したが，2018年現在，年間で約1,500人が受診し，約7割が未成年という。患者によっては脳が萎縮して理性をつかさどる機能が低下し，「わかっていてもうまくできない」状態になり，こうした場合は「朝，起きられない，遅刻・欠席，ひきこもる，物に当たる・壊す，家族に暴力をふるう」などの症状も現れるという（「ネット依存疑い，中高生の7人に1人　進む低年齢化」朝日デジタル　2018年9月1日15時00分　https://www.asahi.com/articles/ASL9124 TVL91UBQU001.html)。

ゲーム障害

世界保健機関（WHO）は2019年5月25日，ゲームのやり過ぎで日常生活が困難になる「ゲーム障害」を国際疾病として正式に認定した。スマートフォンなどの普及でゲーム依存の問題が深刻化し，健康を害する懸念は強まっている。ギャンブル依存症などと同じ精神疾患と位置づけ，治療研究や世界の患者数の把握を後押しする。これは2022年１月から発効する（「ゲーム依存は病気　WHO，国際疾病の新基準」日本経済新聞　2019年５月25日17時30分　https://www.nikkei.com/article/DGXMZO45280950V20C19A5MM8000/）。

低年齢調査	青少年調査
○低年齢層の子どもの56.9％がインターネットを利用。年齢が高いほど利用率も高くなる傾向にある。 ○インターネットを利用する機器は，スマートフォン（33.1％），タブレット（26.7％），携帯ゲーム機（15.2％）が上位。 ○インターネットを利用している低年齢層の子どもは，学習用タブレット（75.9％），子ども向け携帯電話（69.8％）で，子ども専用の機器を利用している割合が高い。 ○スマートフォンについては，ほとんどの子どもが親と共用で利用している。 ○インターネットを利用している低年齢層の子どもの利用内容の内訳は，動画視聴（85.3％），ゲーム（60.0％）が上位。 ○インターネットを利用している低年齢層の子どもの平均利用時間は，約88分。 ○目的ごとの平均利用時間は趣味・娯楽が最も多く，約66分。	○青少年の93.2％が，インターネットを利用していると回答。 ○インターネットを利用する機器は，スマートフォン（62.8％），携帯ゲーム機（30.3％），タブレット（30.2％）が上位。 ○学校種別でみると，高校生の99.0％がインターネットを利用していると回答。 ○インターネットを利用すると回答した青少年は，学習用タブレット（91.0％），携帯音楽プレイヤー（87.7％），子ども向けスマートフォン（80.6％）で，子ども専用の機器を利用している割合が高い。 ○スマートフォンでは，学校種が上がると子ども専用の割合が高くなり，高校生では99.4％が子ども専用と回答。 ○インターネットを利用すると回答した青少年の利用内容の内訳は，高校生ではコミュニケーション（89.7％），動画視聴（87.4％），音楽視聴（80.6％）が上位。勉強等（勉強・学習・知育アプリやサービス）は48.4％。 中学生では動画視聴（80.9％），ゲーム（74.1％），コミュニケーション（68.2％）が上位。勉強等は36.0％。 小学生ではゲーム（81.5％），動画視聴（66.1％）が上位。勉強等は28.0％。 ○インターネットを利用すると回答した青少年の平均利用時間は，前年度と比べ約９分増加し，約169分。小学生は，平均利用時間が前年度と比べ約21分増加。 ○目的ごとの平均利用時間は趣味・娯楽が最も多く，約106分。

「平成30年度青少年のインターネット利用環境実態調査結果（概要）」（内閣府　2019. 3）より作表
https://www8.cao.go.jp/youth/youth-harm/chousa/net-jittai_list.html

UNIT 6

◉子どもの生活と読書

子どもの発達と読書

●…………「子ども」と「絵本・本」との出会い

乳幼児期において子どもは絵本や本とどのように出会っていくのだろうか。

まず，子どもは自分の周りのおとなと出会う。そして絵本に最初は「物」として出会う。絵本は周りのおとなとのコミュニケーションを誘発するものとなり，読んでもらって初めて，単なる物が絵本となる。7か月頃から1歳頃までは読み手の声に聴き耳を立て，周りのおとなのまねをしながら言葉を獲得していく。1歳前後から「まね」や「ふり」の見立てる力がついてくる。2歳頃までには，『くだもの』(平山和子　福音館書店) の「さあどうぞ」に応えて食べるふりをしたりする。この頃は，読み手の働きかけがあって絵本の世界へ誘われる時期である。

3，4歳では，読み手の助けなしに絵本の世界へ自ら入って自ら出てくることができるようになる。イメージ力が育ち，ごっこ遊びや劇遊びが盛んになり，本の中の世界を身体で表現する。4，5歳では具体的表現を手がかりに考える力がついてくる。絵の助けなしに聞く力がつき，ストーリーテリングを楽しめる。イメージ力や思考する力の育ちが顕著で，現実と虚構の世界を行き来できる。今，ここにないことを言葉によってイメージし言葉によって構成できる。

イメージ力

5，6歳では，抽象的思考力が育ち，話し言葉から書き言葉へ，具体的思考から抽象的思考へと進み，言葉遊びや数の絵本を楽しむ。自分の経験を筋道をたてて相手に伝えることができる（徳永満理『絵本でスタート』,『絵本はともだち』フォーラム・A　2004)。

抽象的思考

●…………読書によって子どもの中に育まれるもの

読書によって培われるものは眼には見えないが，子どもたちの中に確実に育まれているものがある。ここでは四つの視点からまとめてみよう。

(1)　絵本・本の世界を楽しむ，感動を共有する

感動を共有する

絵本の世界の中の出来事に自分を重ね合わせたり，自分の体験と比べたり，登場人物をイメージしながら絵やお話そのものを楽しむ。読み手や複数の聞き手と感動を共有する体験も楽しい。

言語力
読書力
語彙爆発

⑵　言語力・読書力の獲得

1歳半頃からある特定のものを頭の中に絵として描き，そのことを言葉で表現できる。2歳の語彙爆発といわれるほどの急激な語彙獲得においては，読み聞かせは話し言葉を豊かにする一つの促進要因といわれる。文字の読み方，言葉の使い方，語彙の量など，そして要約，黙読，速読などのスキルを獲得していく。また，「自分の悩みや感情が言葉にならず身体症状として訴える子どもが増えているなかで，物語の世界を通して自分を物語ることばをもつことの意味」（秋田喜代美『読書の発達心理学』p.92）も指摘されている。

自分を物語ることば

⑶　知識・知性の獲得

「聞く」「読む」ことによってインプットし，自分の中でそれを咀嚼して，「話す」「書く」ことによってアウトプットするという一連の言語活動によって，読み手は，知識を蓄え，理解力や思考力，分析力，表現力などの知性を高めていく。

⑷　人間性の醸成

前述の秋田の「物語の世界を通して自分を物語ることばをもつ」ことは，次に述べる脇明子や石井直人の説と共通する。

感情体験
情動の知性

脇は感情体験の大切さを指摘している。『物語が生きる力を育てる』（岩波書店）の中で脇は，アメリカの心理学者ダニエル・ゴールマン（Daniel Goleman, 1946）の「情動の知性」について触れている。情動の知性とは「自分の心のなかに否応なしに湧き起こる情動を認識し，必要に応じてコントロールして，それが破壊的な結果へと燃えひろがらないようにする能力」（p.77）である。脇は，「情動の制御を学ぶ前に，まずは養育者との親密な交流のなかで感情をともにする体験を重ねることによって，心を動かすこと自体を身につけなくてはならない，ということと，成長過程でさまざまな感情体験，とりわけ不快感情の体験をし，それからどう抜けだすかを習得しなくてはならない」（p.79）と述べている。

不快感情の体験

YA 文学
感情管理

石井もまた，YA 文学について述べる中で感情管理の機能について触れている。

> うんと広い意味でいうと，人間にもともと自然な感情というものがあるわけではなくて，さまざまな場面でこういうふうに感情を持つものなのだと教わることによって人は人になっていく。……思春期の一番「感情管理」の難しい時期の読者に，ある種の文学は，「感情管理」の方法を提供しているのではないか。

幸福の約束
ハッピーエンド

石井がもう一つ指摘する「幸福の約束」も傾聴に値するものと思われる。

> 多くのヤングアダルト文学を見ていくと，自分や世界を肯定して，これでいいのだ，というメッセージが強いと感じます。「幸福の約束」とハッピーエンドとは違うと思うのです。ハッピーエンドは，結末がとにかくめでたしめでたしですけれども，「幸福の約束」は，結末が苛酷な現実だったとしても，そのように生きていることを肯定してくれるものです。（石井直人「『タブーの崩壊』

とヤングアダルト文学」『日本児童文学の流れ：平成17年度国際子ども図書館児童文学連続講座講義録』2006　p.81）

●…………読書による国語力の育成

2002年２月に当時の文部科学大臣遠山敦子の諮問を受け，文化審議会は2004年２月に『これからの時代に求められる国語力について』を答申した。これには，国語の重要性が「個人にとっての国語」「社会全体にとっての国語」「社会変化への対応と国語」の３点に整理され，個人にとっての国語は，「知的活動の基盤」「感性・情緒等の基盤」「コミュニケーション能力の基盤」として，生涯を通じて個人の自己形成に関わると説明されている。この答申には，「国語力の育成」という視点から読書の重要性が示されている。以下では，答申から引用して説明しよう。

『これからの時代に求められる国語力について』

国語力の育成

「これからの時代に求められる国語力の構造」は次の２領域で示される。

①	考える力，感じる力，想像する力，表す力から成る，言語を中心とした情報を処理・操作する領域
②	考える力や，表す力などをささえ，その基盤となる「国語の知識」や「教養・価値観・感性等」の領域

①は国語力の中核であり，言語を中心とした情報を「処理・操作する能力」としての「考える力」「感じる力」「想像する力」「表す力」の統合体として，とらえることができるものである。②は，「①の諸能力」の基盤となる国語の知識等の領域である。この二つの領域は，相互に影響し合いながら，各人の国語力を構成しており，生涯にわたって発展していくものと考えられる。

なお，読書は，①の「考える力」「感じる力」「想像する力」「表す力」のいずれにも関連しており，②の国語の知識等の領域とも密接に関連している。国語力を高める上で，読書がきわめて重要であることは，この点からも明らかである（p.7）。

また，「『自ら本に手を伸ばす子ども』を育てる」ことの必要性が強調されており，次のように記されている。

> 読書は，国語力を形成している「考える力」「感じる力」「想像する力」「表す力」や「国語の知識」のいずれにもかかわり，これらの力を育てる上で中核となるものである。特に，すべての活動の基盤ともなる「教養・価値観・感性等」を生涯を通じて身に付けていくために極めて重要なものである。（p.12）

そして，次ページのように３段階に分けて重点を置くべき国語教育の内容と図を示している。なお，ここでいう国語教育とは，「学校教育，家庭教育，社会教育などを通じて，国語教育を社会全体の課題としてとらえ」（p.12）たものである。

① 3歳までの乳幼児期【コミュニケーション重視期】

生後から3歳にかけて，前頭前野の神経細胞は急激に成長する。乳幼児の脳の発達に最も重要なのは，親子のコミュニケーションである。「話す・聞く」を中心とした親子のコミュニケーションを通じて，家庭の中で言葉を育てることが重要である。乳幼児は親とのコミュニケーションによって語句・語彙力を身につけることができる。また，親が子どもに心を開くことで，まず，子どもの感性・情緒を育てながら，言葉を発達させていくことが重要である。

② 3歳～11・12歳（小学校高学年くらい）まで【基礎作り期】

この時期には，前頭前野の神経細胞には大きな変化は起こらないが，語彙力など言葉の知識をつかさどる側頭葉や頭頂葉などの神経細胞は成長を続ける。幼児期では，「読み聞かせ」や可能であれば読書により言葉の数を増やし，さらに「言葉と社会や事物との関係」を習得するために，家庭や地域で多くのさまざまな経験を積ませることを意識すべきである。これにより，情緒力や想像力も身につけることができる。小学校では，「話す・聞く」に加えて「読む・書く」の「繰り返し練習」により，国語力の基礎となる知識を確実に身につけさせることが重要である。特に，「読み」の学習を先行させることで，言葉の知識（特に「語彙力」）を増やすことに重点を置くべきである。

情緒力

想像力

③ 13歳（中学生）以上【発展期】

個人差はあるが思春期を迎えたころから，前頭前野の神経細胞は再び急激な成長を始める。これにより，それまでに培ってきた国語力の基礎を用いて，自らの経験などさまざまな情報を複合して，論理的な思考を本格的に展開することが可能となる。国語科の学習においては当然のことであるが，さまざまな社会体験，社会科や理科の学習などを通して，論理的思考力の育成に努めることが重要である。また，脳の「情報処理能力」が飛躍的に伸びる時期であるので，多くの読書体験により，情緒力・想像力・論理的思考力・語彙力の総合的な発達を促すべきである。

論理的思考力

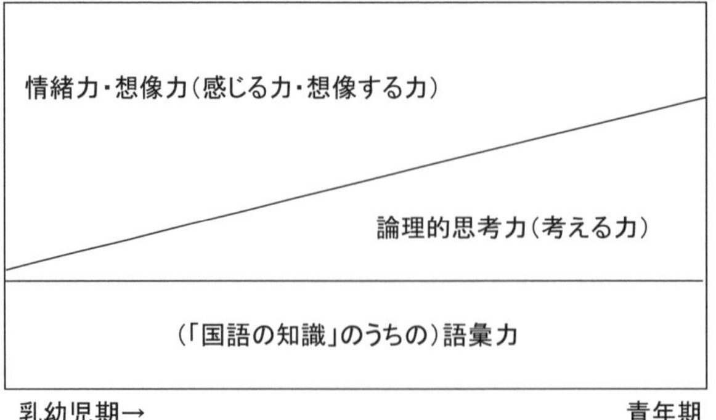

発達段階に応じた「国語教育における重点の置き方」のイメージ図（p.14）

※表現力（表す力）は左図の「情緒力・想像力」「論理的思考力」「語彙力」のすべてに関連するので，図から外してある。

◉――option B

不快感情の体験

脇明子は『物語が生きる力を育てる』(岩波書店　2008) の中で「不快感情の体験」について次のように述べている (p.84-85)。

(前略) 優れた児童文学のなかには，子どもの心のなかで起こっていることがいきいきと描かれていて，感情移入しながらそれを読んでいると，自然にさまざまな不快感情を味わうことになるものがたくさんあります。もちろん物語での体験は実体験には及びませんが，不快感情の体験にかぎっては，物語で味わうほうがいい部分も多いことがわかってきました。まず言えるのは，子どもにいろんな不快感情をわざわざ体験させるわけにはいかないけれど，物語なら多様な体験ができる，ということです。大切な人を亡くした悲しみなどは，現実に体験しないですめばそれに越したことはありませんが，物語のなかでならそういうことにだって出あえます。もうひとつ言えるのは，現実につらい状況に陥ってしまうと，そこからいい形で抜け出せるとはかぎらないけれども，ちゃんとした物語なら納得できる形で抜け出せて，しかもその体験が意味のあることだったと感じることもできる，ということです。そんな物語に出あっていれば，現実に似たような出来事にぶつかったとき，たとえ対処の仕方の参考にはならないとしても，「いつかは抜け出せる」という希望を持つ助けくらいにはなるはずです。

いいことはまだまだあります。現実の世界では，ちょうどいいときに適切な援助をしてくれる大人にはなかなか出会えないのに対し，物語のなかにはすてきな大人たちが出てきて，のちのちまで支えになるような言葉をかけてくれたりします。それより何より，現実に子どもがいだく不快感情は，そうかんたんには言葉にならないのに対し，物語では主人公の心のなかが，優れた作家ならではの的確な言葉で表現されます。物語の主人公が感じることと，子どもが現実に感じることとは，もちろんおなじではありませんが，「感じていることを言葉でとらえる」こつをつかむのに，物語はすばらしいお手本になってくれるのです。それにまた，子どもが憎しみ，妬みなどといった感情をいだき，「そんな気持ちになるのは悪い子だ」と自分を責めてしまうようなとき，物語の主人公もよく似た感情をいだいていることがわかったら，どれほど救われるでしょう。

このことに気がついて，私があらためて驚いたのは，これまで漠然と「いい作品だ」と思ってきた物語の多くが，まさにこの「不快感情の体験」をさせてくれるという点で，なみはずれたよさを持っている，ということでした。(後略)

UNIT 7

◉児童資料の種類と特色

児童資料の類型

●…………児童資料とは

児童資料

児童資料とは，図書館の児童室に受け入れて，児童の利用に供する本やその他の資料をさす。一概に資料といっても，その形態と内容はさまざまなので，よりよい児童サービスをするためには，各分野の特徴を理解しておくことが大切である。

絵本

ノンフィクション

このUNITでは，まず本の形のものを，絵本からノンフィクションまで五つに分けて取り上げ，その後で本以外の資料について述べる。

●…………絵本

絵本とは，絵と文が一体となって一つの世界を創りあげている本のこと。まだ言葉や文字だけではお話をたどれない幼い子どもに，具体的に絵を見せることで本の世界に入るのを容易にするところに，絵本本来の意味がある。

児童文学

絵本は児童文学の歴史の中で比較的新しい分野である。19世紀後半にイギリスで誕生，印刷技術の進歩と相まって発達してきた。1920年代から50年代にかけては，アメリカの児童サービスの発展と並行して，傑作といわれる絵本が次々に生み出され，絵本は黄金時代を迎えた。この時期の絵本の多くは今日まで読み継がれている。

日本では1950年代になって，今日公共図書館の児童室の蔵書の核となっているような作品が現れた。最近では必ずしも子どもを対象としない視覚芸術作品としての絵本も出ているが，これらは一般室に置かれることが多いようである。

視覚障害児が触って楽しめる絵本も刊行されている。

●…………創作児童文学

創作児童文学

創作児童文学とは，作家によって子どものために書かれた文学作品。児童文学の誕生は200年から300年以前にさかのぼるが，初期の作品は教訓性や宗教色が濃く，純粋に子どもを楽しませるために書かれた作品が登場するのは19世紀以降である。

イギリスで1865年に出版された，ルイス・キャロル作『ふしぎの国のアリス』は，子どもの本から完全に教訓性を取り払った点で，児童文学史上画期的な作品と位置づけられている。

日本で初めて書かれた創作児童文学は，巌谷小波作『こがね丸』(1891年)。その後多くの少年少女向きの物語が出版されたが，今日のような本格的な創作児童文学が出てきたのは，1950年代以降のことである。

児童資料の中で，創作児童文学の占める割合は非常に大きい。対象年齢も，幼年，小学生，さらに中学生，高校生までと幅が広い。特に中学生，高校生の年代を対象にした作品を“ヤングアダルト（YA）文学”と呼ぶ場合もある。これらは彼らの年代に特有のテーマを扱っている。YA文学についてはUNIT 14で取り上げる。

●…………昔話・その他の伝承文学

一個人が書いた創作文学に対して，長い年月人々に語り継がれてきた物語を〈伝承文学（口承文学）〉という。その中で子どもたちにもっとも親しまれているのは，「むかしむかしあるところに……」と始まる昔話である。

伝承文学
口承文学
昔話

今日では昔話は“口承”ではなく，絵本や昔話集など“本”の形で手渡される。口承の昔話を活字に起こし，お話として形を整える作業を“再話”という。

昔話はストーリーの面白さ，不思議さ，空想の豊かさなど，子どものお話に重要なすべての要素を備えている。創作児童文学に比べて，より幅広い年齢の子どもたちをひきつけるという特徴もある。

昔話以外の〈伝承文学〉には，伝説，神話，英雄譚などがある。

●…………詩・その他

詩
随筆
戯曲
選集

児童資料には，子どものために書かれた詩や随筆，戯曲，子ども向きに書き直した日本の古典文学などが含まれる。おとな向けの小説の中から，子どもにふさわしい作品を集めた“選集”もある。

また子ども自身が書いた詩や作文を収めた，詩集，作文集などもある。

●…………ノンフィクション

人間の想像力が生み出した文学に対して，事実をもとに書かれた著作をノンフィクションという。

ノンフィクション

ノンフィクションは形式と内容によって，大きく三つに分けることができる。

①ノンフィクション文学

ノンフィクション文学

伝記，手記，日記，ルポルタージュ，随筆のように，事実を基にした文学性の強い読みもの。

②知識の本

知識の本

人文科学，社会科学，自然科学などあらゆる分野から子どもに知らせたいテーマを選び，子どもにわかりやすく伝える本。絵本，読みもの，図鑑形式などがある。

レファレンス資料

③レファレンス資料

事典，辞書，年鑑，図鑑，年表等，調べものに使う目的で作られた本。読者が求める情報に速くたどりつけるように，事項を五十音順に並べたり，項目別に分けたり，索引をつけるなど工夫を施している。付録にCDをつけたものもある。

紙芝居

●…………紙芝居

絵本と同類に見られることが多いが，“芝居”という名のとおり，紙人形の芝居から発展したもの。その面白さは，内容だけでなく演じ方に負うところが大きい。

児童室では紙芝居を絵本とは別に分類し，別置している。

視覚資料

紙芝居は視聴覚資料の中の“機械装置を使わないで見られる視覚資料”と位置づけられることもある。

逐次刊行物

●…………逐次刊行物

終期を決めず，日刊，週刊，月刊などで，継続的に刊行される出版物のこと。児童の場合一般に比べて種類が少なく，主なものは新聞，雑誌である。

新聞

雑誌

小学生新聞，中学生新聞などには，やさしいニュース解説や勉強に役立つ記事が載っているので，子どもが調べものに利用したり，図書館員が切り抜いてファイル資料にするなどして使われる。

児童室に置く雑誌は，娯楽性の強いものより，科学雑誌のように，図書資料と関連して使えるもののほうが望ましい。

●…………視聴覚資料

文字では伝えにくい音や映像等の情報を記録した資料。子ども向けとしては，童謡等のカセットテープやCD，教育番組やアニメーションのビデオやDVD等がある。

しかし印刷資料に比べて壊れやすく，再生機器が変わると使えなくなるなど，図書館資料としての問題点もある。

カセットテープ

CD

ビデオ

DVD

●…………漫画

漫画

今日では活字文化と並んで，漫画文化が社会的に大きな位置を占めるようになり，利用者の要望に応えて資料として受け入れる公共図書館も増えてきた。

漫画作品のすべてが子ども向けとは限らないが，児童室に置く資料としては，学習漫画や，「タンタンの冒険旅行シリーズ」（エルジェ作　福音館書店）のように，コマ割りの絵にせりふを添えたコミック形式の絵本などが考えられる。

漫画の扱いは，従来の図書資料とのバランスも考えなければならないため，それぞれの図書館の方針によるところが大きい。

UNIT 8

◉児童資料の種類と特色

絵　本

●…………絵本の種類

公共図書館児童室の利用者が低年齢化している今日，絵本は児童室でも特によく貸し出される資料である。

絵本は出版点数が多く，その種類や内容もバラエティに富んでいる。最近では必ずしも子どもを対象とせず，視覚芸術作品として創られる絵本もあるが，このUNITでは，児童室を利用する年齢の子どもを対象とする作品を取り上げる。

内容から見ると，絵本の種類は大きく「お話の絵本」「知識の絵本」「その他」の三つに分けられる。

お話の絵本

知識の絵本

「お話の絵本」とは，人々が語り伝えてきた昔話や，作家が創作したお話などを，絵と文で表現したもの。前者を「昔話絵本」，後者を「創作絵本」という。絵と文は同じ作家が描く場合も，別々の人が担当する場合もある。

昔話絵本

創作絵本

「知識の絵本」とは，動物，植物，天体，身体，社会など，あらゆるテーマの知識を絵本の形でやさしく伝えるもの。「知識の絵本」はUNIT 11で取り上げる。

「その他」には，わらべうたや詩の絵本，なぞなぞの絵本，しかけ絵本，隠し絵や迷路のようなゲーム的要素を取り入れた絵本などがある。

以上のように内容で分ける方法のほか，絵本にはグレード（年齢や発達段階）別に見ていく方法がある。図書館では，子どもの年齢に合わせて本を勧めることが多いので，以下グレードに沿って絵本を見ていくことにしよう。

グレード

まず「お話の絵本」をさらに〈赤ちゃん絵本〉〈やさしいストーリーのある絵本〉〈物語の世界を楽しむ絵本〉と三つに分け，各グレードの子どもの特徴と本との関係を押さえた上で，作品の具体例を示す。次にお話以外の〈その他〉の絵本を取り上げ，最後に児童図書館員が絵本を選ぶ際，知っておくべき点を述べることとする。

赤ちゃん絵本

やさしいストーリーのある絵本

物語の世界を楽しむ絵本

●…………赤ちゃん絵本

赤ちゃん絵本は，０歳から１，２歳の子どものための絵本である。この年齢の子どもはまだお話についていくことはできないが，言葉のリズムに敏感で，簡単な指あそびや，動作をつけたわらべうたなどをとても喜ぶ。この段階では本との触れ合いといっても，遊びの延長のようなものである。

直接体験
間接体験

この時期最も大切なのは，読書の土壌となる感受性を育むこと。感受性は，日常生活で身近なものを実際に見たり，聞いたり，触ったりする“直接体験”を通して養われる。それがその先で“間接体験”としての“読書”につながっていくのである。最近は早く本に親しませたいという風潮から，〈赤ちゃん絵本〉も数多く出版されている。赤ちゃんのときにそれほどたくさんの本はいらないが，見せるなら，その中から言葉のリズムの心地よいもの，色彩の美しいものを選んで与えたい。

代表的な〈赤ちゃん絵本〉は，動物や乗り物，食べ物などを描いた単純な“ものの絵本”。保育園などでよく使われる『くだもの』（平山和子作　福音館書店）は，おいしそうな果物をリアルな絵で描き，「さあどうぞ」と赤ちゃんに呼びかける内容。赤ちゃんは絵本の中の果物に手をのばし，食べるまねをして楽しむ。

『がたんごとんがたんごとん』

『がたんごとんがたんごとん』（安西水丸作　福音館書店）では，がたんごとんと走る汽車に，哺乳瓶やスプーンたちが次々に「のせてくださーい」と乗ってくる。がたんごとんという音の面白さと，デザイン化されたきれいな絵が幼い子に人気。

『ねこがいっぱい』（スカール作　福音館書店）は，「おおきいねこと　ちいさいねこ　しましまねこと　ぽちぽちねこ……」と，いろいろなねこが見開きに１ぴきずつ登場，最後のページで全員集合して，「みんないっしょに　にゃーお」で終わる。リズミカルな文章が耳に心地よく，デザイン風のねこの絵もしゃれている。

姉妹編に『いぬがいっぱい』もある。

●…………やさしいストーリーのある絵本

２，３歳になると，ごく単純なストーリーなら，絵を見ながらお話の世界に入っていくことができるようになる。

灰色のはつかねずみを主人公にした写真絵本『ねずみのいえさがし』（ピアス作　童話屋）はこの年頃の子にとても好まれる。「ねずみがいえをさがしています」と始まり，野原の土管の中で「ここがいいかな？　いや　ここはさむすぎる」次に暖炉のそばで「ここがいいかな？　いや　ここはあつすぎる」……。子どもは冒頭からねずみと一緒に家さがしに一喜一憂し，最後はぴったりの家を見つけたねずみとともに「よかったね！」と大満足。でもおとなはリアルなねずみの写真に，“絵本は可愛いもの”というイメージをこわされる。場所やものを羅列しただけとしか思えない内容も単純すぎて，それが“お話”であることがわからないようだ。

3，4歳以上向きの『ぐりとぐら』（なかがわりえこ文　おおむらゆりこ絵　福音館書店）になると，はっきりしたストーリーのあることがおとなにもわかる。

本書は1963年に刊行されて以来，変わらぬ人気を保ち続けている日本の創作絵本。森の中で大きなたまごを見つけたのねずみの“ぐり”と“ぐら”が，そこに大きなフライパンや材料を運んできて，ふわふわの大きなカステラを作り，森の動物たちとみんなで食べる。お菓子作りは子どもにとって大きな魅力，はずむようなリズミカルな文章と親しみやすい絵がその楽しさを盛り上げる。幼い頃好きだった絵本をきくと，必ずトップに上がってくる作品で，「あのカステラは本物以上においしそうだった」という感想は，この絵本の魅力をズバリといいあてている。

『どろんこハリー』

お風呂が嫌で家から逃げ出し，どろんこになって遊んだばかりに，家の人によその犬と間違えられてしまう『どろんこハリー』（ジオン文　グレアム絵　福音館書店）。詩のような文章と，やわらかく明るい色調のリトグラフが美しい『わたしのワンピース』（にしまきかやこ作　こぐま社）なども人気がある。

以上は創作絵本だが，昔話絵本の中にも，この年頃の子どもたちに長い間読み継がれてきた作品がある。

北欧民話の『三びきのやぎのがらがらどん』（ブラウン絵　福音館書店）は，三匹とも同じ“がらがらどん”という名前のやぎが，山の草場で太ろうと山へ登っていくと，途中の谷川の橋の下におそろしいトロルがいて……というスリル満点のお話。鋭い線で力強く描かれた絵が，北欧の山の空気を感じさせる。

ウクライナ民話の『てぶくろ』（ラチョフ絵　福音館書店）は，冬の森でおじいさんが落とした手袋にねずみが住み着くと，かえるやうさぎやおおかみ，果ては大きなくままでが「わたしもいれて」とやってきて……。ページを繰るごとにロシアの民族衣装を着た動物たちが登場，おじいさんの手袋には窓や煙突がついてどんどん家らしくなっていく。見る楽しさがいっぱいの，美しい絵本である。

●…………物語の世界を楽しむ絵本

５歳くらいになると，幼稚園，保育園で集団生活を送る子が多くなって，人間関係が広がり，感情表現も驚くほど豊かになる。それに合わせて絵本の世界も広がりを見せ，おなじみの主人公が活躍するお話のたっぷりしたシリーズものが登場する。

アフリカからやってきた好奇心いっぱいのおさるのジョージが，都会で次々と愉快ないたずらをやってのける『ひとまねこざる』（レイ作　岩波書店）のシリーズ。

人間の町へ来て知恵を身につけたぞうが，故郷のぞうの王国をかしこく治めるという，フランスの絵本『ぞうのババール』（ブリュノフ作　評論社）シリーズ。

これらは「やさしいストーリーのある絵本」と比べると，物語がより複雑になり，登場人物の感情も豊かになっていることに注目したい。

『ピーターラビットのおはなし』（ポター作　福音館書店）は，イギリスで20世紀初頭に生まれた，水彩画の小型絵本シリーズ。各巻には，いたずらこうさぎのピーターや，頭の足りないあひるのおくさん，ずる賢いきつねの紳士などが登場，イギリスの田園を舞台に小さなドラマを繰り広げる。絵のイメージから“かわいい絵本”と思われがちだが，読んでみると作者が“お話と絵”で，時に人生の厳しい面さえ差し出しているのに驚かされるだろう。でも子どもはこの内容をストレートに受け止める。石井桃子氏の名訳で，児童室でも定番となっている絵本。

次に，シリーズものではない物語絵本を紹介しよう。

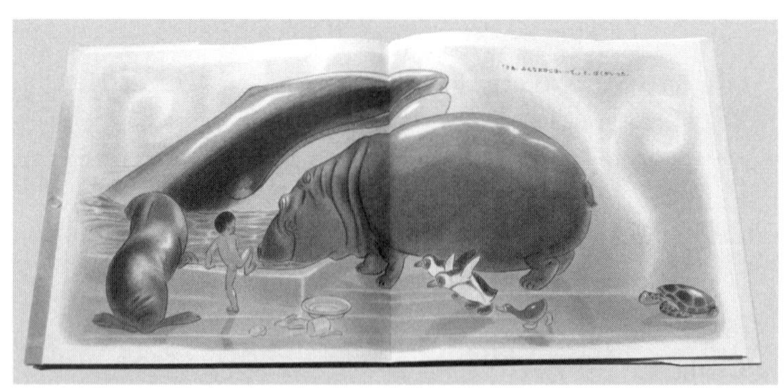

『おふろだいすき』

まず日本の子どもに身近な題材の作品から。『おふろだいすき』（松岡享子作　林明子絵　福音館書店）は，暖かい湯気がたちこめるお風呂場で繰り広げられる楽しい世界を描く。“ぼく”があひるのプッカと一緒におふろにはいると，湯船の中から，ざーっと音をたてて大きなかめが出てくる。続いてふたごのペンギンも……。

『うみのいえのなつやすみ』（青山友美作　偕成社）は，夏休みにおばさんの経営する海の家へ行った女の子“なっちゃん”の話。従兄と一緒に貝ひろいや魚とり，お昼に食べる海の家のカレーライス，どこかに帽子を置き忘れてしまうという小事件……。太陽の光と潮の香りがいっぱいの海辺の一日を体験した気分になる絵本。

翻訳ものでは古典絵本の傑作『ちいさいおうち』（バートン作　岩波書店）が変わらぬ人気を保っている。田舎の静かな丘の上に建っていた小さいおうちを主人公に，周囲の四季の移り変わりと時代の流れによる街の変化を，美しい水彩画でていねいに描く。

『ロバのシルベスターとまほうのこいし』（スタイグ作　評論社）はたっぷりした物語が楽しめる絵本。願いをかなえてくれる魔法の小石を見つけたロバの子が，ライオンと出会ったとき，とっさに“岩になりたい”と願ってしまったばかりに……。ユーモアとペーソスにあふれ，低学年から大人まで，幅広い層をひきつける。

このグレードには，長く読み継がれてきた傑作が多いが，比較的新しく刊行された絵本の中にも，面白い作品がある。その中の1冊『トラのじゅうたんになりたかったトラ』（ローズ作　岩波書店）は，年を取って獲物が獲れなくなり，やせこけたトラが，トラの皮のじゅうたんになりすまして王さまの御殿の敷物となるという話。ところが人目を盗んでごちそうを食べて暮らすうち，だんだん太ってきて……。コミカルな絵と文が魅力。お定まりの結末だが，おおらかな笑いを誘う。

『スーホの白い馬』

昔話絵本では，骨太なストーリーの，本格的な昔話を題材とした作品が多くなる。『スーホの白い馬』（大塚勇三再話　赤羽末吉絵　福音館書店）は，少年と白馬との愛情を描き，馬頭琴の由来を語るモンゴル民話。大判の見開きいっぱいに描かれたモンゴルの雄大な景色が美しく，物語の感動をいっそう深める。『うさぎのみみはなぜながい』（北川民次文・絵　福音館書店）はメキシコの民話。“もっと大きな強い体がほしい”と願ううさぎに，神さまは“とらと，わにと，さるを殺して皮をはいできたら願いをかなえてやろう”と答える。物語の意外な展開と，民族色豊かで力強い様式的な絵が，子どもの心をしっかりと捉える。『かにむかし』（木下順二文　清水崑絵　岩波書店）や『だいくとおにろく』（松居直文　赤羽末吉絵　福音館書店）など，日本の昔話絵本もよく読まれている。

●…………その他の絵本

〈その他の絵本〉には，グレードに関係なく，遊び感覚で幼児から小学生まで広く親しまれているものが多い。

短い詩のようななぞなぞをおさめた可愛い小型本『なぞなぞえほん　1～3のまき』（中川李枝子作　山脇百合子絵　福音館書店）は，ごく幼い子から楽しめる。

子どもの好きな絵さがしの絵本としては，幼い子向きの『とこちゃんはどこ』（松岡享子作　加古里子絵　福音館書店）や，大きい子向きの『ウォーリーをさがせ』（ハンドフォード作　フレーベル館）等がある。最近では，絵や写真を使った凝った趣向のものも次々と刊行されている。

『ことばのこばこ』（和田誠作　瑞雲社）は，著者の創作した回文やしりとり，数えうたに，しゃれたイラストを添え，言葉の面白さを視覚的に見せる。

『これはのみのぴこ』（谷川俊太郎作　和田誠絵　サンリード）は大判で，ページをめくるごとに繰り返しの言葉が積み重なっていく愉快な言葉遊びの絵本。子どもはおとなに読んでもらったり，友だち同士で読みあったりして楽しむ。

●…………絵本を知る

絵本の選書

絵本の選書は難しい。その最大の理由は，絵本を見るときの“子どもの視点”と“おとなの視点”の違いにある。子どもは絵本をまるごと“お話”として楽しむのに対して，おとなは絵を美術作品のように鑑賞したり，メッセージを深読みしたりして，“絵を見ながらお話についていく”という単純な楽しみ方ができない。

そうしたギャップを埋めて，子どもの目線で絵本を見られるようになるには，子どもと一緒に絵本を読み，彼らは絵本をどう楽しむのかを学んでいくほかはない。

また絵本は原則として“読んでもらうもの”であることを忘れてはならない。いつもは“読む側”の図書館員も，時には子どものように，児童室で長い間読み継がれてきた絵本をおとな同士で読み合って，“お話を聞きながら絵を見る”体験をしてみるとよい。新刊を選ぶ場合も，誰かに読み聞かせてもらうと，その絵本が子どもにふさわしいかどうかよくわかるだろう。

子どもの目線

古典といわれる絵本をやみくもに信奉したり，新しい絵本を「わからない」と敬遠することなく，児童図書館員は常に子どもの目線に立ち，その作品が子どもにどのような楽しみを与えるのかを大切に考えて，絵本を見ていってほしい。

UNIT 9

◉児童資料の種類と特色

児童文学(1)
——創作児童文学

●…………はじめに

創作児童文学とは，個人の作家によって書かれた子どものための文学。児童資料の中でも大きな割合を占める。その全体像を知るには，児童文学史の流れに沿って学ぶ方法や，ジャンル別（リアルな物語，冒険物語，ファンタジー等）に学ぶ方法がある。図書館の場合子どもと本との関係を視野に入れて児童文学作品を扱う。

リアルな物語
冒険物語
ファンタジー
グレード別

そこでこのUNITでは幼年～低学年向き，低学年～中学年向き，中学年～高学年向き，高学年～中学生向き，と四つのグレードに分けて，その年代の子どもと本との関係を述べ，具体的な作品の例を挙げる。YA文学については，UNIT 14で扱う。

●…………幼年～低学年向きの読みもの

就学前後の子どもは，絵本と並行してやさしい物語—幼年文学を読み始める。絵本の場合は，絵でお話をたどることもできたが，幼年文学になると，子どもは“字”でお話をたどっていかなければならない。つまり，活字を読んで文章の意味を理解し，想像力を働かせてお話を楽しむ“読書能力”が求められるようになる。しかしこの年頃ではまだ“字を読む”能力と“読書能力”の差が大きい場合がある。読んでもらえばかなり複雑なお話が楽しめるのに，自分ではやさしいものにしか手をのばさない子が多いのはそのためである。そこでこの時期にはまだ“大人に読んでもらうこと”を前提にして本を選ぶことも必要になるのである。

読書能力
“字を読む”能力

外見に比べて精神が幼いこの年代の子は，空想と現実の世界を自由に行き来している。そんな彼らのための読みものは，日常の遊びの中に空想的な要素を持ちこんだ内容のものが多い。その典型ともいえるのが『ももいろのきりん』（中川李枝子作　福音館書店)。“るるこ”という女の子が，大きなもも色の紙を切り貼りして作ったきりんのキリカに乗って，クレヨン山へ，クレヨンを一人占めしている意地悪なオレンジぐまをやっつけに行くお話である。

『おしいれのぼうけん』（古田足日作　童心社）の舞台は保育園。ミニカーの取り合いで叱られた男の子たちが，反省のため押入れに入れられると，人形劇でおなじみの怖いねずみばあさんが現れて……。子どもの生活に身近な出来事を題材に，共感を呼ぶ作品として，根強い人気を保っている。

“字の本”を読み始めた１年生でも抵抗なく手をのばす本が『どれみふぁけろけろ』（東君平作　あかね書房）。プールの苦手な１年生のたっくんが，池のそばの草むらのかえるの学校の生徒になるというお話だが，大きな活字で，見開きごとにユーモラスな白黒の切り絵の挿絵を入れるなど，親しみやすい本作りを工夫している。

『とんぼの島のいたずら子やぎ』（アーグネシュ作　偕成社）の作者はハンガリーの子ども向けテレビ番組の制作に携わる人。やんちゃで甘えん坊の子やぎを主人公にした日本の童話のような雰囲気のお話で，アニメ風のカラフルな絵が楽しい。

長編冒険物語

長編冒険物語『エルマーのぼうけん』（ガネット作　福音館書店）は，保育園や家庭で読んでもらったという子も多く，日本の子どもたちの間にしっかりと根を下ろした感がある。主人公のエルマーが動物島に捕われているりゅうの子を助けに行く話で，本格的な物語の面白さが堪能できる。続編も２冊ある。

●…………低学年～中学年向き読みもの

日常の延長のような感覚で読めた幼年文学に比べると，この年代の読みものには，一作一作に，よりはっきりした物語世界がある。そのため，読者の側にも作者の創造した世界へ“翔んで”物語を楽しむ力やエネルギーが要求される。図書館では，

読書能力

黙読

今の子どもの読書能力を考えつつ，本でなければ味わえない物語の面白さを体験できる作品を紹介していく必要があるだろう。また，この年代でも“黙読”だけを読書の形と決めつけず，“読んでもらって楽しむ”ことも読書のうちと考えてほしい。

日本の作家のものは，子どもにとって親しみやすい。『車のいろは空のいろ』（あまんきみこ作　ポプラ社）は，国語の教科書にも掲載され，読み継がれてきた作品。空色のタクシーを運転する松井五郎さんの車に乗ってくるお客たちは，人間の姿をしているが，実は……。読みやすく，ちょっと不思議なお話８話。

ナンセンス

ナンセンスなおかしさで人気なのは，子どものようにわがままな王さまを主人公にした『ぼくは王さま』(寺村輝夫文　理論社)。「ぞうのたまごのたまごやき」「しゃぼんだまのくびかざり」など４話を収める。とぼけた漫画風の挿絵も魅力。

人間の小学校の生徒と，それを真似て珍妙な格好をしたきつねの学校の生徒たちとの交流をユーモラスに描いた『おともださにナリマ小』（たかどのほうこ作　フレーベル館）は，モダンな感覚の挿絵とともに，暖かで楽しい物語世界を展開する。

翻訳もの

翻訳ものの中にも親しまれている作品がある。『火のくつと風のサンダル』（ウェルフェル作　童話館出版）は，貧乏な靴直しの息子のチムが，誕生日プレゼントとして父親と二人徒歩旅行に出るという話。旅先での経験や折々父がしてくれるお話によって，チビでデブのチムは“自分自身であること”の大切さに気づいていく。

いじめられっ子が主人公でも，まったく雰囲気の違う作品が『ちびドラゴンのおくりもの』（コルシュノフ作　国土社）。デブでのろまのハンノーは，ある日ドラゴ

ンの国からやってきた“落ちこぼれ”のちびドラゴンと出会う。好奇心いっぱいのドラゴンにせがまれていろいろと教えているうちに，いつしかハンノーも……。

中学年の男の子に人気なのが，ひきがえるの兄弟が活躍する『火よう日のごちそうはひきがえる』（エリクソン作　評論社）。第１巻では，兄さんがえるがおばさんに“かぶと虫のさとうがし”を届けに行く途中で恐ろしいみみずくに捕まり，誕生日のごちそうにされかかる。スリル満点のストーリーと豊富な挿絵，気軽に読み通せそうな“本の薄さ”も魅力のようだ。続編も出ている。

クロアチアのアンデルセンといわれるマジェラニッチの『見習い職人フラピッチの旅』（小峰書店）は，本国で長く親しまれてきた作品だという。恐ろしい親方のもとを逃げ出した正直な靴屋の見習い少年に，次々と思いがけない出来事が降りかかるが……。古典的な筋運びと満足のいく結末。低学年でも十分読める。

●…………中学年〜高学年向き読みもの

この年代は本来なら読書力が伸びる時期だが，現実には勉強が忙しくなるため，ゲームなどに息抜きを求め，本から遠ざかる子が増えてくる。しかし夏休みになると，普段読めない長い物語を借りていく子も少なくない。

このグレードには，翻訳児童文学の傑作がひしめいている。有名な『ふしぎの国のアリス』（キャロル作　福音館書店）は，イギリスで1865年に出版された古典だが，その奇想天外なストーリーとナンセンスな面白さは，他に類を見ない。　古典

スウェーデンの『長くつ下のピッピ』（リンドグレーン作　岩波書店）も，常識の枠を越えた自由奔放なお話。大金持ちで馬を持ち上げるほど力の強い女の子ピッピは，読者の心をのびのびと解放してくれる。2018年に訳者を変えた新版も出た。

『ドリトル先生物語』（ロフティング作　岩波書店　全12冊）は，動物語の話せるお医者のドリトル先生を主人公に，先生を助けるさまざまな動物たちが登場するヒューマニティ溢れる物語。作者自身によるユーモラスな挿絵が魅力を添える。

『ナルニア国ものがたり』シリーズ（C.S. ルイス作　岩波書店　全７冊）は，ナルニアという空想上の王国の誕生から滅亡までの歴史をたどる本格的ファンタジー。ナルニアの各時代に人間世界からやってきた子どもたちの冒険を通して，善と悪，愛と死など，深いテーマが語られる。　ファンタジー

ファンタジーと異なりリアリスティックな作品は，書かれた時代を直接反映する。『がんばれヘンリーくん』（クリアリー作　学習研究社）のシリーズには，小学３年生の男の子ヘンリーを中心に健康的で明るい子どもたちが登場する。原作の第１巻の刊行はアメリカが“古き良き時代”だった1950年，以来35年にわたって書き継がれた。そのため後のほうの巻は社会の変化を受け，ヘンリーの友だちビーザスやその妹ラモーナを中心に，親の失業や離婚の不安に揺れる子どもの気持ちを描いて共　リアリスティックな作品

感をよぶ。

今の子どもが受け入れやすい作品としては『ペニーの日記読んじゃだめ』（クライン作　偕成社）がある。好きなものは馬，嫌いなものはピンクのドレスという，一風変わった10歳の女の子の日常を日記の形で綴ったもの。『パパのメールはラブレター⁉』（アマート作　徳間書店）は，メール世代の家族の絆を暖かく描く。

高学年向きとしては，探偵ものの古典『エミールと探偵たち』（ケストナー作　岩波書店）や，美術館に家出するという現代的な設定で主人公の内面の成長を描く『クローディアの秘密』（カニグズバーグ作　岩波書店）も忘れてはならない。

日本の作品でファンタスティックな要素をもつものには，『だれも知らない小さな国』（佐藤さとる作　講談社）のシリーズや，長編動物ファンタジー『冒険者たち』（斎藤惇夫作　岩波書店）などがある。

リアリスティックな短編連作『ぼくのお姉さん』（丘修三作　偕成社）は，障害をもつ子やその周辺の子の喜びや悲しみを，暖かい共感を込めて描き出した。

短編集

この年代には，創作の物語を複数収めた〈短編集〉も勧められる。代表的なものが「マッチ売りの少女」「人魚姫」などで有名な『アンデルセン童話集１・２』（アンデルセン作　岩波書店）。ダイジェスト版もあるが，原作は作者の人生観や宗教観を子どもにもわかる形で描いた深みのある作品なので，図書館には完訳を備えたい。

『隊商』（ハウフ作　岩波書店）は，アラビアン・ナイトを思わせるエキゾティックで魅惑的な雰囲気をもつ短編集で，怖い話を求める高学年の子どもをひきつける。

『ふしぎなオルガン』（レアンダー作），『ムギと王さま』（ファージョン作），『しずくの首飾り』（エイキン作）（以上岩波書店刊），『魔法使いのチョコレート・ケーキ』（マーヒー作　福音館書店）等は，ファンタスティックなお話を収めている。

日本の短編集としてはまず『風の又三郎　宮沢賢治童話集１』（宮沢賢治作　岩波書店）が挙げられる。賢治童話には宗教的な意味が込められた作品が多いが，「雪わたり」「セロ弾きのゴーシュ」など，中学年から楽しめるものもたくさんある。

『風と木の歌』（安房直子作　実業之日本社）は日本的情緒が魅力となっている。

●…………高学年〜中学生向き読みもの

このグレードには，ファンタジー，冒険物語，歴史小説といったジャンル分けのはっきりした作品や，スケールの大きい作品，また現代の問題を盛り込んだり，これまでにないテーマに挑戦したりと，新しい試みをした作品が登場する。

冒険物語
歴史小説

まず古典的な作品から。冒険物語の“老舗”ともいえる『二年間の休暇』（ベルヌ作　福音館書店）や『宝島』（スティーブンソン作　福音館書店 or 岩波書店）。高学年の女の子に愛読されてきた『秘密の花園』（バーネット作　福音館書店 or 岩波書店）。これらはストーリーの無類の面白さで，時代を越えて生き続けている。

英国の湖沼地方を舞台に，少年少女が学校の休暇に繰り広げる冒険を描いた『ツバメ号とアマゾン号』（ランサム作　岩波書店）のシリーズは，訳者自身が旧版の翻訳に手を入れ,「ランサム・サーガ」して蘇った。歴史小説『ともしびをかかげて』（岩波書店）は，イギリスの作家サトクリフによる“ローマン・ブリテン３部作”の３作目。長年支配者であったローマ軍が去った後のブリテン島を舞台に，歴史の狭間で生きる青年将校を主人公とした読み応えのある作品である。

ファンタジー

ファンタジーのジャンルには,『ホビットの冒険』(トールキン作　岩波書店),『指輪物語』（同　評論社），ル＝グウィンの『ゲド戦記』（岩波書店）のシリーズ等，架空の世界を舞台に内面や魂の成長を描いた物語が登場する。『モモ』（エンデ作　岩波書店）は時間に追われる現代を風刺した寓話的な要素の濃い作品である。

新しいタイプのファンタジー『魔法使いハウルと火の悪魔』（ジョーンズ作　徳間書店）は，魔女に呪いをかけられ90歳の老婆になった少女と魔法使いの恋物語。

日本では，国際アンデルセン賞を受賞した上橋菜穂子による，人と精霊が交わる架空の世界での冒険活劇『守り人シリーズ』(偕成社）や，古代日本の神話のイメージを下敷きにした荻原規子の『空色勾玉』（徳間書店）等がよく読まれている。

リアリスティックな作品

現実社会の問題を読者に突きつけるリアリスティックな作品の代表は，ナチス・ドイツの時代に生きた少年たちを描く『あのころはフリードリヒがいた』(リヒター作　岩波書店)。近年は，スターリン政権下のソ連でシベリアの収容所に送られたリトアニア人の少女の物語『灰色の地平線のかなたに』（セペティス作　岩波書店）等，紛争地域の子どもたちの過酷な運命を物語る作品も次々と紹介されている。

また現実世界の出来事にファンタスティックな要素を加え，思い切り戯画化して，奇想天外な物語に仕立てた『穴』（サッカー作　講談社）のような作品も，今の子どもの感覚にぴったりのエンターテインメントとして受け入れられている。

●…………創作児童文学を知る

子どもの本も，読者である子どもも，その時々の社会の現状を反映している。公共図書館の現場でも，貸出率が高いのは“今時の子ども”が求める“今風の本”ではないだろうか。しかし子どもが本に求めているものは，貸出率という数字からだけではわからない。

図書館員はまず，児童室の蔵書の中で長く読み継がれてきた作品を実際に読んでみてほしい。そして創作児童文学の魅力と多様性を知り，子どもたちが物語に何を求めてきたのかを考えてほしい。その上で，今の子どもたちの読書力や好みを考えて新しい本を選ぶ力が，選書の際に必要とされるのではないだろうか。

UNIT 10

◉児童資料の種類と特色

児童文学(2)
——昔話，その他の伝承文学

●…………伝承文学

伝承文学
口承文学
昔話
神話
伝説
英雄譚
吟遊詩人

伝承文学は，文字の誕生以前から，それぞれの国や民族の間に口伝えで語り継がれてきた文学で，口承文学ともよばれる。伝承文学の中には昔話，神話，伝説，英雄譚などが含まれる。それらは人の集まるさまざまな場で，村の長老や家族の中の年長者，また吟遊詩人のような職業的な語り手たちによって語り継がれてきた。そうした伝承は人々に祖先の歴史や知恵を伝えたり，娯楽を提供したりしたのである。

やがて時代が進むにつれて“語り”は消えていき，本の普及とともに“目で読む文学”が一般的になった。

しかし昔話を語って子どもを楽しませる習慣は，後々まで続いていた。初期の子どもの本の題材も，多くは昔話から採られている。子どもの本の世界では，今でも伝承文学は生きているといえるのである。特に幅広い年齢の子をひきつける力をもつ昔話の本は，児童室の蔵書の中で大切な位置を占めている。

このUNITでは，昔話とその他の伝承文学についてそれぞれの特徴を示し，具体的な本の例を挙げることとする。

●…………昔話

昔話は伝承文学の中で最も“お話を楽しむ”という娯楽的な要素が濃く，その多くが「むかしむかしあるところに」という言葉で始まる。

19世紀初めに，ドイツの言語学者グリム兄弟は，民間に伝わる昔話を集めた昔話集『子どもと家庭のためのメルヘン』を出版したが，その本は世界各国で翻訳され，「グリム昔話」として愛読されている。日本の公共図書館の児童室でも「グリム昔話」を入れていないところは，まずないといってよいだろう。誰もが知っている「おおかみと七ひきのこやぎ」や「赤ずきん」も，「グリム昔話」の中のお話なのである。

「グリム昔話」と前後して，ヨーロッパ各国で，研究者や文学者による伝承の昔話集が出版された。今日それらの多くは日本語に翻訳されている。

昔話は，おとなにはすぐに結末が予想できるほど単純で，近代小説のような細かい心理描写も，しゃれた情景描写もない。話は事柄だけで進み，素っ気ないほどストレートである。

しかし子どもたちに昔話を読んでやると，夢中になって聞くのに驚かされる。なぜ昔話は，そんなにも子どもをひきつけるのだろうか。

第一に昔話は口伝えの文学であるため，耳で聞いただけでお話がよくわかるようにできている。ストーリーは前へ前へと進んでいき，過去の出来事を回想するなど，時間的に後戻りすることがない。創作文学のような細かい描写もない。三度の繰り返しや唱えことばも，子どもがお話についていくのを助けてくれる。

昔話は，子どもを強烈な力で日常から隔たったお話の世界へ連れて行く。そこには魔法や冒険があり，力の弱い者がすばらしい宝を手に入れるという幸せな結末が待っている。現実の世界では弱い存在である子どもも，昔話の中では主人公と一緒に大冒険し，思う存分力を発揮することができるのである。

一般に昔話を残酷だというおとなは多い。昔話の中には，首を切ったり，おなかに石をつめたり，悪い者が刑罰を受けたりする場面が出てくるからだろう。しかしそのような場合でも，昔話は，首を切られてどんなに血が出たか，罰を受けた者がどのように苦しんだかというようなリアルな描写をしない。そのため子どもたちは，残酷とも思わず，物語の流れの必然的な結果と受け取って納得している。昔話は素朴な人たちのための，耳で聞く文学。黙読していたときは残酷と感じたおとなでも，他人に読んでもらって耳から聞くと，それほど気にならなかったという人は多い。

以上のように，伝承文学には創作文学と異なる特徴がある。今日私たちは“再話”の形で昔話を読んでいる。“再話”とは伝承者の語った“もとの話”を，現代の人に読みやすいように整える作業をいう。 再話

“もとの話”は同じでも“再話”は再話者によって異なる。例として，ディズニーのアニメ絵本の『三びきの子ブタ』と，『イギリスとアイルランドの昔話』（石井桃子編訳　福音館書店）の中の同じ話を読み比べてみよう。 再話者

ディズニー版（勤勉な兄さんブタが弟たちを助け，最後に悪いオオカミは逃げていくという筋）のほうがよく知られているが，『イギリスとアイルランドの昔話』（一番目と二番目の子ブタはオオカミに食べられてしまう。レンガをもらって丈夫な家を立て，オオカミとの知恵比べにも勝った三番目の子ブタが，最後にオオカミを煮て食べてしまう）のほうが，“もとの話”なのである。

ディズニー版のほうは，兄弟で助けあうことや，骨身おしまず働くことの大切さを前面に出し，全体に明るく楽しげな雰囲気。子どもの本に教育的要素を盛り込みたいおとなは，こちらを支持する。

一方『イギリスとアイルランドの昔話』の中の話には，ぎょっとするおとなが多い。でも子どもに読んでやると，スリリングな筋運びと，子ブタがオオカミを食べてしまうという思いがけないハッピーエンドに，聞き手は大満足。子どもにはやは

り“もとの形”に近い再話で，昔話を楽しんでほしい。

昔話絵本は，UNIT 8 で取り上げたので，ここでは 1 冊の中に複数のお話を収めた昔話集を見てみよう。昔話集には，一つの国や民族のお話を取り上げたものと，複数の国のお話を収めたものとがある。

昔話集

ドイツの昔話を集めたグリムの昔話集の中で，読みやすく聞きやすいのは『子どもに語るグリムの昔話』（野村泫，佐々梨代子訳　こぐま社　全 6 冊）。ドイツ文学研究者と，長年お話を語ってきた語り手による翻訳で，「赤ずきん」のような小さい子向けのやさしい話から，思春期の子に読んでやりたい「白雪姫」のような長い話まで，1 冊に10話，6 冊で計60編が入っている。

先に挙げた『イギリスとアイルランドの昔話』は，「さんびきのくま」「ジャックとマメの木」などよく知られたイギリスの話から，アイルランドの妖精にまつわるふしぎな話まで，バラエティに富んだ内容で，文学としての昔話の魅力が味わえる。

日本の昔話でまず紹介したいのは『日本昔話百選　改訂新版』（稲田浩二・稲田和子編著　三省堂）。方言の味を生かした再話で代表的な百話を収録している。子ども向けとしては『日本の昔話』全 5 巻（おざわとしお再話　福音館書店）や『子どもに語る日本の昔話』全 3 巻（稲田和子・筒井悦子編　こぐま社）等がある。

アジアの国々の昔話は，やはり日本の子には親しみやすい。『子どもに語るアジアの昔話 1・2』（アジア地域共同出版計画会議企画　こぐま社）には中国の少数民族の話や，インド，スリランカ，タイ，イランなどの話が収められている。韓国の昔話集には『ネギをうえた人　朝鮮民話選』（金素雲編　岩波書店），中国の昔話集には『けものたちのないしょ話　中国民話選』（君島久子編訳　岩波書店）がある。

『ロシアの昔話』（内田莉莎子編訳　福音館書店）は，「ゆきむすめ」「魔法の馬」などロシアの大地に根ざした話を収めている。民族色豊かな美しい絵も魅力。

ほかに岩波少年文庫，偕成社文庫，講談社青い鳥文庫などにも，各国の昔話集が入っているが，これらは中学年以上の子どもが自分で読んで楽しむのによい。

世界の81の国や民族の昔話を収めているのが『子どもに聞かせる世界の民話』（矢崎源九郎編　実業之日本社）。幼児から低学年に読んでやるのにふさわしい，短くて面白い話がたくさん入っている。

●…………その他の伝承文学

「むかしむかし　あるところに」と始まる昔話が，時と場所を限定しない，空想的要素の強い物語であるのに対して，伝説はある特定の場所にまつわる事柄や出来事を“本当のこと”として語り継いだもの。日本の伝説集には『日本の伝説』（大川悦生他著　偕成社　全 4 冊）や，『日本の伝説』（松谷みよ子編著　講談社　上下）などがある。

〈神話〉は，国や民族に伝わる創世の神々の物語。『ギリシア・ローマ神話』（ブルフィンチ作　岩波書店），『カレワラ物語　フィンランドの神々』（小泉保編訳　岩波書店），日本の『古事記物語』（福永武彦作　岩波書店）などがこれにあたる。

他にも昔話以外の伝承文学として，シャカの前世についての言い伝えを集めた仏教説話集『ジャータカ物語』（辻直四郎，渡辺照広共訳　岩波書店）や，アーサー王伝説を語る英雄譚『アーサー王物語』（グリーン編　岩波書店）などがある。

伝説や神話，説話には，中学年から高学年以上になってから触れる子が多い。

昔話やさまざまな伝承を寄りあわせて，さらに壮大な物語世界を展開し，読者をたっぷりと楽しませてくれる次のような作品もある。

天竺に経典を取りに行く三蔵法師のお供をして，おなじみの孫悟空が大あばれする痛快な活劇『西遊記　上下』（呉承恩作　福音館書店），奇想天外な冒険や魔法に満ちた華麗な世界に読者を連れていく『アラビアン・ナイト』（ウィギン&スミス編　福音館書店）などは，伝承の物語の面白さを満喫させてくれるだろう。

このような読みものは大部で，漢字（ルビつき）も多く使われていて，最近の子どもの読書力を考えると勧めるのがためらわれるかもしれない。しかしもとはといえば，民衆の間で語られていた話なので，内容そのものは難しくない。筋立ては波乱万丈，文章にも語りの調子が生かされているので，思いのほか読みやすい。折に触れて紹介したり，冒頭の部分を読んでやったりすると，先を知りたくて自分で読み始める子も少なくない。続きものとして読み聞かせることもできる。

●…………伝承文学を知る

これまでに述べたように，伝承文学はもともと語り伝えられたものなので，声に出して読まれたとき，本来の魅力を発揮する。しかし黙読になれてしまったおとなは，素朴な伝承文学の面白さがすぐにはわからないかもしれない。

図書館員が伝承文学を知るためには，昔話などを子どもに読んでやるだけでなく，自分も仲間に読んでもらって，“お話を耳から聞く”経験を積んでいくことが重要である。

伝承されたお話に対する“再話”はひとつとは限らない。紙面の都合で取り上げることができなかったが，たとえばギリシャ神話には，岩波書店のものよりもう少し年齢の低い子向けの『ギリシア神話』（石井桃子編訳　のら書店）や『はじめてのギリシア神話』（尾高薫文　徳間書店）などもある。

他の伝承文学についても，各社からさまざまなグレードに向けて，いろいろな再話が刊行されているので，それらを読み比べて，伝承文学を“聞く耳”“選ぶ目”を養ってほしい。

聞く耳

選ぶ目

◉——option C

児童図書賞

今日では世界中に主催者も趣旨もさまざまな児童図書賞があるが，児童図書出版や図書館の歴史が長い英米では，図書館員が賞の創設と運営，選考に深くかかわってきた。

最も歴史の古い児童文学賞は，1922年にアメリカ図書館協会によって創設されたニューベリー賞。この賞名は18世紀イギリスで児童図書出版を始めたジョン・ニューベリーの名にちなんでいる。前年にアメリカで出版された全分野の英語の児童図書が対象。

1936年にはイギリス図書館協会（現・英国図書館情報専門家協会）がカーネギー賞を創設した。この賞は公共図書館の設立に大きく貢献したアメリカの実業家アンドリュー・カーネギーを記念するもの。前年にイギリスで出版された英語の作品を対象とする。

絵本の賞で歴史があるのは，1938年にアメリカ図書館協会が創設したコルデコット賞と，1955年にイギリス図書館協会が創設したケイト・グリーナウェイ賞。いずれも19世紀イギリスの有名な絵本作家ランドルフ・コルデコットとケイト・グリーナウェイの名を賞名としている。

以上の４賞は権威あるものとみなされ，歴代の受賞図書の多くは日本でも翻訳出版されている。

英米以外では，オーストラリア児童図書評議会によるオーストラリア児童図書賞（1946年創設），『ニルスのふしぎな旅』の主人公の名を採ったスウェーデン図書館協会のニルス・ホルゲション賞（1950年創設）等がある。国際児童図書評議会は1956年から隔年で“小さなノーベル賞”と呼ばれる国際アンデルセン賞を主催している。

日本にも，サンケイ児童出版文化賞や日本児童文学者協会・児童文学賞等があり，厚生労働省がかかわる賞もあるが，図書館関係者が主催しているものはない。

賞の中には出版界が新しい作家や作品を発掘するために設けられた賞や，広く読書の楽しみをアピールするため子どもたちの投票によって選ばれる賞等もある。図書館員はそれぞれの賞の特徴を知った上で，選書の際の参考にするとよいだろう。

その時々の受賞図書についての情報は，新聞や児童図書関連の雑誌に掲載されるが，さらにくわしくまた系統的に調べたいときには，国立国会図書館の「リサーチ・ナビ」が役に立つ。

UNIT 11

◉児童資料の種類と特色

ノンフィクション

●…………はじめに

児童資料の中には，人間の想像力が生み出したフィクション（物語や伝承文学等）のほか，事実を伝える目的で書かれたノンフィクションがある。ノンフィクションは，事実の差し出し方によって，大きくノンフィクション文学，知識の本，レファレンス資料の三つに分けられるが，このUNITではノンフィクション文学と知識の本を取り上げる。レファレンス資料については，UNIT 13で扱う。

ノンフィクション
知識の本
レファレンス資料

●…………ノンフィクション文学

ノンフィクション文学とは，伝記，日記，手記，随筆など，事実をもとに書かれた文学性の強い読みもののことをいう。

ノンフィクション文学
伝記
日記
手記
随筆

最もよく知られているのは伝記だろう。伝記とは実在した人物の生涯や業績を記した著作だが，取り上げる人物（被伝者）の描き方は対象年齢によって異なる。

中学年くらいまでの子どものための伝記は，有名な人物の事績や子ども時代の逸話を伝えるエピソードを中心としたものが多い。

しかし歴史や人間への理解が深まる高学年以上向きでは，被伝者の生きた時代背景や，人としての影の部分も描きこんだ読み応えのある作品が現れる。『アンデルセン　夢をさがしあてた詩人』（ゴッデン著　偕成社）や『子どもに愛されたナチュラリスト　シートン』（今泉吉晴著　福音館書店）などがその例である。

今日では，従来の伝記に登場する，内外の歴史上の人物，有名な科学者，文学者，芸術家ばかりでなく，現役のアスリートや，漫画家，新しい工業技術の開発者，人権活動家や自然保護活動家なども，被伝者として登場するようになった。

事実に基づいたノンフィクションといっても，著者の執筆姿勢や編集方針によって，読者の受ける印象は大きく違ってくる。文学性の強い伝記の場合は，書き手の文学的力量が作品の質を左右する。

科学者の伝記の場合でも，編集方針はさまざまである。たとえば『世界を変えた科学者シリーズ』（岩波書店）は，エジソン，キュリー夫人など，有名な科学者を取り上げているが，物語性より事実を伝えることに重点を置く。そのため当時の写真や資料を多用して，被伝者の生きた時代と業績を客観的に伝えようと試みる。

近頃では中級以上向きの絵本形式の伝記もある。晩年のガリレオが自分の生涯を語る『わたしはガリレオ』（クリステンセン作　さ・え・ら書房）はその例である。

日記文学

〈日記文学〉の例としては，有名な『アンネの日記』（アンネ・フランク著　文藝春秋）を挙げよう。ナチスから逃れるために隠れ家生活を送ったユダヤ人の少女が残した日記は，苛酷な時代の真実を後世に伝えるだけでなく，思春期の少女の心の揺らぎ，恋心，両親との関係などを率直に書いた青春文学として今も輝きを放つ。

手記

〈手記〉とは体験したことを著者自らが書き綴ったもの。『白旗の少女』（比嘉富子著　講談社）は，6歳のとき沖縄の激戦地を一人でさまよった著者が40年後に書いた〈手記〉である。子どもの視点から沖縄戦を描き，平和の尊さを強く訴える。

『エイズと闘った少年の記録』（ホワイト&カニンガム著　ポプラ社）は，薬害エイズで亡くなったアメリカの少年と科学ジャーナリストとの共著で，一種の〈手記〉といえよう。エイズに関する医学的知識を同世代の若者に伝えると同時に，この病気に対する社会の偏見や差別の恐ろしさを深く考えさせる内容である。

ルポルタージュ

社会問題や時事問題を現地で取材して報告する〈ルポルタージュ〉の典型は『あの日，ベトナムに枯葉剤がふった：戦争の傷あとを見つめつづけた真実の記録』（大石芳野作・写真　くもん出版）。ベトナム戦争の経緯と米国の使用した枯葉剤の影響を的確な文章とモノクロの美しい写真で伝え，戦争の残酷さを静かに告発する。

ノンフィクションの読み物はあらゆる分野に広がっているが，確信のない時代を象徴するかのように，思春期の読者に向けた“人生哲学”ともいうべき本の出版も目につく。中でも特記すべきは『君たちはどう生きるか』（吉野源三郎著　岩波書店 or ポプラ社）を今の若者向けにアレンジした漫画版（羽賀翔一漫画　マガジンハウス）の登場。原著は太平洋戦争前，新潮社から「日本少国民文庫」の一冊として刊行されて以来静かに読み継がれてきた名著だが，2017年の漫画版で大ブレーク。大人の読者や教育界まで巻き込んだ社会現象となり，出版界の話題をさらった。図書館員は漫画も本もきちんと読んで，両者の違いを把握しておくべきだろう。

人気の“動物もの”の分野にもこれまでにない視点の作品が現れた。『ゴリラに会いに行こう　チサトのゴリラ日和』（阿部ちさと文・絵　国土社）の著者はゴリラが大好きな画家。大勢のゴリラが自然に近い状態でのびのびと暮らす英国の動物園をたずね，彼らの表情の豊かさに魅せられる。“ゴリラ愛”に満ちた楽しい一冊。

『ソンジュの見た星　路上で生きぬいた少年』（リ・ソンジュ&マクレランド著　徳間書店）は，16歳で脱北した著者が北朝鮮での過酷な少年時代を綴った自伝的作品。報道で知る情報を越えた臨場感で，ノンフィクション文学の力に圧倒される。

●…………知識の本

知識の本

〈知識の本〉とは広く子どもたちに知識や情報を与える目的で書かれた本をさす。

「絵本形式」のものと，「読みもの形式」のものがあるが，その中で科学的なテーマを扱ったものを，「科学絵本」「科学読みもの」とよぶこともある。 科学絵本

絵本を読む年代の子どもは，何かを知りたいからでなく，ただ“面白そう”だから本に手をのばす。彼らにとって“知識の絵本”と“お話の絵本”との区別はないのだ。そのような「科学絵本」の例としては，山に降った雨が流れとなって海に至るまでを，周辺の人々の暮らしとともに絵巻物のように描いた『かわ』（かこさとし作　福音館書店）や，血液と心臓の働きを幼い子にもわかる絵と文で説明した『ちのはなし』（ほりうちせいいち作　福音館書店）などが挙げられる。 科学読みもの

低学年から中学年向きの“知識の絵本”の中には，絵をうまく使って子どもの理解を助け，かなりの量の情報を提供しているものがある。

『うんこのできるまで』（佐藤守作　岩崎書店）は，体に入った食べ物が消化，吸収，排泄されるまでを，食べ物を運ぶ小人たちの絵とわかりやすい文とで描く。題名にひかれて手に取った子も楽しみながら知識を得ることができる親切な本作り。

『エジプトのミイラ』（アリキ作　あすなろ書房）は，ミイラづくりの技術だけでなく，その背景にある古代エジプトの歴史や宗教まで美しい絵と簡潔な文章で解説。子どもの知的好奇心を刺激する。

『風の島へようこそ』（ドラモンド作　福音館書店）は，デンマークに実在する風力発電の島に取材したもの。語りかけるような親しみやすい文章と，軽やかなタッチの水彩の絵で，子どもたちに自然エネルギーについて考えさせる。

「読みもの形式」の知識の本は，図鑑のような形のものから読みごたえのある本の形のものまで，対象年齢や内容がさまざまである。

あかね書房の『科学のアルバム』（新装版　全73巻）は小学生に長く読み継がれてきたシリーズ。「モンシロチョウ」「ドングリ」「月をみよう」など，動植物から天文，地学まで広い領域からテーマを選び，写真と，中学年でもわかる文章で自然への興味を引き出す。

もう少し大きい子向きなのが『自然の観察シリーズ』（偕成社）。各巻でアリ，ツバメ，タンポポなど身近な動植物を取り上げ，高度な撮影機材を使って珍しい生態をとらえた写真を掲載，最新の研究成果を踏まえた解説をつけている。かなりくわしいが，写真にも文章にも子どもが理解しやすいようにとの配慮が感じられる。

〈知識の本〉の中には，広く社会の問題に子どもの目を向けさせるものもあるが，それらの作品は著者の“人間や社会に対する見方”に支えられている。 知識の本

写真絵本『指で見る』（ベリイマン写真・文　偕成社）は，スウェーデンの写真家が盲学校の寄宿舎にいる子どもたちに親しく接して，その日常を撮り，かつインタビューしたもの。障害から目をそらさず，彼らの表情を生き生きと捉えたモノクロ写真から，子どもたちをあくまでも人として対等に見る著者の姿勢が伝わる。 写真絵本

環境問題を取り上げた本も多い。その中の1冊『地球環境のしくみ』（島村英紀著　さ・え・ら書房）の著者は地球物理学者。地球の成り立ちにさかのぼり，地球の歴史を段階を追って見ていくことで，環境問題の本質に迫る。エコ活動など実践面に焦点を当てた本とはまた違った説得力がある。

美術書

〈知識の本〉の分野には，子どものための美術書などもある。最近は名画の紹介にとどまらず，著者の設問に沿って絵の中にその答えをさがさせるなど，子どもとの接点を考えて工夫した美術書が出ている。日本の古い文化や季節の行事風習を紹介したものや，伝統工芸，伝統芸能に関する本も増えている。

世界の国々の子どもたちの暮らしを現地に取材し，合わせてその国の地理や歴史を解説する本も出ているが，このような情報を扱う本は，世界情勢の変化によって絶版になったり，改訂されたりするので，注意を要する。

今日では国の内外のあらゆる出来事が児童向けノンフィクションのテーマとなる。『16歳の語り部』（語り部　雁部那由多ほか　ポプラ社）は小学5年生で東日本大震災を体験した3人の子どもたちが，高校生になったとき，自分の言葉で語る“あの日”と“その後”。子どもの目に映った災害地の“真実”が浮かび上がる。

『髪がつなぐ物語』（別司芳子著　文研出版）は，病気で髪を失った人に自分の髪を寄付する“ヘアドネーション”の活動を具体的に紹介，髪を必要とする人や提供するドナーの心の動きもていねいに押さえている。子どもにも参加できるボランティア活動としてわかりやすい書き方で，読後実際にドナーとなる子もいるという。

今世界で問題となっている児童労働に関する本も出ている。『イクバルと仲間たち　児童労働にたちむかった人々』（クークリン著　小峰書店）の主人公イクバルは実在したパキスタンの少年。4歳の時からじゅうたん工場で働かされていた彼は10歳で人権活動家と出会い，自分と同じような立場の子どもたちを救うために立ち上がる……。多くの資料に当たり，公平で客観的な記述を心がけた本作りである。

●…………ノンフィクションを知る

フィクションに比べてノンフィクションは，書名が即内容を表すものが多いせいか，きちんと読まれない傾向がある。しかし図書館員は，その本が対象としている読者と同じ目線で読んで，何も知らない子にも理解できるように書かれているかどうかを見てほしい。特に自由な読書の場である公共図書館では，学校の勉強の枠にとらわれず，本として面白くできているか，子どもの知的好奇心を広げていく本作りかどうかが，選書の際の重要なポイントとなる。

今日，情報の早さ，新しさの面では，本より役に立つメディアはいろいろある。その中で“本ならではの面白さ”をもつ作品を子どもに手渡すためにも，まず図書館員が幅広い分野のノンフィクションを楽しんでほしい。

UNIT 12

◉児童資料の種類と特色

レファレンス資料

●…………レファレンス資料とは

レファレンス資料とは，テーマに沿って体系的網羅的に編集され，調べたいことについて参考となる記載がある資料のことである。物語などストーリーを読んでいく資料とは異なり，該当する部分のみを読めばよい。他の資料と区別して，独立させてコーナーを設けたりすることが多い。

レファレンス資料

●…………レファレンス資料の種類

レファレンス資料には，辞典・事典類，図鑑，年鑑，統計資料などがある。子ども向きの書誌（選択書誌）もある。目録・文献索引もレファレンス資料であるが，おとな向けに刊行されることが一般的である。目録はOPAC（オンライン利用者目録）・Web OPACで検索できる図書館が多い。文献索引は，リストやパスファインダーなどの形で，内部的に蓄積したり，公開したりしている。レファレンス資料は，それぞれの資料の特色を知り，内容により使い分けるとよい。

辞典・事典類
図鑑
年鑑
統計資料
子ども向きの書誌
パスファインダー

(1) 辞典・事典類

辞典は，言葉について意味や用法などを解説し，配列した本。国語辞典が代表的で，その他にことわざ辞典・カタカナ語辞典・方言辞典・英和辞典などがある。漢字は言葉を表す文字の一種なので，漢字辞典・漢和辞典である。漢字字典も児童書で出版されている。事典は，事柄について項目ごとに説明し，配列した本。百科事典が代表的で，音順別配列百科事典と分野（項目）別百科事典が一般的である。百科事典は1冊にまとめたものの場合，その本だけを見ればよいので便利だが，収録項目が少なく，ページ数が多くなる。これに比べて多巻ものの場合は，収録項目は多くなり，調べたいことが載っている巻を見ることとなる。セットものなので高価である。編集に時間がかかり，頻繁に刊行できるものではない。補遺版や増補版，改訂新版として全巻が出版されることもある。

国語辞典
百科事典

『総合百科事典ポプラディア』新訂版が2011年に刊行された。この百科事典は，有料オンライン事典サービスとして『ポプラディアネット』も行っている。Web上の百科事典としては学研キッズネットの学習百科事典などがある。百科事典のほかに特定の分野の事柄を編集した地名事典・人名事典・体の事典・音楽事典・スポーツ事典などがある。現代用語検定協会監修の『現代用語の基礎知識 学習版』（自由国民社）は，用語集として最近の出来事や時事問題について調べることができる。“見て分かる絵じてん”というものも刊行されている。辞典と字典と事典は音が同じなので，区別するために，辞典を「ことばてん」，字典を「もじてん」，事典を「ことてん」ということがある。

図鑑

(2) 図鑑

種類別に集めたものを，写真やイラスト・図を使って実物の形や色などを示しながら解説し，配列した本。昆虫図鑑・植物図鑑・動物図鑑・宇宙図鑑・乗り物図鑑・恐竜図鑑など多くのジャンルで出版されている。科学あそびや科学実験・飼育・折紙など実際にやってみる方法を紹介している図鑑，動物の赤ちゃん・タネ・切り身・制服・クモの巣・100円ショップ・小惑星探査機「はやぶさ」など対象を絞った図鑑も出版されている。

科学あそび
科学実験

2009年に『くらべる図鑑』（小学館）が刊行されると，従来の同種や個々のものを識別するという観点以外に，テーマで取り上げて，子どもたちの疑問に応える新型図鑑（メッセージ図鑑）が刊行されるようになった。その他，観察の視点を盛り込んだり，クイズや実物大の写真を掲載したり，パノラマページやポスターなどが付くものもある。ページ数をおさえた絵本の図鑑や，持ち運びに便利なポケット版も出版されている。保護者から幼児や赤ちゃん向きの図鑑の所在を問われることもある。調べるときだけでなく，図鑑を読むことが好きな子どもは多い。

メッセージ図鑑

年鑑

(3) 年鑑

1年間の主な出来事や統計を載せた，年1回刊行される出版物。逐次刊行物の一種。形を変えながら児童書で刊行され続けているのは，『朝日ジュニア学習年鑑』（朝日新聞出版）で，総合的に事柄を取り上げている。児童書としてはこのほかにはニュースやスポーツといった特定の分野についての年鑑が出版されている。

統計資料

(4) 統計資料

表・グラフ・絵地図などにデータを記した統計を集めた資料。矢野恒太記念会編集の『日本のすがた』（矢野恒太記念会）は，『日本国勢図会』のジュニア版で毎年刊行されている。シリーズの1冊をデータ集とし，統計を載せているものもある。

(5) その他

地図帳・年表・ハンドブックなどがある。地域のことを調べる際に役立つ地域資料と，レファレンス資料を補うファイル資料については，後の項で取り上げる。

●…………レファレンス資料の機能

レファレンス資料には，目次や索引など便利な機能がついている。この機能の使い方を知っていれば，早くまた的確に調べることができる。

①目次：どこに何が書いてあるかがわかるように，掲載順に見出し語と該当ページ数を列挙したもの。前付けされている。大項目・中項目・小項目で構成されていることもある。 目次

②索引：本に出てくる事柄を抜き出して，掲載ページを記したもの。後付けになっている。ページ数が列挙されているときは，すべてのページに記載がある。見出し語としてのページが太数字になっていることもある。配列の順序は事柄の五十音順が多い。事項・人名・用語などで別立てして，複数の索引がついていることもある。多巻に及ぶものは，各巻索引と全巻索引を載せているものもある。索引だけで1巻をなすこともある。「～を見よ」(関連項目),「～をも見よ」(参照併読が望ましい）と別項目に送る指示をしていることもある。 索引

③凡例：巻頭に記されている編集目的や方針・使い方を箇条書きしたもの。 凡例

④その他：前小口の「つめかけ」，各ページに印刷されている「柱」などがある。

●…………レファレンス資料の利用および選書

レファレンス資料は，必要な箇所が一部分である，資料がすべて貸出中となり提供できなくなることを避ける，高価であるなどの理由から貸出禁止とし，館内閲覧とすることが一般的である。レファレンス資料は書き写すか，コピーを取ることとなる。利用する子どもたちには出典を明記しておくことや，コピーを取る際の注意事項などを説明する。予算やスペースに余裕があり，利用頻度が高い資料の場合は，複本で購入し，レファレンス資料として1冊確保し，残りを貸出用とすることもある。タイトルに辞典・図鑑などの言葉が入っていても情報量が少なく，読んで楽しむ要素が強い場合は，レファレンス資料としないこともある。

レファレンス資料の選書に際しては，普段からどのようなレファレンスを受けたか記録をし，どの分野が必要であるか把握に努める。レファレンスサービスについては, UNIT 19（情報サービス）を参照すること。児童室で受ける調べもののレファレンスは，学校での授業関連のものが多く，学校図書館の充実度，調べ学習についての指導，公共図書館が行う学校図書館支援の仕方などによって，量も質も異なる。各自治体採択の教科書の内容を把握しておくとよい。

また，新しい情報を提供するため，改訂版が出版されたら買い直す。年度版は購入漏れのないようにする。提供できる児童書のレファレンス資料が出版されていない場合は，０～８類の児童書や一般書のレファレンス資料を受け入れることもある。異なる年齢層向けに，同ジャンルで何種類か購入することも検討する。その際には，総ルビか一部の漢字にルビが振られている（パラルビ）のか，活字の大きさ，一項目に対する解説文の文字数や難易度，図版の有無などで判断する。レファレンス資料は，利用しているうちにページが取れたり，のどが割れたりする。一般的な本よ

りは高価なので修理方法を知っておくとよい。

●…………地域資料

地域資料
郷土資料
郷土行政資料
地域行政資料
児童郷土

公共図書館が属する自治体の行政区域を中心に，定めた地域の資料を収集する。地域は，それぞれの市区町村・近隣自治体・都道府県などが想定される。各図書館がそれぞれの地域の資料を収集するので，コレクション内容は独自なものとなる。「地域資料」の同義語として，「郷土資料」「郷土行政資料」「地域行政資料」などや「児童郷土」などの用語を使っている図書館もある。地域の情報拠点となる公共図書館で，小学校の３・４年生は，自分たちの住んでいる地域社会（市区町村・都道府県）について学習する。地形・生活環境・古い道具・文化財・年中行事・地域の発展に貢献した先人・産業・外国とのかかわりで姉妹都市などについてである。５・６年生では，わが国の産業で地域の産業について調べる。子どもたちが身近な地域について知りたい・調べたいと思ったときに，応えられる資料の収集に努めたい。収集対象は，地域情報の載っている資料が主となるが，地域の出身者や在住者の著作なども含まれることがある。

資料の形態はさまざまで，図書・逐次刊行物・パンフレット・リーフレット・写真・年中行事の映像資料・自治体の歌の録音資料・古文書などが挙げられる。しかし，児童向けにはあまり資料が出版されていないので，おとな向けの資料を流用して受け入れることも多い。現時点では，地域資料の内容は一般的な事柄に比べ，インターネットでもあまり調べることができない。子ども向けにリライトして，デジタルデータ化を行う取り組みを行っている図書館もある。地域資料は一般的な流通には乗らない資料が多い。地元の出版社の新刊は随時チェックを行う。地域行政資料は，役所全体に収集協力を依頼したり，庁舎に行った際にも収集に努めて入手する。

寄贈される資料が多くなるため，書誌データを作成し，装備にも一手間かける。地域資料は，比較的簡易な装丁で刊行される場合がある。冊子で背にタイトルなどが印刷されていない場合は，印字したものを貼り付ける。ページ数の少ない資料は厚みがないので，背ラベルが読みにくく探しにくい。一般的な判型を用いない，奥付がない，出版年や頒価が明記されていないこともある。

●…………ファイル資料

ファイル資料
パンフレット
リーフレット
新聞や雑誌からの切り抜き
一枚物の地図
絵葉書
写真
グラフや表
『基本件名標目表』
『小学校ファイル件名標目表』

ファイル資料とは，パンフレット・リーフレット・新聞や雑誌からの切り抜き・一枚物の地図や絵葉書・写真・グラフや表など個々では排架しにくい資料に，件名または分類を付けて整理し，ファイルに入れて，キャビネットに配列した資料群のことを指す。件名は，『基本件名標目表』第４版，『小学校ファイル件名標目表』などを参照する。切り抜き資料は複写せず現物を用い，台紙に貼るか，両面に印刷されているものはクリアファイルなどに入れる。個々の資料には，所蔵を示す印を押すかシールを貼り，発行年月日・出典などの必要事項を記す。ファイル・キャビネットは場所を取り，一度に１人しか検索できないので，バインダーに綴ったり，ファイルボックスに入れて，コーナーを作ったり，同テーマの図書の書架に排架したりする。よく聞かれる質問のテーマを取り上げているパンフレットは，所在をわかりやすくするため，ファイル資料としてではなく図書として受け入れることもある。ファイル資料を収集することで，図書として出版されていない，または図書に記述の少ない情報を補うとともに，新しい情報を提供することができる。情報を図書以外の媒体から得る機会ともなる。ファイル資料は，購入紙誌や寄贈資料などから収集できる。全般的に収集するのではなく，情報が必要なテーマを設定しておき，該当する情報の載っている資料を収集し，組織化する。ファイル資料を作成するときには，一般書やインターネットでの情報提供についても考慮する。

バインダー
ファイルボックス

◆地域資料の例（小平市立図書館）

小平市立図書館では，同館が1990〜1995年に発行した子ども向け郷土資料のパンフレットをまとめて「としょかんこどもきょうどしりょう」としてHP上で公開している。「玉川上水を知りたい」「こだいらの農業」や「花の江戸城」など41項目が挙げられ，各項目の下に複数の小項目が設定されている。HPに掲載されている情報はパンフレット作成時点のものだが，2010年11月に，古くなった情報の一部を2010年10月時点の情報に改訂したという。

（http://library.kodaira.ed.jp/kids/tkk/no11.html）

以下は，「武蔵武士」の項目の下の小項目の「武蔵武士のたんじょう！」の説明の一部である。

武蔵武士

- 武蔵武士のたんじょう！
- 年表
- 武蔵七党
- 中世のこんな出来事、あんな人
- 多摩のお城と古戦場マップ

むかし、むかし、そのむかし、平安時代とよばれた頃、武蔵国は京の都から見れば、遠い遠い東国のさいはての地だった。ここには、都の貴族や寺社の荘園、朝廷の牧場などが置かれていた。そして朝廷からは国司（地方長官）という役人が派けんされていた。

今の府中は、武蔵国府といって、当時の役所があったところだ。

国司の任期は、もとは4年または6年と限られていたが年数がきても都に帰らずいついてしまう者が多かった。国司でいた間に開こんした土地を手ばなしていくのは惜しかったし、第一、地方では都からの貴人・役人としてあがめられる国司たちも、都に帰れば下級貴族にすぎなかった。

UNIT 13

◉児童資料の種類と特色

逐次刊行物，視聴覚資料

●…………逐次刊行物とは

逐次刊行物

逐次刊行物とは，日本図書館協会目録委員会編『日本目録規則』2018年版（日本図書館協会　2018　p.218, 727）によると，「終期を予定せず，同一タイトルのもとに，部分に分かれて継続して刊行され，通常はそれぞれに順序表示がある資料。[中略］同一のタイトルのもとに，一般に巻次，年月次を追って，個々の部分（巻号）が継続して刊行される資料」を指す。具体的には，新聞・雑誌・年鑑などのことである。休刊・復刊・廃刊・終刊となることもある。また改題したり，刊行頻度・判型・編集内容などを変更したりすることがある。紙媒体の中では新しい情報を掲載している。蔵書とする逐次刊行物は継続して受け入れる。保存年限は，各逐次刊行物の内容・利用頻度・保存スペースを考慮して決める。子どもの利用者からバックナンバーの請求はほぼない。調べもののツールの一つとして，よく聞かれる項目について検索可能な仕組みや，子どもたちに案内をすることで利用につなげたい。

新聞・雑誌

年鑑

●…………子ども向け新聞

子ども向けの新聞は，ニュースや子どもたちが興味をもつテーマ・学習に関する内容などを掲載している。おとな向きの新聞より，活字が大きく，総ルビまたはパラルビで，イラストを入れ，カラフルであるなど，読みやすくわかりやすい紙面を目指している。判型はタブロイド判やブランケット判が一般的。刊期は，日刊（朝刊）・週刊・月２回・年１回などさまざま。子ども向けの新聞の発行元は新聞社が多く，2011年に創刊や紙面の拡充が相次いで行われた。その背景として次のことが挙げられる。

①新聞協会が推進する「教育に新聞を」（Newspaper in Education=NIE）事業

②学習指導要領に新聞の活用が記されている。

なお，学習指導要領は，約10年ぶりに改訂され，小学校は2020年度，中学校は2021年度に，高等学校は2022年度から年次進行で実施される。第５次の「学校図書館図書整備等５か年計画」（2017年度～2021年度）では，地方財政措置を前提とした学校図書館への新聞の複数紙配備が示されている。

③新聞各社の，子ども時代から新聞に親しみ，将来の読者を育てようという考え。

おとな向け新聞の定期購読世帯や購読者は減少傾向にあり，休刊・廃刊する曜日を設けるとともに紙面の改編を行い，子ども向けの新聞を立ち上げたところもある。さらに，子ども新聞のコンクールや「こども新聞サミット」が開催されている。

子ども向け新聞の頒布は，おおむね次のような方法で行われている。

(1) 有料での購読

全国紙として，『朝日小学生新聞』（朝日学生新聞社　日刊）・『朝日中高生新聞』（朝日学生新聞社　週刊）・『毎日小学生新聞』（毎日新聞社　日刊。別刷りの「15歳のニュース」は土曜配布）・『読売 KODOMO 新聞』（読売新聞東京本社　週刊）・『読売中高生新聞』（読売新聞東京本社　週刊）がある。ブロック紙では『中日こどもウイークリー』（中日新聞社　週刊）がある。

(2) おとな向きの購読紙に含まれる

子ども新聞として題号をつけ，別刷りでおとな向きの新聞に折り込まれているものやおとな向きの新聞に子どものページ（紙面）やコーナーを設けているものなどがある。地方紙やブロック紙に多い。発行されているものに，次のようなものがある。ほかにもたくさん発行されている。

『東奥こども新聞』東奥日報社　　『週刊　風っ子』上毛新聞社
『週刊 YoMoっと静岡（よもっとしずおか）』静岡新聞社
『新潟日報 fumu fumu J（ふむふむ J）』新潟日報社
『小学生新聞「学びの種」』奈良新聞社
『さん太タイムズ』山陽新聞社　　『こどもニュース＆スポーツ』四国新聞社
『朝日新聞埼玉少年少女スポーツ』朝日新聞埼玉販売センター
「もの知りこどもタイムズ」西日本新聞社
「ジュニアタイムズ」京都新聞社

(3) 学校へ配布

無料（※）のものと有料のものがある。

『ユメスポキッズ』（シーズケーツー　年６回）
『北海道おやこ新聞』小学生版（特定非営利活動法人おやこコミュニケーションネット　年５回）
『エコチル』札幌版　東京版　北海道版（札幌市を除く）　横浜版（アドバコム　月刊）
『MORGEN』（遊行社　月刊）※直接販売
『高校生新聞』㈱スクールパートナーズ高校生新聞事業部　年10回）　※一定部数贈呈

子ども向けの新聞は，子ども記者や投稿募集など参加型の紙面作りや，親子で読むというコンセプトが見受けられる。一般社団法人共同通信社の配信記事を掲載している新聞もある。さらに子ども向け Web 版の新聞（電子新聞）を展開しているものもある。

参加型の紙面作り

子ども向けWeb版の新聞

●…………雑誌

絵雑誌

月刊絵本

(1) 絵雑誌から月刊絵本へ

日本における多色刷りの子ども向けの雑誌の始まりは，1904（明治37）年に児童美育会が刊行した『お伽絵解こども』といわれる。印刷技術の発達を背景に，文章にそえられる挿絵としてではなく，絵を多用する絵雑誌である。1906（明治39）年に博文館から『幼年画報』，1914（大正３）年に婦人之友社から『子供之友』，1922（大正11）年に東京社から月刊雑誌である『コドモノクニ』，1923（大正12）年に大阪朝日出版社から『コドモアサヒ』ほかが創刊された。1926（大正15）年の幼稚園令施行規則第２条で「幼稚園ノ保育項目ハ遊戯，唱歌，観察，談話，手技等トス」の観察に着目して，1927（昭和２）年にフレーベル館は，観察絵本『キンダーブック』を創刊，幼稚園への直接販売（直販）を開始した。

観察絵本

1956（昭和31）年に福音館書店から，幼児教育絵本『こどものとも』（心のかてを与える「母の友」絵本）が，月刊で創刊。現在では，１冊１話（テーマ）のペーパーバックの月刊絵本が刊行され続けている。「こどものとも」の対象年齢別のバリエーションと，『かがくのとも』・『ちいさなかがくのとも』・『たくさんのふしぎ』が刊行。ほかにも学研教育みらい・至光社・鈴木出版・世界文化社・チャイルド本社・ひかりのくに・メイト・フレーベル館などが月刊絵本を出版している。販売方法は，直販・書店販売・通信販売などがあり，図書館で購入できないものがある。評価や人気の高いものはハードカバーの絵本として出版される。このため，月刊誌だが本として排架する図書館もある。

月刊絵本

直販

書店販売

通信販売

子ども向きの雑誌

(2) 毎号複数の記事などを掲載している子ども向きの雑誌

『子供の科学』（誠文堂新光社　月刊）・『月刊 News がわかる』（毎日新聞社）・『月刊ジュニアエラ』（朝日新聞出版）・『テルミ』（日本児童教育振興財団　隔月刊）などが出版されている。子ども向けの雑誌は，学習に役立ち，子どもたちが興味をもつテーマを取り上げている。発行部数の多かった学年別学習雑誌はほとんど休刊したが，2017年に小学館より『小学８年生』が創刊。分冊百科形式の雑誌や付録が充実している雑誌など，刊行形態が多様化している。閲覧が難しい付録が付いてくる雑誌は購入しにくい。

雑誌の中には少年・少女向けの漫画雑誌がある。漫画については，資料種別の一つとして考えたい。そして，おとな向けに刊行されている子どもの本や読書活動に関する雑誌，幼稚園教諭と保育士向けの雑誌・育児誌・家庭教育誌・コーチング誌なども把握しておくとよい。

●…………その他の逐次刊行物

学校などの施設を対象とした，少年写真新聞社の「掲示用写真ニュース」がある。

また，公共図書館が発行する子ども向けの逐次刊行物として，子ども向け広報紙やおすすめの本の紹介をする冊子などを発行している図書館もある。

子ども向け広報紙

年鑑については，UNIT 12のレファレンス資料を参照のこと。

年鑑

●…………視聴覚資料

(1) 録音資料と映像資料

文字を主とする図書と異なり，音や映像により視覚と聴覚に働きかける資料として，視聴覚資料がある。AV 資料（audiovisual material）ともいう。記録媒体により映像や音を視聴する資料には，録音資料と映像資料がある。録音資料は音楽CD・カセットテープ・レコードなどで，子ども向けの内容は童謡・唱歌・わらべうた・朗読などである。映像資料はDVD・ビデオテープ・レーザーディスクなどで，子ども向けの内容はアニメーションや動植物の生態等学習的なものやスポーツなどを習得するための実演などを収録したものがある。記憶媒体は，技術の進歩とともに記憶容量が増し高品質となってきた。それぞれに対応した再生機器が必要。シェアが少なくなった記録媒体および対応再生機器は，次第に生産が減少し中止となる。従来の媒体でしか視聴できない作品があることと，対応する再生機器を新たに購入する必要があるため，記録媒体および再生機器の切り替え時期が難しい。映画（動画を含む）の著作物に関しては，頒布権が発生するので著作権処理済で，閲覧のみ・貸出可・上映可などの利用条件別の購入となる。録音資料と映像資料は専用容器に収納し，コーナーなどに配架する。図書館内で視聴ができるところもある。

視聴覚資料

AV 資料

録音資料

映像資料

再生機器

著作権処理済

CD-ROM や DVD-ROM による電子資料はウェブサイト上での閲覧に移行。児童図書や雑誌に付いているパッケージ系電子出版物についても映画（動画を含む）の著作物の場合は貸出・館内視聴可，貸出不可・館内視聴可，両方不可かを確認。使用条件が資料に明記されていることもある。現時点では，図書館・出版業界の各々で考えて運用されている。今後の日本電子出版協会著作権委員会などの動向に注意したい。

ウェブサイト上での閲覧

パッケージ系電子出版物

図書館法第 3 条第 6 項により映画会の開催を行う。「図書館が，図書館利用の一層の促進や潜在利用者の開拓を目的として」（日本図書館協会用語委員会編集『図書館用語集』四訂版　日本図書館協会　2013　p.123）行われる「集会活動」の一つ。16ミリフィルムやビデオテープ・DVD などによる作品の映写を行う。16ミリフィルムの映写は，16ミリ映写機の操作技術の講習を受けた者が行う。参加者は幼児および小学校低学年が多い。映写する作品の原作や関連図書を集め，貸出などを行う。

映画会

集会活動

(2) 静止画資料

録音資料・映像資料以外に，再生機器を必要としない静止画資料がある。掛図・写真・絵葉書・絵画・紙芝居などである。

静止画資料

紙芝居

紙芝居は，日本で生まれた独特のメディア。集団に向けて，地の文と台詞で構成された文章を語って演じる。紙芝居屋による街頭紙芝居が手描きだったのに対して，幼稚園や保育園では印刷紙芝居（教育紙芝居・出版紙芝居ともいう）が使われている。公共図書館では1960年に貸出が開始された。紙芝居には，昔話・童話・創作もの，行事・食育・防犯・防災・平和・のりもの・写真による科学ものなどテーマのあるもの，赤ちゃん向け・高齢者向けとさまざまなものが作られている。日本語と英語が併記されたものもある。

紙芝居は元来演じ手と聞き手の間でコミュニケーションが生まれやすいツールであるが，さらに参加型や仕掛けや歌を歌う紙芝居もある。出版しているのは童心社・教育画劇ほかの限られた出版社と協会などの団体である。販売されている紙芝居の中にはセット売りで分売不可の場合がある。団体から事業内容の普及・啓蒙活動の一環として紙芝居が寄贈されることがある。個人やグループによって手作りの紙芝居も作られている。

大きさはＢ４判が一般的だが，出版元により数ミリ単位で異なる。ほかに家庭版と大型紙芝居・Ａ３判がある。場面は，印刷の関係で４の倍数が主流で８・12・16のものが多い。前編16・後編16場面のものもある。場面の散逸を防ぐ装備をし，出し入れしやすい紙芝居架を置きたい。Ｂ４判に対応する舞台は，三面開き・幕付・取っ手付・枠のみなどいろいろなタイプがあり，サイズや重さが異なるものが販売されている。

◉——option D

世界に広がる「マンガ」

漫画は日本の現代文化の象徴となっている。欧米では“マンガ”という日本語が通用するようになっている。欧米とアジアを中心に各地域の言語にマンガが翻訳され販売されている。特に10～20歳代に人気である。公共図書館では図書館利用を促す期待もあって，積極的に収集・提供している。大学図書館では日本の現代文化資料として収集しているところもある。

アメリカの場合

アメリカでは大恐慌時期に“アメ・コミ”とよばれるコミックが検閲対象となり，出版に圧力がかけられた頃からアングラ化し，図書館資料とはならなかった。英語の読解力が不足している新移民労働者が情報を得やすかったのは，映画とコミックといった画像資料であったため圧力がかけられた。劣悪な労働環境に対する不満が為政者に向かわないようにとの配慮もあったためかと考えられる。それが1990年代末頃に日本の出版社によって子会社が設立され，積極的に日本マンガの英訳出版がなされるようなってから10代利用者の間で人気が高まり，図書館でも利用者のニーズに対応するようになってきた。現在ではマンガ市場の拡大にともなって，アメリカの出版社が積極的に作者を発掘し，新しい形のアメリカ流マンガを出版している。ただ，ここ数年の傾向として，10代利用者は翻訳された日本のマンガ本を強く好むのに対して，アメリカの図書館員たちはアメリカ人作者の作品を評価したがるようである。ALA の YA 図書館員部会が選ぶ「すぐれた」コミック本のリストを見ると，初期の頃は半数以上が日本マンガの翻訳本であったのが，最近では１～２冊ほどしか入っていないことからもその傾向は見えてくる。

ヨーロッパでの場合

ヨーロッパではフランス語圏を中心としてマンガ文化が強い。バンド・デシネである。日本では“コマ割り絵本”と呼ばれている。翻訳されたものでは，ベルギー人作家エルジェによる「タンタン」シリーズやイギリス人作家ブリッグズによる『サンタのなつやすみ』や『風が吹くとき』などの作品がある。フランス語圏だけでなく，広く欧州大陸で各言語で作成・翻訳されている。子ども向けだけなく，多くは成人向けであり，劇画やポルノまで描かれ市販されている。公共図書館では子ども・成人両方に分けて収集し提供している。そして日本のマンガも主要な言語に訳され，特に10～20歳代に愛読されている。最近の欧州からの学生たちの日本留学目的は伝統的文化を学ぶのではなく，マンガを学ぶことが多い，という。

アジアでの場合

日本マンガの影響は中国や韓国，東南アジアに広がっている。ベトナム語に翻訳されたコナンのシリーズは人気である。最近では中国や韓国でも独自のマンガ本が出版されるようになってきているが，その作品傾向は日本マンガの影響を強く受けている。アジアからの留学生たちもまた，日本マンガを求めて来日してきている。

『サンタのなつやすみ』
レイモンド・ブリッグズ作　さくまゆみこ訳
あすなろ書房　1998

UNIT 14

◉児童資料の種類と特色

児童文学からYA文学へ

●…………読者と読書

学校読書調査

中学生になると本を読まなくなるという嘆きはしばしば耳にする。たしかに「学校読書調査」（第64回調査（2018年））では，小学生（9.8冊）に比べると読んでいる本の数は減少（4.3冊）するが，10年前（3.9冊）に比べると増加傾向にある。ただ，不読者の人数も10年前（14.7%）に比べ，やや増加（15.3%）している。読書に関心も高い。だが，何を読んだらいいのかにとまどっているのだろう。『子どもの読書活動の実態とその影響・効果に関する調査研究』によると，本を読まなかった理由として「普段から本を読まないから」「読みたい本がなかったから」が多い。クラブ活動や友だちづきあいに忙しい中学生が手軽に利用できるはずの「学校の図書館に読みたい本がないから」という読書環境にも課題がある回答もある。

『子どもの読書活動の実態とその影響・効果に関する調査研究』

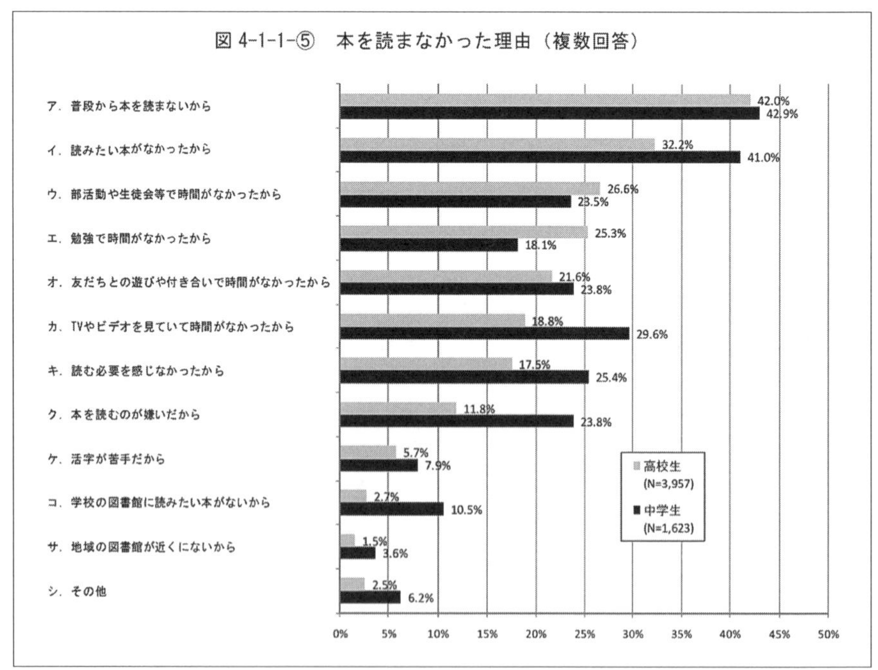

第4章青少年調査集計結果『子どもの読書活動の実態とその影響・効果に関する調査研究 報告書』
平成25(2013)年2月23日，国立青少年教育振興機構
http://www.niye.go.jp/kanri/upload/editor/72/File/4syou.pdf

しかし，子どもや10代に読書を薦める際に，図書館員も含めておとなだけが「良い」と思い込んだ資料を薦めると，最初は読んでも次の読書への期待感につながるとは限らない。つまり，この図書館員は自分がわくわくする本を薦めてくれないと失望されてしまう。プロの図書館員として力量や知識が問われるところである。

10代が読む本はメディアで話題になっているものや同じ年頃の友人が薦めてくれたものが多い。多様な読書をしている友人がいれば読書の幅は広がるが，そうでない場合には同じようなジャンルや読書レベルにとどまってしまう。

この世代の読書傾向と心理的発達段階，周囲の社会環境等を把握して，読む本を薦め信頼を得る。個々の読者の読書に関する読解レベルを推し量り，好みや関心，さらに知的好奇心を刺激して,「読み」の地平線をはてしなく広げていくようにする。図書館において，次の読書につながる資料を収集し提供していく。幼い子ども向けの読みものからおとなの読書へ階段を上るようにさりげなく薦めていく。それが図書館員の仕事である。

読書傾向
心理的発達段階
社会環境
読解レベル
「読み」の地平線

事実や情報を得るノンフィクションとは異なり，フィクションである小説や物語は読者に疑似体験を可能とし，想像力や創造力を刺激し，思考力を鍛えてくれる。学齢期の子どもたちや10代は，成長していく過程の中で，人とのつきあいなどを通じて生き方を学び，現実を自分のものとしていく。物語もまた，子どもや10代がひとりの人間として成長していく助けとなる。では，どのような物語を選び，図書館資料として収集し構築し，さらに積極的に子どもたちに薦めていけばよいのだろうか。

●…………読者の読書傾向

ピアジェの発達心理やフロイトの影の心理学，読書心理などといった研究分野も助けになるが，経験豊富な児童図書館員であれば多かれ少なかれ把握している子どもたちの読書傾向をまず把握しておくと，児童･YA サービス担当初心者に役に立つ。たとえば，絵本を楽しむ年齢期では，食べものが出てくる物語は男女を問わず人気がある。行って帰ってくる冒険ファンタジーは児童・YA 文学での定番である。

ピアジェの発達心理
フロイトの影の心理学
読書心理

(1) こだわりのシリーズ読書

小学３年生ぐらいになるとこだわりが出てくるのか，シリーズものを延々読み続けたり，同じ作家の作品ばかりを読んだり，といった子どもが増えてくる。小学生から中学生に人気あるシリーズ作品の特徴は，主人公を含む３人の仲間が冒険をしたり，謎解きをしたりといったものが多い。「こまったさん」シリーズや，「ずっこけ三人組」や「ハリー・ポッター」シリーズなどが例として挙げられる。どこかの段階で次の読書へと薦めないと，いつまででも“シリーズ読書の生活”から離れられなくなるので，図書館員（あるいは周囲の誰か）が別の本を薦めていくべきであ

シリーズもの

る。シリーズ作品のどこにこだわっているのかは，それぞれの読者によって異なるので，話を交わしてそれを発見し，次の読書を薦めたい。

ページ数が多くても，さくさく読めそうな小学生であれば高学年から，できれば中学2年生あたりから，読んだことがある作家の作品あるいは同じタイプの作品を書いている同時代の作家の作品で，まったく異なるジャンルやテーマを扱っている作品を薦めてみる。読書のパターンを変えるきっかけにする。中高生であっても読みやすいおとな向け作品も範疇にする。

ミステリー

(2) 想像力を鍛えるミステリー

小学3年生前後では，無意識的にも言語学習が活性化する時期にあたり，想像力や思考力の初歩の訓練としても，謎解きや探偵の出てくるミステリーを好む傾向も出てくる。タイトルに「謎の…」「探偵…」がついた作品が人気となる。

言語表現が平易で読みやすいレベルから，段階的にじっくり考えながら読み進めていかざるをえない古典作品やおとな向けの作品を薦めていく。読む力のついた読者は，本格的なおとな向けの推理小説に読み進んでいく。最近は，古い作品の表現を現代風に編集しなおし，ふりがなを振った作品も出版されている。また，おとな向けでベストセラーになっているミステリー作品は，ライトノベルとよんでもよいくらい読みやすくなっており，映像化されることも多く，中高生にもよく読まれている。図書館では複本を準備し，成人向け書架とYA向け書架の両方に排架しておくことが望ましい。成人向け資料担当者と情報交換をしておくとよいだろう。

ライトノベル

ファンタジー

(3) 不安な心が読むファンタジー

5～7歳ぐらいで現実と非現実の世界の区別を把握していく。目に見えないことや社会で生きていくためのルールであるモラルを学習する時期でもある。目に見えないことを学ぶことは成長の過程で必須だが，理解しにくいことである。ありえないと思っても，もしかすると起こっているのかも，といった疑いをもたらす。それは子どもたちの心の中に不安を呼び覚ます。それは魔法使いや魔女，幽霊などが登場する少々怖いファンタジー作品世界に似ている。小学生だと，タイトルに「魔女の…」「魔法の…」「こわい…」「幽霊の…」とつけられた作品がよく読まれる。本を薦める図書館員がいない図書館では，こういったタイトルのキーワードだけで選び読むだけにとどまってしまう。タイトルにこれらのキーワードがなくても，“魔法使いが出てきて（あるいは出てこないけど）ちょっと怖い話だけど読んでみない？”と薦めることのできる図書館員が必要な局面である。

ファンタジー作品では，安心できる日常生活に近い設定の作品は小学生向けであり，年齢が上がってくると日常生活から離れた別世界ファンタジー作品を読むようになる。動物やぬいぐるみ・人形が日常生活の中で話をするファンタジー作品群は，小学校低・中学年向きである。日常生活が舞台なので，大きな違和感なく安心して

別世界ファンタジー

読めるからである。現実の日常生活からファンタジー世界へと旅をしながら，主人公が成長していく作品群は小学校高学年から中学生向けである。これも日常生活に戻ってくるので，作品世界の中ではハラハラドキドキしていても安心できる。

現実生活ではなく，神話等に題材をとったファンタジー世界やSF世界の中だけで冒険の旅がすすむ作品は，ややレベルが高い作品群である。これは読者の時空間と現実生活の認知度の発達と関連している。保護者の庇護下から独立した自己認識や自我形成をするようになると，必ずしもファンタジー世界が現実の日常生活と直結している必要はないからである。だが，10代の読者を想定している作品では，主人公が旅をする中での不安や成長をテーマとしていることが多く，現実での不安とどう向き合うかの疑似体験にもなりうるだろう。

自己認識
自我形成

(4) 自分と向きあうリアリズム文学

リアリズム文学

10代になると現実を重視し，ファンタジー作品を読まなくなり，リアルな世界を描いた作品を読む子どもが増えてくる。それまでの親や学校など社会体制が「良し」としていた権威に10代が疑問をもち始めた1960年代から，書かれ，読まれ始めた作品群は社会問題をテーマに描いている。それまで児童文学でタブーとされていた事柄が正面切って書かれ始めた。社会問題から子どもたちの目をそらそうとしてきた児童文学作品が，読者に考えさせるテーマを投げかけ始めた。親の離婚や虐待，10代の妊娠・出産，救いのないいじめや差別，LGBTQなど性志向，犯罪など取り上げられるテーマは児童・YA文学世界ではタブーとはみなされなくなっている。

社会問題
タブー

両親がそれぞれ不倫相手と駆け落ちしてしまった中学２年生の双子が主人公の『ステップファザー・ステップ』（宮部みゆき著　講談社）や，両親の離婚のはざまで葛藤する小学校５年生の『お引越し』（ひこ・田中作　福音館書店），妊娠してしまった高校３年生のカップルの悩みと葛藤を描く『ディアノーバディ』（バーリー・ドハティ著　新潮社）など現実に起こりうる問題を取り上げている。

1960年代以降，欧米や日本では10代人口が増加し，社会を動かす原動力ともなり，親たちの世代がその物の見方や考え方を一方的に押しつけられなくなった。10代の若者たちは多様な社会問題や家族問題などを描いた作品を読み，自分で考えるようになり，ときには親の世代に反抗する。社会背景だけでなく，10代は少しずつ親の保護下から自立していく。親と喧嘩しながら精神的にも経済的にも自立していく。そのおとなになるための成長期と重なる。親からすればとんでもない話である。YA文学は悪書ともよばれ，その時代ごとに葛藤と非難の的となってきた所以である。

社会問題
家族問題

(5) いつの時代でも葛藤の嵐をよぶ10代向け資料

だが，図書館で所蔵し薦めるYA文学作品は，10代読者が限られた時間内で自分で考えられるようになるための手がかりである。マンガ，ティーンズ文庫やノベル

YA文学作品
マンガ

ティーンズ文庫
ノベルス

スでも，10代が想像・創造し考えられるようになるのなら，適切なYA向け読書作品となる。おとなになる手助けをするのは図書館の使命である。これらのメディアを読みながら，児童文学作品からYA向け文学，あるいはおとなも読む文学へと読書の地平線を広げてもらう手助けをするのが図書館員の仕事である。

マンガ

①マンガ・ティーンズ文庫（ラノベ）・ノベルス・Web小説

60年代，手塚治虫のマンガ本を道路に積み上げて火をつけた母親たちがいた。子どもにとって悪書だというのがその理由であった。同じ頃，学校図書館員たちは一方的にマンガ本を拒否せず，どう選び，どのように読み取り方を伝えるかを真摯に議論し工夫した。燃やしてしまいたいとおとなたちが思うマンガ本は今もある。だが，それは思い込みかもしれない。

ティーンズ文庫
ラノベ
ライトノベル
ノベルス
マンガ本
古典
ノンフィクション
混排
ブックトーク

図書館員は今，どう選ぶか，どう伝えるかを考え工夫しているだろうか。各図書館のサービス目的に合致する内容のマンガ本を意識的に選んでいるだろうか。娯楽やレクリエーションだけが目的なのか。「本を読むのが嫌いだから」「活字が苦手だから」（上記調査）という中高生への図書館利用や読書の“きっかけ”になるかもしれない。同じことはティーンズ文庫あるいはラノベ（ライトノベル。文庫本が多い），ノベルス（変型新書サイズ本。ファンタジーやアクション系が多い），Web小説にもいえる。ただ，“きっかけ”は発展させていかなければ，同じタイプの読書嗜好から離れられなくなる。たとえば，マンガ本，ティーンズ文庫やラノベ，ノベルス，Web小説を別置せず，古典やノンフィクションと混排する工夫（書架上の“ブックトーク”）を考えてみることで，マンガ本だけの利用から発展的読書へつなげていく図書館員の影の努力が求められる。

Twitter
スマホ
電子読書端末
QRコード

②デジタル世界と読書

中高生の間ではスマートフォン（スマホ）で何かを読むことは呼吸するのと同じである。連歌のごとく，きりのないTwitterで忙しい。情報モラルの育成は学校や家庭に任せて，図書館ではデジタル世界を利用しての読書を薦めることを考えるべきだろう。電子図書が図書館資料として一般化するのにはまだもう少し時間がかかるかもしれないが，スマホや電子読書端末経由で「読まない」中高生が読む習慣を身につけるようになるなら，図書館はもっと努力すべきである。あるいはQRコードを利用して，その読書資料についての書評や関連資料の情報提供等を行うようにすれば，携帯やスマホを利用して読書についての興味関心を高めようという試みも可能である。電子環境での“ブックトーク”である。

●…………越境する物語－この本は子ども向け？それともYA向け？

発達心理や文学としての評価ポイントなどをふまえて，児童文学からYA文学へと読者を考えて選択することは一つの方法である。

読者が物語の世界にどれだけのめりこめるかは，主人公の年齢に影響される。身体の発達と精神的発達が一致していれば，読者より１～２歳上ぐらいの主人公の作品が理解しやすい。成長する子どもや10代は少しでもおとなになりたいと願うが，背伸びしすぎると，その主人公の考え方や生き様が理解できない。明日，自分がなりたいと思う主人公の登場する作品のほうが理解しやすいのである。

身体の発達
精神的発達

作品の語り手が誰かもポイントである。小学校３～４年生向けの作品では主人公が語り手である。作品が始まって３ページ以内に必ず自己紹介しているはずである。こういった一人称の作品では主人公が直接読者に語りかける形式になっていることが多く，主人公と手に手をとって冒険の旅に入りやすい。それが10代前半では，家族や友人を密かに観察する年齢となり，主人公のそばにいる誰かが語る形式，つまり二人称あるいは三人称の作品を読む。中高生の年齢ではさらに離れて，客観度が強くなる作品を好んで読む。子どもという読者が“感動”したり，理解しやすいことを目的とする選択者が好む作品では，登場人物の誰でもないのにト書きに感想が書かれていたり，教訓的なまとめが出てきたり，と作者が作品世界に登場してくる形式が多い。読者自身の思考を誘導する危険性をはらんでいる。

一人称
二人称
三人称

読者の読む力を鍛えるのはエンディングである。読者が幼く，想像し考える力がなければ，作品の終わりが明らかに示してあり，ページが終わった後考える余地がない，あるいは考えさせない作品を好んで読みたがる。昔話でいうところのめでたしめでたしで終わるハッピーエンド（クローズドエンド）の作品である。行間を読み取らせる学習をするのは学校の国語（文学）の授業であるが，重要なのは個人で読んで，読んだあとどうなるかを自分で考えるようになることである。自分で考えるのは自分の生活や人生を自分で決める訓練になる。中学生以上であれば，オープンエンドの作品を読んで，その後どうなるかを想像し考えてほしい。かといって，いきなり考えるのは難しいので，中学１～２年生あたりではセミ・オープンエンドの作品で楽しみながら，終わっていない別筋を見つけて考えるようになってもらいたい。この手法を使っている作品に『はてしない物語』（ミヒャエル・エンデ作　岩波書店）がある。

エンディング
オープンエンド
セミ・オープンエンド

近年読みやすい文体で，かつ考えさせるテーマが多いせいか，10代向け作品を30歳以上の成人読者もよく読んでいる。ベストセラー作品は10代を主人公にしたものが多い。こういった越境している作品群は10代にとっておとなの文学読書へのハードルを低くする。

越境している作品群

UNIT 15

◉児童コレクションの形成と管理

児童資料の選択

●…………基準について

出版点数

総務省統計局『日本の統計2019』（日本統計協会　2019　p.254）の「書籍の出版点数と平均定価」によると，2017年の児童書の新刊書の出版点数は5,058点，平均定価（本体価格）は1,360円である。図書館は，出版された児童書を，限りある資料費の範囲で購入する。図書館の規模や役割，地域性，収蔵能力などにより，必要となる資料は異なってくる。そこで個々の資料について検討し，選び取ることになる。資料の提供をサービスの根幹とする図書館において，資料の選択は基本的な業務である。

収集方針
選択基準
コレクションの形成
蔵書構成
蔵書構築

(1)　収集方針と選択基準

資料の選択に際しては，収集方針に沿って決められた選択基準に基づいて行う。収集方針と選定基準は一緒に策定されることもある。また，収集方針は，コレクションの形成（蔵書構成，蔵書構築）の中で考える。図書館のコレクションは，資料として受け入れるか否か，提供し続けるか否かという選択を続けながら，形成していく。

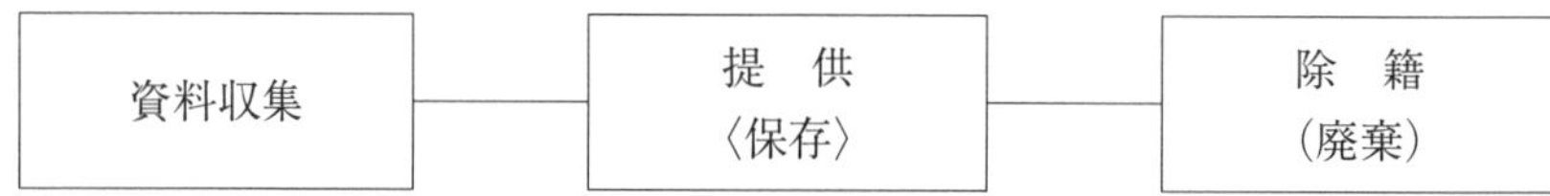

収集方針を策定するときには，塩見昇「収集方針の成文化・公開の意義と図書館の自由」『収集方針と図書館の自由』（日本図書館協会　1998　p.24-25），日本図書館協会図書館政策特別委員会編『公立図書館の任務と目標　解説』改訂版増補（日本図書館協会　2009　p.41-43）が参考となる。

方針と選択基準の主な内容は次のとおりである。

①収集方針

市民の基本的人権の一つである「知る自由」の保障，図書館法第２条の図書館の役割，「図書館の自由に関する宣言」（1979年改訂　日本図書館協会）に基づいて，どのような収集を目指すかなど。

②収集資料の種類

③収集資料の範囲
④収集資料の種類ごとの選択基準
⑤収集資料の分担（複数館ある場合）
⑥組織・責任の所在
⑦資料の保存
⑧資料の除籍
⑨寄贈資料の取り扱い
⑩リクエストの要望や蔵書への意見に対する対応
⑪公開や改定について

児童資料の選択基準の例として，以下に記す。
①読書の喜びや楽しみを発見する読みものを選択する。
②正しい知識をわかりやすく説明した知識の本を選択する。
③児童の要求や能力に合致し，読書習慣の形成と継続に役立つ資料を選択する。
④原作に近いものを中心に選択する。
⑤親と子のふれあいに有益な絵本を選択する。

この選択基準（standard）を具体的にした「規準」（criteria）を策定している図書館もある。

選択基準（standard）

規準（criteria）

そして，収集方針および選択基準は，成文化して公開することが望ましい。公開することで，市民の理解と協力を得るようにする。ときには市民から蔵書についての意見や批判を受けることがある。差別表現があるとして問題視され，全国的に広がった例としては，『ピノキオ』（1976年）と『ちびくろサンボ』（1988年）があり，図書館も対応を求められた。その他には，性的表現の過激さについてや教育的配慮から，子どもに読ませてよいかという質問や図書館の蔵書としてはふさわしくないのではないかとの指摘を受けることがある。市民からの意思表示として受け止め，収集方針と選択基準に照らし合わせて再考し，説明をするとともに，修正を行う契機とする。

(2) 児童資料の選択

資料の選択をするためには，その資料を評価しなくてはならない。そのためには，選択者の中に資料を選ぶ判断基準が必要である。判断基準を作るには，とにかく子どもの本を読むことである。長年読み継がれてきた基本図書を読み，質を感じる。子どもの本の動向をつかむために新刊書も読む。絵本も物語も知識の本もえり好みをしないで読んでみる。多読により，判断基準のものさしは作られる。

評価

基本図書

また，書評を書くことも本を見る目を養うのに役立つ。できれば数人で同じ児童

書評

資料を読んで書評を書き，その資料を客観的に見ているか意見を出し合って確認してみる。

カウンター業務
興味や関心

そして，日々のカウンター業務で子どもたちと接し，集会活動で本やお話を紹介したときの反応から，子どもたちの興味や関心の対象を知るようにする。子どもたちが，楽しんだり喜んだりしたお話や本を把握し，資料の選択に活かす。子どもの視点や感性を想像しながら児童資料の選択に臨む。また，読書の大切さや図書館の役割を理解した上で，児童資料の選択を行う。

●…………資料選択の組織

収集方針と選択基準を策定したら，図書館内で共通に認識し，理解し，運用する。資料の選択は，計画的に系統立てて行う必要があるため，組織で行う。最終的な責務として，選択した資料の決定は，図書館長が行う。

選定会議

資料の選択は，「選定会議」（選書会議，選択会議ともいう）で行われる。選定会議は定期的に行われる。1週間に1度というペースで実施する館が多い。選定会議には，選定・発注を担当する者が出席し，新刊書の現物を手にとり中身を見て，合議で選択する資料を決定する。複数館がある場合には，各館に配当された予算の範囲内で自主性が尊重されることもある。

チェックポイント
レビュースリップ

チェックポイントにそって資料の評価を記入するレビュースリップを作成し，選択の参考にする方法をとる図書館もある。

選定会議では，リクエストを受けた資料について購入に迷うものや，購入冊数が少ないが予約の多い資料についても検討される。また，所蔵資料の保存と移管・除籍候補資料について，調整することができる。

児童サービスにおいては，蔵書を子どもたちに紹介する機会が多い。選定会議で選択した資料の中から，紹介のできそうな資料をセレクトし，書評・評価・読み聞かせで使えるかなどを専用のデータベースに入力している図書館もある。評価のよ

ブックリスト

かった資料をさらに厳選し，ブックリストを作成している。

新刊書以外の資料については，必要に応じて随時選択を行う。児童室でレファレンスを受けたら日誌に記入し，請求のよくある資料やテーマを把握しておく。児童書は，利用の回転数が高いものは，汚れたりページが破れたりするケースが多く，買い直しの対象となる。

長く読み継がれてきた基本図書は，蔵書構成の核となる。基本図書は複本で揃えるようにする。

また，新鮮で魅力的なコレクションを形成するため，書架から資料が溢れたり，情報の古くなった資料を開架に出しておいたりしないよう，除架する体制を作っておく。

●…………**資料選択の方法**

資料の選択の方法には，以下のものがある。資料そのものを見る直接選択（①～④）と，資料の情報をもとに選択する間接選択（⑤～⑨）に大別される。

直接選択
間接選択

①現物見計らい

選定会議で行われる方法。取次や書店から新刊書が定期的に送られてくる。その資料を見て，選定する。複本がそろっている資料もある。選択から漏れた購入しない資料は，返品できる。事前に，新刊書リストを見て準備を行う。自館のコレクションに照らし合わせて考える。蔵書が手薄な分野の資料かシリーズで購入しているか，利用が見込めそうかなどについて検討しておく。

出版社のグループなどが各図書館を巡回して資料を持ち込む見計らいもある。

現物見計らい
取次
書店

②展示会

取次や書店が開催する展示会で資料を見て選ぶ。

展示会

③店買

書店で売られている書籍を店頭で直接選ぶ。

店買

④県立図書館での新刊書の展示

全点購入をしているところもある。見計らいに来なかった資料を見る機会となる。

新刊書展示

間接選択する場合は，何種類かのツールで確認してから選択する。

⑤取次・出版社・書店の情報

新刊書案内，販売目録，在庫目録，出版社のウェブサイト，オンライン書店に掲載の書誌情報

⑥全国書誌

⑦ブックリスト

⑧新聞や雑誌の広告・書評欄など

⑨ウェブサイト情報

子どもの本を紹介しているインターネット情報もチェックする。

新刊書案内
販売目録
在庫目録
出版社のウェブサイト
オンライン書店
全国書誌
ブックリスト
広告・書評欄
ウェブサイト情報

選択され，購入することになった資料は，発注という作業を行う。資料の注文である。

発注

UNIT 16

◉児童コレクションの形成と管理

児童資料の整理

●…………児童資料の組織化

組織化
分類記号
目録
納品
受入
装備
排架
目録

図書館の蔵書となった資料は，統一的な基準と方法で組織化を行う。資料の組織化とは，利用者が探している資料を見つけ，利用することができるようにする一連の整理業務をいう。資料そのものに施す作業と利用者が資料の置き場所を知るための検索システムを構築するための作業がある。選択した資料は発注する段階で分類記号を付け，目録を作成する。資料が納品されると受入をし，装備し，排架する。目録に関しては，従来カード目録だったが，電算化により市販のMARCを，図書館のコンピュータシステムに取り込んで，データベースとして使用するようになった。

●…………児童書の分類

書誌情報
MARC

基本は，日本十進分類法（NDC）により分類番号を付ける。書誌情報がMARCで入ってくる場合には，MARCの分類番号が自館の蔵書構成上適切であるか考え付与する。子どもが本を探せることを想定し，なるべくわかりやすいものとする。

図書記号
著者記号

分類番号をさらに細分化するときには図書記号を付ける。代表的なものは，著者記号や巻数・年数表示である。著者記号は，著者名などの頭文字1文字か2文字取ったもので，児童書でも文学や伝記などで使う。分類を何桁まで取るのか，著者記号を付けるのか，一般書と区別して児童書を表す記号を付けるかは，図書館の規模（蔵書数）などで考える。

児童書に関して，一般書とは異なる分類を行う例として，次のようなものがある。

①伝記を2類にまとめる
②動物の飼育をまとめる
③伝説・民話（388）を文学として新たに分類を付ける
④文学の分類は言語（国語）区分を削除した形とする。所蔵冊数がそれほど多くないこと・児童にはなじみにくいこと・排架の手間を考慮して，文学をひとまとめとする。日本と外国に分けている図書館もある。また，低学年向き図書（幼年童話）と高学年向きの物語を分ける図書館もある
⑤絵本は，「E」をもって分類記号とする

資料の形態や内容から，本来の分類から外して，ひとまとめに置くこともある。これを別置という。絵本や紙芝居，地域資料，外国絵本などである。別置記号を付ける場合と，データ上の場所コードを設定し，シールを貼付する場合がある。子どもたちからよく質問されるテーマも別置することがある。のりものや民話の絵本は，大量の絵本の中から1冊1冊を取り出して提供するより，一度に網羅した資料を案内できる。

別置
別置記号

絵本は画家順に並べる図書館が多い。図書記号に画家名をとる。外国人名の場合，日本語表記の違いにより同一人物が異なる人物と見られてしまうことがあるので注意を要する。たとえば，原綴でMarc Simontは，「マーク・サイモント」「マーク・シーモント」と日本語で表記され同一人物である。外国人の表記についてはTRC MARC人名典拠録編集部『17人のスティーヴンソン』（図書館流通センター　1985）などを参考にするとよい。したがって，典拠データによる統一が必要となる。日本人名においても，かなと漢字表記に注意する。

画家順
典拠データ

●…………目録

市販のMARCは定期的に配信され，データをダウンロードしてデータベースに落とし込み使用する。必要に応じて修正・加工することで，より多くの書誌情報を提供することができる。基本的には，タイトル・シリーズ名・著者・出版者・版表示・出版年・ページ数・大きさ・ISBN・分類記号・内容紹介・著者紹介・件名などの情報が収められている。検索システムで複合検索をし，大量にヒットしてしまう書誌を絞り込むと，求める資料にたどり着くまでの時間を短縮できる。また，書誌情報であるMARCに，資料番号（図書番号ともいう。バーコードラベルの番号）が登録されていることにより，すでに資料を発注したかどうか，市内で何冊所蔵しているかがすぐにわかる。この資料番号を含む所蔵データのことをローカルデータという。ローカルデータには，その資料を所蔵する図書館での管理上，必要なデータを設定できる。資料番号・所蔵館・請求記号・排架場所・資料種別・受入日・価格・消耗品か備品か・購入か寄贈かなどである。

資料番号
ローカルデータ

目録の公開は，オンライン閲覧目録（OPAC）で行われる。館内には利用者用のOPAC端末が置かれ，「蔵書検索システム」などとよばれる。OPACは，子どもたちもよく利用している。設置場所は，検索方法や操作方法に困っている場合に，アドバイスがすぐできるようなところにする。またOPACの高さについても配慮する。

OPAC端末

図書館のホームページ上でもOPACが検索でき，インターネットを使える環境にあれば，いつでもどこからでも利用ができる。

●…………受入

受入

蔵書として受け入れるための作業で，資料そのものの受入と，目録上の受入を行う。なるべく早く正確に行う必要がある。

納品
検収
発注
事故伝票

納品された資料は原簿と突き合わせてチェックするとともに，資料に落丁･乱丁･汚れなどの異常がないかを確認する検収作業を行う。資料に問題があれば，交換となる。発注した資料がすべて納品されるとは限らない。品切れや絶版を知らせる事故伝票が来ることもある。未納資料は発注先を変更して再発注する。そして，資料費予算を執行するための必要書類（請求書，納品書）とともに，決裁を上げる。

IC タグ

目録上の受入は，発注中のデータに資料番号を登録し，所蔵データとする。納品とともに資料番号等のデータの入った登録 MARC を契約している場合は，発注中のデータにマッチングさせる取り込みを行う。発注時に設定した情報を確認し，必要であれば訂正をする。IC タグを使っている場合は，IC タグに情報を読み込む。

●…………装備

装備

装備は，資料本体に施す，利用できる状態にする作業。以下の事項等が行われる。

①落丁，乱丁，汚れなどがないか確認する（装備作業でも行う）。

②基本的には函（箱）や帯を取る。広告を抜く。

③貸出ができるように，バーコードラベルや IC タグ，または図書紛失防止装置（BDS）用に，磁気テープを貼る。

バーコードラベル
小口印
蔵書印
背ラベル

④図書館名と電話番号を明記したシールを付ける。借りられた資料の誤返却や，落とし物となったときの連絡用である。バーコードラベルと一体となっていることが多い。連絡先がわかるので，小口印や蔵書印を省略する図書館もある。

⑤背ラベルを貼る。参考図書に「調査用」などのシールを貼る。

⑥正誤表や付録・CD-ROM などを装着する。

⑦見返しに絵や文があり，それを活かしたい場合は，カバーの袖をカットする。そこに著者紹介などがあれば切り取り，別に貼る。

保護フィルム

⑧多くの利用に耐え，汚れをつきにくくするため，透明で粘着性ある保護フィルムをコーティングする。

⑨開きぐせをつける。

寄贈資料

装備は多くの図書館で外注している。その場合，受入は装備の後にすることになる。契約先に，バーコードの貼る位置などを示した装備の仕様書を渡している。予算があれば，寄贈資料の装備についても外注できる。図書館職員も以下の場合，装備を行う。

①予約のたくさん入っている資料を早く提供するため。

②背にタイトルや画家名などの情報が足りないときは，打ち出したものを貼る。

③別置の資料に色シールを貼付する装備をする場合，など。

●…………排架

受入作業が終わった資料は，利用に供される。まず，新着書架に一定期間置かれる。その後は，請求記号や別置シールに沿って排架される。排架は，資料が返却されてから，資料が棚に戻るまでの流れで考える。返本は，ブックトラックに載せて書架まで運ぶのか，返本をダイレクトに排架するのか，排架する前に資料を置く仮置きの場所を設定するかは，各館の施設や利用の状況に応じて考える。

受入作業
請求記号
別置シール
ブックトラック

資料は，通常連ごとに上から下へ，左から右に並んでいる。貸出により空いてしまい資料が倒れてしまう棚と，資料が動かずにきつくなる棚が出てくる。排架をするときには，資料をずらしてスペースを減らしたり，作ったりする。排架は，見栄えよく整理整頓された状態になるように行う。よく排架されている書架からは本を選びやすい。排架に熱心になるあまり，本が取り出しにくくなるまで棚に本を入れたり，逆に入らないからといって並んでいる本の上に横にして置いたりしてはいけない。排架は，書架に適正量の資料が並ぶようチェックする機会でもあり，書庫入れや除籍も検討する。また，装備の取れかかっている資料を見つけたら直す。書架に並ぶ資料を見て，くたびれてきている資料や，利用が多く書架にあまりない資料に気づく。所蔵データで貸出回数などをチェックし，購入可能かを確認して，買い直しや買い足しを行う。

書庫入れ
除籍

本は請求記号順に並ぶが，内容で情報や知識を得るための本と物語の本に分かれ，形態で絵本と児童文庫・紙芝居・それ以外に分かれる。背が並んでいるよりも，面出しされた資料の方が，表紙から情報を得られるので，子どもたちが手にとりやすい。ところが通常の排架からは外れるので，資料を請求されたときに探してしまうことがあるので注意する。排架や書架整理をすることにより，資料の所在場所が頭に入り，質問を受けたとき，どこにあるか素早く案内できるようになる。

請求記号順
面出し

排架をすれば，本が意図したとおりに並び続けるわけではない。見終わったあとに，資料をどこに戻してよいかわからず，適当なところに戻してしまう子どももいる。その資料が他の利用者によって請求されたとき，提供できないという事態となる。もちろん本の並び方について，子どもたちに説明する機会も設ける。本が行方不明になることを避けるためには，定期的に書架整理を行う。書架整理は，1冊ずつ資料が正しく排架されているか点検していく作業である。

書架整理

利用者用に，フロアのどこにどの資料群があるかわかるように，レイアウト図を作成し，掲示および配布をする。図面で見ると，資料群の位置関係などに目が行き，より利用しやすいレイアウト案が浮かんでくる。利用状況の変化に合わせ，レイアウトも変更していく。

レイアウト図

UNIT 17

◉児童コレクションの形成と管理

児童コレクションの形成と評価

●…………児童コレクションの形成

児童コレクション
収容スペース
予算

児童コレクションには，図書，視聴覚資料，紙芝居，雑誌，布の絵本などが含まれる。収集範囲はそれぞれの図書館の設置目的，利用者，利用形態などに照らし，また，収容スペース，予算などさまざまな条件により異なる。ここでは特に児童用図書のコレクションについて述べる。

●…………選書から廃棄まで

選書
除架
廃棄
蔵書構成

図書館員は日々，一冊一冊の本を選書している。選書した本は受け入れられ，図書館の蔵書に加わる。さらにその本が利用され，ほかの本とともに蓄積され，更新され，除架され，最終的に廃棄するか，保存庫に入れるかまでを含めて蔵書構成である。蓄積された蔵書群は図書館の顔であり，図書館員の顔である。

●…………選書論

要求論
価値論

児童書の選書については，利用者の要求する本はすべて提供するという考え方と，図書館には児童を成長させる優れた本を選書するという考え方がある。成人向け図書の選書についても，要求論と価値論などといわれ，論議されてきた。しかし，どの図書館も予算は限られており，すべての要求に応えることはできない。

demand（要求）
interest（興味）
needs（ニーズ）

アメリカの図書選択論では，demand，interest，needs という三つの概念が使い分けられている。demand（要求）は，カウンターに来て貸出を受ける要求，あるいは読者が本を借りていくことによってはじめてその存在が判明するような要求であり，読者はすでにその図書についてのイメージをもっている。interest（興味）には，潜在的な要求まで含まれる。needs（ニーズ）には，本人も気づかないような要求も含まれる。

読者の読書行動には目的があり，その目的に一番ふさわしい資料があったらそれが読者のニーズに一致する資料となる。それは本人にはすぐにはピンとこず，別の本を求めるかもしれない。しかし彼が何のために読むのかがわかれば，どれが彼にとって一番よい本であるかを判断できるであろう。

図書館員が利用者のニーズに合うと思われる本を提供し，利用者が読んで，「ああ，この本はよかった」と満足できたら，図書館員のニーズ測定は正しかったことになる。つまり，利用者が答えを出すのがニーズである（『図書選択論の視界』河井弘志著　日本図書館協会　2009）。

児童書の選択においても，この論は応用できる。子どもがリクエストしてくる要求（demand）だけに応えるのではなく，子どもがどんなことを本に求めているのか，何を探しているのか（interest），その目的を想像し，提供することができれば，needs にあったことになる。子どもたちは自分の interest を言葉で表現するのが苦手である。その子がこれまでどんな本を読んできたか，何に興味をもっているかを知っていて，児童書の知識がある図書館員のサポートが必要である。また，子どもたちの読書能力はさまざまである。どの程度の長さで，どのくらいの字の大きさの本が読めるのかも知る必要がある。

その上で，紹介した本を返しに来たとき，「これ，おもしろかった」と言ってくれたら，それが，その子の needs に応えたことになる。返却カウンターでのひとことを聞くのが大切なのはまさにこのためである。

返却カウンター

●…………選書の目的

選書についての議論は，図書館の目的は何かという根本的な問いを考えることで結論に至るだろう。子どもにどういう図書館を利用してほしいか，どのように読書を楽しんでもらうか，どのように育ってほしいか，いつもこれを念頭に置いて本を選ぶことが大切である。

選書はマクロとミクロの目で行うと豊かな蔵書になる。マクロは蔵書全体から考える視点，ミクロは具体的に利用者の子どもを想像しながら 1 冊を選ぶという視点である。手芸の好きな A ちゃんが探していたフェルト細工の本を入れよう，言葉のリズムのいいこの絵本は B ちゃんが喜ぶのではないか，というように。そうして選ばれた本は，A ちゃん，B ちゃんだけでなく，ほかの多くの子どもにも喜ばれる可能性が高い。

マクロとミクロの目

選書は実際にその図書館を利用する子どもを知っている図書館員の目を生かすのが第一である。委託などでカウンターに立てない図書館員が増えており，利用者と接しないで選書をする危うさを感じる。フロアに出て子どもと接し，小学校や幼稚園・保育園に出て子どもたちに本を読み，反応を得て，それを選書に生かしてほしい。

フロア

●…………コレクションを評価する

量的分析

質的分析

総合的分析

チェックリスト法

蔵書の評価には，大きく分けて，①量的分析，②質的分析，③総合的分析，の 3 方法がある。①には，蔵書資料総数，種類別資料数，主題別資料数，図書資料費を分析する方法，②には，文献的・本質的価値による方法としてチェックリスト法と

蔵書点検
資料価値・相対的価値
利用との比較
購入希望との対照
蔵書類型法
量的分析
分野別蔵書構成比

蔵書点検，利用者側から見た資料価値・相対的価値による方法として，利用との比較，購入希望との対照がある。③にはいくつかの蔵書の類型を設定し，各館の蔵書がどの類型に該当するかを検討する蔵書類型法がある（河井，前掲書)。

どの方法も一つで蔵書構成を分析できるものではない。いくつかの方法を組み合わせ，客観的，合理的に評価しなければならない。

資料の電算化が進んだ現在，量的分析は比較的簡単に行える。たとえば，児童書の分野別蔵書構成比を数年前，10年前と比較し，その増減をみる。12,000冊の蔵書のうち，絵本が４％増加しているとすると，480冊，書架１段に60冊入るとして，４段分が増加したことになる。その分，自然や歴史の分野が減っているなら，何か理由があるはずだ。小さな子どもと親の利用者が増え，小学校高学年が減少したなどサービス対象の変化，移動図書館が廃車になり，その絵本を引き継いだなど図書館側に起因する変化など，合理的な説明がつけばよい。理由が不明の場合，何が原因なのか考えてみることだ。同じ自治体の他の図書館との比較，同規模他自治体の図書館との比較などもできる。

質的分析
チェックリスト法
標準図書リスト

質的分析のチェックリスト法は，標準的図書リストを準備し，所蔵の有無をチェックして分析するものである。所蔵率や蔵書の特徴を判断することができる。標準図書リストとしては，下記のリストなどが参考になる。

・『図書館でそろえたい子どもの本』１えほん・２文学・３ノンフィクション　日本図書館協会児童青少年委員会児童図書基本蔵書目録小委員会編　日本図書館協会
・『絵本の庭へ』（児童図書館基本蔵書目録　１）東京子ども図書館編　東京子ども図書館
・『物語の森へ』（児童図書館基本蔵書目録　２）東京子ども図書館編　東京子ども図書館
・『科学の本っておもしろい　2003-2009』科学読み物研究会編　連合出版
・『ノンフィクション子どもの本900冊』日本子どもの本研究会ノンフィクション部会編　一声社

しかし，評価はあくまで目安であり，その図書館のサービス対象，地域の特性により異なる。

サービス対象の年齢別人口，保育園，幼稚園の園児数，小学生・中学生の人数，学校司書の配置，図書館は他施設と併設か単館か，住宅地との距離など，同じ市内でも細かく観察すると差がある。小学校の調べ学習が盛んか，地域行事や年中行事への関心は高いか，地域の産業は，歴史は，など，図書館員が選書の際に注意すべきことは多い。その１冊１冊の選書の結果としての蔵書群を評価するのは難しいが，あまり近視眼的にならず，５年，10年，20年という期間で客観的な評価をすると，気づかなかったことが見えてくるだろう。

●…………質から見た蔵書構成と量から見た蔵書構成

児童書の蔵書構成は，質の面からは３層構造になるのが望ましい。３層とは，①基本になる蔵書群 Classics，②将来①に入る可能性のある蔵書群 Standards，③読書のきっかけとなる手にとりやすい蔵書群 Stepping stone，である。①は長く読み継がれた蔵書の核となる本。②は時間が経過し，読み継がれるであろう本。③は，どの子も好むというわけではないが，特別この分野に興味をもつ子のために備えつける蔵書群である。この考え方は，1956年にネズビットが示し，日本で現在も継承されている。

蔵書構成
３層構造
Classics
Standards
Stepping stone

しかし，この等円の図（図１）を量の配分と誤解すると，①は少なく，③は多くてよいという解釈になる。実際，③が圧倒的に多く，①の基本図書は保存庫に入っているか，③の中に埋もれて目立たない図書館がある。次々に出版される新しい本を増やしていくと，③の比率は自然に増えていってしまい，書店に似た棚になる。

そこで，この質の面の３層構造の精神を引き継ぎ，量から見た蔵書構成を考えると図２になる。

①基本的な蔵書群…各館複本で置く。
　たとえば，『エルマーのぼうけん』10冊
②準基本的な蔵書群…複本数は①より少なくする。
　たとえば，『やまんば山のモッコたち』２冊
③新しい本・試しに買ってみる本…複本なし，または，１館のみ購入して様子を見る。最近出た本で①にも②にもあてはまらないが所蔵したい本。子どもたちの反応や，図書館員からみて増加させてもよいと判断したら②になるが，除架の判断は早くし，多くなりすぎないようにする。

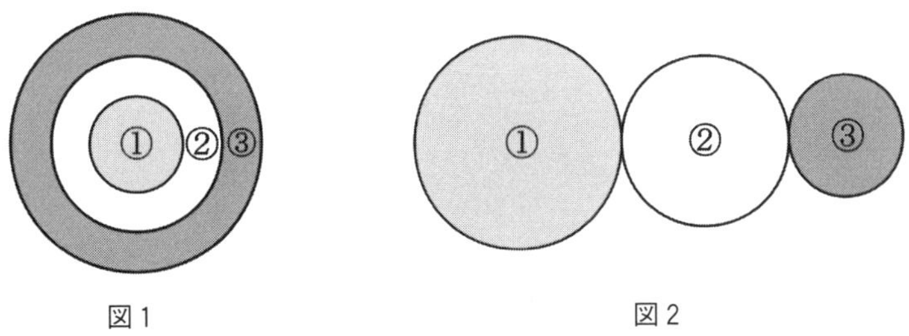

図１　　　　図２

子どもたちは，読みたい本を決めて来館することはあまりない。図書館のたくさんの本を前に，何を選んでよいか迷っている姿を見かける。特に近年，図書館が大型化し，蔵書冊数も増えている。おとなが見ると，選択肢が多くてよいと思うが，子どもは体も小さく，情報量も少ないので，全体を見渡して効率よく選ぶのは難しい。いきおい，目についた本から手にとっていくことが多くなる。子どもをよく

基本図書

知っている図書館員が常にいる場合はよいが，そうでない場合は特にタイトル数を選び，複本を増やして基本図書が目につく機会を増やしたほうがよい。

●…………棚の花を動かす

本の回転率

図書館の業務が電算化され，本の回転率もすぐにわかるようになった。所蔵の本を分析すると，20%の本が80%の貸出を支えているということもわかってきている。回転率が低い本は保存庫に入れてしまうというのでは困る。子どもにとっては，目の前の棚にない本は存在していないのと同じことだからである。1年に1回しか動かなくても，図書館の蔵書に必要な本は存在する。経済学でいうところのロングテール本である。成人書では，夏目漱石の『それから』のような，図書館にとってなくてはならないが，いつも借りられるわけではない本がそれにあたる。成人書では，このロングテールとよく借りられる本（話題になった本）の回転率の差が大きい。

ロングテール本

基本図書

児童書の場合，出版年数の古い基本図書の回転率が高い。『ぐりとぐら』『三びきのやぎのがらがらどん』などがベストリーダーに入ることからもわかるだろう。基本図書の中には，『ツバメ号とアマゾン号』や『銀のスケート』のようなロングテール本もある。しかし，これらの本も，フロアワーク・ブックトーク・展示で紹介したり，おすすめのリストに入れたりすることで貸し出される。税金を使い，せっかく選んだ本を子どもに手渡す努力をせず，借りられないからと保存庫にしまってはいけない。棚の花を生かすのは図書館員の腕の見せどころである。

フロアワーク

ブックトーク

●…………更新と除架

貸出密度

「公立図書館の設置及び運営上の望ましい基準（報告）」（2000年）に掲載されていた参考資料では，貸出密度上位の公立図書館整備状況について，人口段階別に開架に占める新規図書比を出し，開架冊数の９％以上を更新することで，活発な図書館利用が望めるとした。しかし，同基準（2012年）は，さらに数値が下がり，6.7%となった。年々図書費が下がってきた影響が出ている。

新規購入

書架整理

除籍基準

図書館の開館年数にもよるが，児童書の予算は60～70%を既存図書の買い替えに，30～40%を新規購入に充てるとよい。児童書は傷みやすく，汚れがつきやすい。基本図書は買い替えて，きれいな状態を保ちたい。出版者も長年の重版により擦り切れた版をやめて原画から新たに版を起こしたり，長く品切れだった本を復刊することもある。日々の書架整理の中で，買い替える本と除架する本を判断する。一度棚に並んだ本を棚から抜くのは勇気がいるが，図書館の目的・選書の目的に立ち返り，複数の職員の目で見直してみるとよい。除籍基準に沿って除架した本は，地域の施設に移管したり，リサイクル市に回すなど再活用する。何を選び，何を残すか，図書館員として誠実に責任ある判断を下さなければならない。

UNIT 18

◉児童サービスの諸活動

資料提供サービス

●…………資料提供の意義

図書館サービスは資料提供を基本とし，主に，「閲覧」と「貸出」によって，それを行う。閲覧は児童が来館した際，館内で資料を探したり，利用したりすることの援助を行うことであり，主にフロアワークにより提供される。あらかじめ資料の目当てをつけて利用する一般成人と違い，児童は目的が定まらないことが多い。また，字が読めない年齢の児童も対象であることから，フロアワークは利用の援助にとどまらず，直接本を読み聞かせることを含んでいる。これにより，本の楽しさを伝え，図書館と図書館員への信頼を勝ち取ることができ，その他のサービスにつなげることができる。

閲覧

貸出

フロアワーク

貸出は自宅に資料を持ち帰って，自分で読んだり，家族に読み聞かせてもらったりする自由な利用を保障する。図書館員はどのような本がどの子どもに借りられたかを知り，蔵書構成やサービスに生かすことができる。子どもは，おとなと同じ冊数を借りられることで，一人の利用者として認められていることを自覚する。

児童へのサービスは，児童にかかわるおとな（親・兄弟・教師・保育者等）に対しても行われる。周囲のおとなが児童の読書に関心と理解をもち，読書環境を整えることは，児童の利用に直結する。

●…………貸出の意義

『市民の図書館』（日本図書館協会　1970）による児童サービス重視・貸出重視の考え方は，日本の公共図書館サービスに大きな自己変革を促した。児童と児童周辺のおとなにとって無料で自由に図書館の本が借りられることは，読書習慣を形成する上で最も大切な児童期を充実させる。貸出には，資料を貸し出すための作業と，利用者の読書要求と資料を結びつける「読書案内」，「リクエストサービス」を含む。これらにより，子どもは図書館の資料を広く利用でき，読む権利を保障される。貸出数を競うのではなく，子どもがどれだけ本の世界を楽しめたか，楽しみの深さを競いたい。

読書案内

リクエストサービス

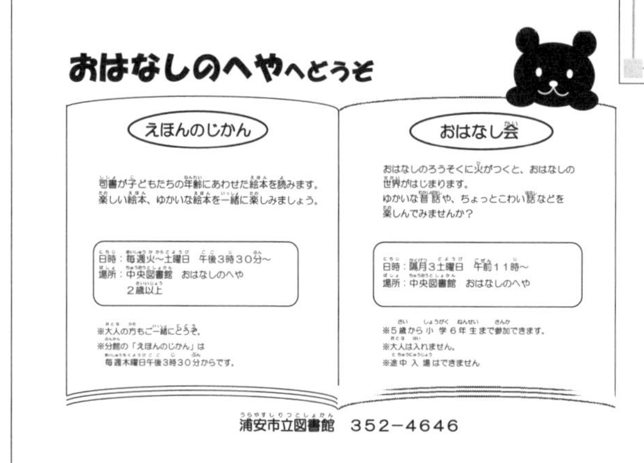

利用案内
（浦安市立図書館）

●…………貸出の登録

登録手続き

共通の利用券

貸出のための登録手続きはなるべく簡単であること。年齢は0歳から登録できるようにし，図書館が自治体に複数館ある場合は共通の利用券で利用できるようにする。子どもは住所を確認する上で，何も証明になるものをもっていない場合も多いが，保険証など大切な書類を要求するのではなく，子ども宛てにきたはがき，学校の名札などでも確認できるようにするとよい。子どもが本を読みたい，借りたいと思ったタイミングを逃さず利用できるよう，仮カードを作り，次回保護者に書類を持参してもらうなど，図書館側のハードルを低くする。『すえっ子のルーファス』（エレナー・エスティス作　岩波書店）は，図書館を利用したいという子どもの強い願いを描いているが，図書館員は子どもの気持ちを知る上で読んでほしい。

登録時は図書館員と子どもが初めて直接話せる機会であることが多いので，このときを大切にして，図書館の規則を知ってもらうだけでなく，図書館と図書館員に親しみをもってもらえるようにしたい。おすすめの本のリストを渡したり，書架の案内や子ども向けの行事の紹介をしたり，困ったときにはいつでも聞いてくれるようにいっておくとよい。保護者と一緒に登録に来た場合も，子どもへの説明は子どもにするようにしたい。

保護者が乳幼児の代わりに登録をする場合は，子どもがもう少し大きくなったとき参加できるような行事が一覧になっているものを渡しておく。

貸出袋は，本を持ち運ぶのに便利であると同時に，汚破損の防止と図書館のPRに役立つ。登録の際，本を大切にしてほしいということばを添えてあげられるとよい。

●…………地域制限

図書館が自治体の住民を対象にサービスをするのは当然だが，貸出規則で近隣自治体の住民も利用できるようにしたり，いくつかの自治体が協定を結んで相互に利用できるようにしたりすることもある。子どもの場合，同じ自治体内でも，安全を考慮して，学区外に行ってはいけないという制限が加わることもある。また，車でないと利用できない場所にある場合，保護者の理解がないと子どもは利用できない。子どもが行きたいと思ったときに図書館を利用できるよう，安全面の配慮はもちろん，地域全体の協力と理解を得たい。

●…………貸出冊数と貸出期間

貸出冊数と貸出期間は蔵書規模や地域事情を考慮して決めるが，基本的におとなと同じにする。おとなと同じように対応されることによって，子どもは一人前に扱われた喜びを感じる。貸出期間は子どもの生活サイクルを考慮し，貸し出した曜日と同じ曜日に返却日を合わせたい。子どもの来館周期を乱さず，予約本も回収でき，延滞督促に煩わされることがないようにする。予約がないかぎり，貸出期間の延長も認めるようにする。

貸出冊数
貸出期間
予約本
延滞督促

●…………貸出資料の範囲

どうしても館内に常備しておかなければいけないものを除いて，できるかぎり貸出できるようにする。子どもはおとなのように，お金を出して必要部分だけコピーすることができない。レファレンスブックなど，常備しておくものは複本を揃えておく。雑誌は最新刊は貸出できる期日がわかるようにして館内閲覧にし，バックナンバーは貸し出す。視聴覚資料（CD・DVDなど）はそれぞれの特性や条件に合わせて貸出の方法を工夫する。紙芝居は散逸しないよう，袋に入れて貸し出す。

レファレンスブック
雑誌
視聴覚資料
紙芝居

●…………カウンターでの手続き時に

カウンター

子どもの目を見て「こんにちは」と明るく挨拶するのは，接客の基本である。カウンターに怖そうな人がいたから，図書館へは行かなくなったということがないようにしたい。貸出・返却時は本のやりとりだけではなく，子どもと話す貴重な機会ととらえる。貸出より返却時のほうが，読後の感想や批評を口にすることが多いので，本を返しに来た子をきちんと受け止めて会話する。子どもも続きの本やリクエストについて尋ねやすくなる。図書館員にとっては，本に対する子どもの反応を知り，選書に生かすことができる。

貸出

返却時

利用券を忘れた子どもには，貸出をしないことが基本だが，取りに帰ることによるデメリットも考慮し，臨機応変に対応する。貸出袋を忘れた子のために，再利用の紙袋を用意しておくと，持ち運びと汚破損防止に役立つ。

貸出袋

●…………督促とプライバシー

督促

督促は返却日をすぎてから，館内の取り決めによって行う。おとなの都合に左右されやすい子どもは，何らかの理由で返しそびれてしまうこともある。電話による場合，幼児を除いて本人に，利用意欲をそがないように話す。子どもを１人の人間として尊重し，本人以外が電話に出た場合，はがきで督促する場合には，プライバシーに配慮して書名は伝えない。

プライバシー

●…………弁償

乳幼児でまだ本の扱い方がわからなくて本を破いてしまったときや，故意ではなく子どもが本を汚してしまったときは，修理用テープなどで補修できる程度なら補修する。故意にやった場合や紛失してしまった場合にはよく事情をきき，ケースバイケースで弁償か弁償免除かを決める。弁償の金銭的・心理的負担で図書館から足が遠のいてしまうことがある。子どもにとっては，お金がかかることは大きな問題である。規則を守らせることは大切だが，個別の事情を鑑み，延滞資料がある場合の指摘は十分注意して行わなければいけない。

弁償

●…………読書案内

読書案内

基本図書

読書案内は，利用者が本を選ぶ援助をすることで，子どもの場合は蔵書の範囲内で応えられることが多い。図書館員は基本図書を含む蔵書をよく読んだ上で，日常の子どもの利用を観察して新たな本を選書し，蔵書を構築しなくてはならない。「なにか，面白い本ない？」と聞いてくる子どもに対し，たくさんの本の内容が頭に入っていて，その子の読書傾向をつかんでいれば，その子と会話しながらフロアをめぐって書架の本を紹介し，読書案内ができるだろう。そして，紹介した本を読ん

読書傾向

フロア

だ子どもがその本を面白いと感じれば，図書館員を信頼してさらに相談をもちかけてくるだろう。逆に，きちんと読書案内ができなかったり，紹介された本が面白くなかったりすれば，次からは図書館員に尋ねることをやめるだろう。そうした失望をさせないために，図書館員は常日頃から本を読み，子どもの名前と顔を覚えて，読書傾向を把握するようにしなければならない。また，児童書・成人書の出版状況を知り，適切なときに適切な本を手渡せるように努力することを怠ってはならない。

●…………リクエスト

子どもからのリクエストは，ほとんどが所蔵資料であるが，子どもたちの間で評判になると，予約が集中することがある。また，図書館員がブックトークを行うと，たちまち本が動いて予約になることがあるので，あらかじめ複本を用意しておく。自館にない本は，購入するか，相互貸借で他の自治体の図書館から借りて提供する。リクエストに応えてもらったことで，おとなと同じに1人の人間として扱われたと感じ，図書館が好きになる子もいる。図書館の収集方針と合わない資料のリクエストについては，子どもとよく話し合い，図書館の考え方を伝えることが必要である。内容を知らずに評判だからとリクエストしてくる場合もあるので，よく話を聞き，その本以上に面白いと子どもが思うような本をすすめたい。

リクエスト
予約
ブックトーク
収集方針

●…………資料提供の場所

個人貸出だけでなく，移動図書館や団体貸出・病院・保健所などでも資料提供サービスは行われる。移動図書館は公園・学校・保育園・幼稚園など，子どもが集まりやすい場所や時間帯を選ぶ。図書館のフロアが延長していったところと考え，貸出・返却だけでなく，読み聞かせや本の紹介なども行うとよい。移動図書館は積載量が限られるので，本はよく選び，複本も載せる。

団体貸出は，文庫・学校・幼稚園・保育園・保健所などに対し行われることが多いが，団体貸出用の資料として一般の貸出用と別に用意し，その運営については，場を提供するそれぞれの施設とよく話し合い，利用する子どもが使いやすいサービスを提供したい。

移動図書館
団体貸出
病院
保健所
公園
文庫
学校
幼稚園
保育園
保健所

●…………児童に関わるおとなへのサービス

子どもに読書をすすめる上で，環境はとても大切である。子どもの周囲の親・兄弟・教師・保育者などへは，児童期の読書が生涯の読書習慣の形成に大切かを常に伝えていかなくてはならない。児童コーナーの一角にこれに関連する本を集めて，手にとりやすいようにしたり，おとなからの子どもの本の相談に積極的に答えて，子どもの身近なところにいつも本がある環境を整えていきたい。

◉――option E

子どもの本の検索キーワード

子どもの心身の発達，心の状況に即した適切な本を探すのは難しい。鳴門教育大学附属図書館児童図書室の「子どもの心を理解するための絵本データベース」では，タイトルや作家・画家名などの書誌事項や主人公の年齢層などからも検索できるほか，絵本の主題別検索ができる。絵本の内容が六つの大主題（「生活と自立」，「自我・自己形成」，「友達・遊び」，「性格」，「心」，「家族」）のもとに，さらに主題に細分されている。主題にはたとえば，以下のようなキーワードが用意されている。

<生活と自立> 着る，におう，眠る，一人で寝る，お風呂に入る，愛着物をもつ，動物の世話をする，留守番をする，手紙を書く，訪ねる	<自我・自己形成> 自己主張する，他者を認識する，失敗する，孤独になる，不安を感じる，きょうだいの誕生，父母の離婚，叱られる，誉められる	<友達・遊び> ごっこ遊び，空想遊び，自然のなかの遊び，きょうだいと遊ぶ，海と遊ぶ，玩具と遊ぶ，架空の動物と遊ぶ，パーティーをする
<性格> 勇敢な，ものごとをやりとげる，思いやりがある，優しい，好奇心が強い，ユーモアがある。我慢強い，わがままな，臆病な	<心> 協力する，プレゼントする，感動する，得意になる，誇りをもつ，願う，感動する，愛される，幸せを感じる，探す，逃げる，怖がる	<家族> 赤ちゃん，母，父子家庭，ひとりっ子，父母の仕事，季節の行事，クリスマス，買物をする，良い日，特別の日，歳をとる，住居

山口県立山口図書館の「子どもの本検索」では，「絵本」，「ものがたり」，「紙芝居」の三つに分けて，「登場人物の年齢・学年」，「生き物」，「その他」のキーワードから検索できる。下記のキーワードの「生き物」と「その他」は一部である。

<登場人物の年齢・学年>
小学生，小学１年生，小学２年生，小学３年生，小学４年生，小学５年生，小学６年生，中学生，中学１年生，中学２年生，中学３年生，高校生，高校１年生，高校２年生，高校３年生，12歳，13歳，14歳，15歳，16歳
<生き物>
ア行：アザラシ，アナグマ，アヒル，アライグマ，アリ（蟻），イカ（烏賊），イタチ，イヌ（犬），イノシシ，イルカ，ウサギ（兎），ウシ（牛），ウマ（馬），オオカミ（狼）
カ行：カエル（蛙），カタツムリ，ガチョウ，カニ（蟹），カバ（河馬），‥（後略）
<その他>
ア行：あいうえお，秋，アスリート，嵐，アルツハイマー，イースター，家出，いじめ，いのち（命），妹，嘘，運動会，英文併記，絵さがし絵本，遠足，王様，王子様，大男，大晦日，おかあさん，お菓子，おじいさん，おつかい，お月見，お手伝い，おとうさん，鬼，おばあさん，おばけ，お花見，お姫様，お風呂，お店，思いやり，おもち，親子関係，おやすみ前，恩返し

UNIT 19

◉児童サービスの諸活動

情報サービス

●…………子どもに対する情報サービスとは

図書館の情報提供機能に基づいて行われるサービスは資料を基盤としている。情報サービスとは，なんらかの方法で資料に記録された情報を提供するサービスであり，なかでも情報を求めている利用者に対し，図書館員によって提供される人的援助のことをレファレンスサービスという。子どもは，学習課題解決のための調べものの「レファレンス」と，面白い本を探すための「読書案内」の分離が難しいが，ここでは，前者について述べる。

情報提供機能

レファレンス

読書案内

●…………子どものレファレンスの特殊性

(1) 子どもについて

子どものレファレンスの目的は，学校の宿題・課題解決がほとんどだが，しばしば課題そのものを理解していないことがあり，図書館員に対して，何が知りたいのか，どこまで情報が必要か，的確に説明できない。短時間で調べようと，インターネットで手軽に回答を得ようとしたり，宿題の答えがそのまま載っている本を探す。辞典・辞書類の使い方を知らない子，慣れていない子が多い。文意を汲み取ったり，要約することが苦手なため，関連のありそうな本を片っ端から借りていくこともある（書き写す時間がない，先生が学校に持ってきなさいということも原因である）。どの学校も同時期に同じ単元を学ぶため，同じ課題を調べに来る子が集中する。保護者が代わりに調べに来ることがあるが，課題をきちんと理解していないので，二度手間になることが多い。一方，子どもは興味をもった分野に関しては，おとな顔負けの専門知識をもっていることがある。子どもの目指すもの，興味の度合いなどを知る上で，レファレンス・インタビューはおとな以上に重要である。

宿題

課題解決

レファレンス・インタビュー

(2) 資料について

資料と読解能力のアンバランスが存在する。子どもの課題解決に使える資料点数・種類は少なく，特定の資料に集中しがちである。事典形式のシリーズが一番くわしくても，複本がなく，最初の子に貸し出した後，次の子どもたちに提供する資料がなくなってしまうこともある。また，時事的な（といっても過去5年間くら

読解能力

い）事柄はまだ子どもの本として出版されていない場合が多い。数値的な事柄は，子ども向き年鑑・白書類で調べられるが，範囲が限定的で利用できるものが少ないので，課題によりインターネットも利用する。児童書より成人向けの入門書が役に立つことがあるが，漢字や文章が子どもに理解できない。児童担当者は一般成人担当やレファレンス担当とよく連携して，有効な資料を探さなくてはならない。たとえ，目指す回答に行きつけなくても，調べることにより子ども自身が成長できる資料，子どもが「おもしろい」と思える資料を提供したい。

(3) 学校・教師の状況

教師自身，日常的に図書館を利用したり，レファレンスサービスを受けたりした経験が少なく，児童室の資料の内容や数を把握しないまま，子どもに「図書館で調べなさい」と勧めることがある。また，「借りてきなさい」「持ってきなさい」ということがあり，クラスの子ども全員が本を借りに来るが，一つの課題にそんなに多数の本は用意できない。学校司書や教師が先に借りに来てしまい，直接来館した子どもに本がないこともある。図書館で調べる課題を出す場合は，校内で相談してもらうとともに，図書館にも事前に連絡してもらえるようお願いしておきたい。

(4) 図書館側の状況

子どもの課題解決は，資料を提供すればそれで済むのではない。資料を読み取る力のない子どもには，つきっきりで説明しなければならないが，その人手がとれない。また，中学生の場合，おとなのカウンターと子どものカウンターをたらい回しにしてしまわないよう気をつけたい。

●…………質問の的確な把握と資料提供

レファレンス・インタビュー

キーワード

レファレンス・インタビューでは何をどこまで調べたいのか，よく子どもから聞き取る。子どもは大分類で質問してくることが多いので，それを小分類にし，具体的なことば＝「キーワード」を提示してやるとよい。

例：「工業について」→「公害について」→「水俣病について」

教科書の単元に沿ってどんな調べ学習がくるかを想定し，資料を揃えておく。

本の形になっていない事柄はパンフレットなども用意する。また，たとえば，高知県の山村の林業について教科書に取り上げられているなら，その村の子どもが使っている副読本や村で作成した資料などを取り寄せておく。子どものレファレンスは児童室の資料では足りないことも多いので，一般の資料にもあたる。

児童向きの年鑑や雑誌の目次をコピーし，ファイルしたり，データベース化したりして，自前のツールを作成しておくと，利用しやすい。

また，資料の分類，書架の配列，書架見出しなどを子どもの興味や調べ学習に適したものにし，子ども自身で調べるための第一歩とする。

●…………回答の禁止と利用の手助け

子どものレファレンスでは宿題やクイズの回答をしてはならない。図書館は資料を提供し，子ども自身が回答を考えていくべきである。しかし，郷土に関することなど，おとな向け資料しか存在しない場合，読みがわからない字をひとつひとつ漢和辞典で引きながらでは，内容を理解しないうちに興味をそがれてしまう。漢和辞典の利用を教えつつも，子どもが内容を理解できるよう，図書館員がサポートすることは必要である。

宿題やクイズの回答

●…………学校との連携

国語辞典や百科事典の使い方は，学校で教わっても活用できない子も多い。さらに，年鑑や統計など，ほかのレファレンス資料を使いこなすには練習が必要である。学校と連携し，調べもののための学級招待をして，教師も一緒に図書館での調べもののコツを知ってもらう機会を設けたい。

学級招待

複数の学校が同時期に同じ単元を学習するために，図書館資料が足りなくなってしまうことを防ぐため，教育委員会の指導課や各校と連携して学習時期をずらしてもらうことも考える。教師を対象に，単元に関する児童書・成人書・レファレンスブックやデータベースの紹介が行えるとよい。直接できない場合でも，教師用のブックリストを作成し，配布しておくとよい。

ブックリスト

調べ学習用の本を学校図書館に貸し出し，学校図書館内で調べ学習をしてもらう場合もある。

調べ学習

子ども向けの地域資料がない場合，教師・学校司書・教育委員会と共同で，子ども向きの地域資料を作ってみてもよい。

子ども向けの地域資料

●…………パスファインダーの作成

調べるために役立つ資料やその手順を，わかりやすく紹介するパスファインダーを作成し，OPAC でも公開する。

パスファインダー

子ども自身が自分の調べものを把握し，頭を整理する上で役立つのが，「キーワード」のとり方である。子ども自身に考えさせながら，図書館員もサポートして「キーワード」から百科事典の索引にあたり，おおまかな知識を得，さらにくわしく図書，年鑑，統計にあたり，さらに雑誌や新聞にも手を広げていくという方法を教えたい。

キーワード

パスファインダーは子どもが主体的に調べることを応援するものである。五里霧中の中で調べものを始めると，時間を無駄にしたり，目指す資料に行きつけなかったりする。目指す資料以外から思わぬ発見をするという副産物を生むこともあるが，徒労感から調べもの自体への意欲をなくすこともある。パスファインダーは膨大な資料の海をどう探索していけばいいかを指し示すものである。

パスファインダー

しかし，パスファインダーに頼って自ら調べる努力を怠らないようにさせたい。また，パスファインダーがあっても，子どもを対象にする場合，図書館員の手助けは必要である。

パスファインダーを作る過程で，図書館員自身，資料を知り，吟味することになる。写真が多くてわかりやすそうだが説明文が少ない資料，文章ばかりで図がわかりにくい資料，索引がなくて調べにくい資料など，複数の資料を比べるとその特徴がわかってくる。資料に詳しく，子どもたちの理解力を現場で感じている図書館員ならではのものができるだろう。この経験を生かして，調べ学習に必要な資料の収集を行える。

調べ学習

子ども自身インターネットで多くの情報を得られる現在，図書館員も関連サイトの情報を調べておく必要がある。玉石混淆の情報の中で，信頼できる情報を選択し，資料で裏づけをとる作業を怠らないようにしたい。また，作った パスファインダーに，新しい情報を加えて更新していくことも怠らないようにしたい。

レファレンス記録

●…………レファレンス記録

毎年同じような質問が寄せられることを想定し，回答資料名やその資料の活用例，資料の評価，子どもの反応などを記録し，不足資料補充や翌年の準備に活用する。これはその図書館独自のレファレンスデータベースになり，経験を必要とするレファレンスワークを継続していくために大切な資料となる。

●…………おとなへのサービス

図書館によっては，おとな—親，教師，研究者，学生，出版関係者などから，資料の探索，子どもの読書状況，児童文学研究などについてレファレンスを依頼されることも多いだろう。文庫関係者や学校で読み聞かせをしている人からの技術的質問や相談もある。

これらに対しては，図書館員の経験と知識が問われるため，日ごろから研鑽を積み，信頼を得るようにしなければならない。図書館内外の研修会で学ぶことも必要であるし，経験を積むためにも児童サービス担当の専任制が望ましい。

子どもへの資料と別に，おとなの質問回答の基礎となるような児童研究資料のコレクションがあるとよいが，市町村レベルではスペースや予算に限界がある。都道府県立図書館や資料センターなどから資料を取り寄せたり，紹介したりして，利用者の要求に応えたい。

●…………インターネットによる情報検索

インターネットによる情報検索は，児童サービスにおいても役立つことが多い。よく質問される事柄に関しては，常に有効なサイトをチェックし，活用したい。一般的なサーチエンジンの他，下記のデータベースが役立つ。

インターネット
情報検索
サーチエンジン

国立国会図書館レファレンス協同データベース
http://crd.ndl.go.jp/GENERAL/servlet/common.Controler

国際子ども図書館児童書総合目録
http://www.kodomo.go.jp/resource/search/index.html

東京都立図書館レファレンス事例
http://www.library.metro.tokyo.jp/16/16510.html

国立情報学研究所
http://webcatplus.nii.ac.jp/

●…………情報の共有

児童室で本を探していた子がいなくなったと思ったら，レファレンス室で相談をしていたり，インターネットコーナーを使っていたりすることもある。OPACで資料を検索し，大量の件数をリクエストしてくることもある。回り道も勉強だが，児童担当が的確に対処していれば，無駄な時間と労力を使わなくてよかったのに，という場合もある。フロアでの子どもの質問と対処を簡単にメモし，図書館員同士で共有するとよい。

●…………レファレンスサービスの重要点——子どもへの接し方

子どもが何かに興味をもって図書館に来たとき，きちんと資料を提供するとともに大切なのは，子どもと接する心構えである。この質問にはこの資料を提供すればそれでおしまいという態度では，子どもは次から質問を投げかけてこないだろう。子どもが問題解決のために図書館に来館してくれたことに感謝し，共に興味をもって調べ，共に驚き，解決したら共に喜ぶという姿勢でありたい。質問は将来の利用への第一歩であり，図書館員に信頼を寄せる第一歩なのである。

◉——option F

パスファインダーの事例〔袖ケ浦市立図書館作成〕

https://sodelib.jp/parent/study/pathfinder/

小中学生のための調べ方ガイド11

作成：袖ケ浦市立図書館2019．6

「昔のあそび」を調べる

～調べ方のヒント～

みなさんは、お父さんお母さん、おじいさんおばあさん、そのまたおじいさんおばあさんが、
子どものころにどんな遊びをしていたか知っていますか？
ゲームがまだなかった時代に、子どもはどんなことをしてあそんでいたのか、調べてみましょう。

1　キーワードを考える

むかし　昭和　大正　明治　２０世紀　移り変わり
あそび　こども　おもちゃ　くらし　正月　…など

2　図書館にある本を探す

■ **百科事典で調べる**

百科事典で、テーマに関する大まかな情報を調べてみましょう。
資料に付いている索引を使うと便利です。新たなキーワードがみつかることもあります。

本 の 情 報　『タイトル』著者（出版社）発行年	請求記号	所蔵館
『総合百科事典ポプラディア』（ポプラ社）2011年	R03 ソ	中・長

「あそび」という言葉を調べると、昔のあそびについて紹介されています。

■ **キーワードで検索し本を探す**

図書館の利用者端末や図書館のホームページに
キーワードを入れて検索しましょう。

2つのキーワードを合わせて検索するのがおすすめです。例→

キーワードの組み合わせは、時代（昭和、２０世紀 など）と内容（あそび、おもちゃ など）

本をさがす（簡易検索）
キーワードを入力して、蔵書の検索ができます。
むかし　あそび
1文字あける

どんなあそびがあったのかがのっている本（一例です。）

本 の 情 報　『タイトル』著者（出版社）発行年	請求記号	所蔵館 ※
『くらべてみよう！昭和のくらし　2』（学研）2009年	21 ク2	長
『図解むかしのくらし　5』（学研）1997年	21 ズ5	中・長・平
『昭和のくらしがわかる事典』（PHP研究所）2010年	21 シ	中・長
『日本の生活１００年の記録　3』（ポプラ社）2000年	21 ニ3	長・平
『日本人の２０世紀・くらしのうつりかわり　5』（小峰書店）2010年	21 ニ5	長
『学校と毎日の遊び　むかしのくらし思い出絵日記　3』たかい ひろこ/著（ポプラ社）2015年	37 タ	中
『昔のあそび知ってるかい』遠藤 ケイ/著（草土文化）1987年	38 エ	中・長
『昭和の子ども生活絵図鑑』奥成 達/文（金の星社）2014年	38 オ	中
『母さんの小さかったとき』越智 登代子/文（福音館書店）1988年	38 オ	中・長・平
『再発見！くらしのなかの伝統文化　6』（ポプラ社）2015年	38 サ6	中
『道具からみる昔のくらしと子どもたち　2』（農山漁村文化協会）2016年	38 ド2	中
『昔の子どものくらし事典』（岩崎書店）2006年	38 ム	中・長・平・岡
『昔のくらし』（ポプラ社）2005年	38 ム	中・長
『昔の玩具大図鑑』（PHP研究所）2015年	75 ム	中

※所蔵館　中…中央図書館　長…長浦おかのう図書館　平…平川図書館　岡…平岡公民館図書室

それぞれのあそび方がのっている本（一例です。他にもたくさんあります。）

本 の 情 報　『タイトル』著者（出版社）発行年	請求記号	所蔵館
『あやとり・おはじきを楽しむ』（金の星社）2019年	38 ア	中・長
『お手玉を楽しむ』（金の星社）2019年	38 オ	中・長
『けん玉を楽しむ』（金の星社）2019年	38 ケ	中・長
『こまを楽しむ』（金の星社）2019年	38 コ	中・長
『たこを楽しむ』（金の星社）2019年	38 タ	中・長
『めんこ』鷹家 碧/文（文溪堂）2008年	75 タ	全館
『けん玉学』（今人舎）2015年	79 ク	中・長
『たのしいあやとり大図鑑』（汐文社）2016年	79 タ	長・平
『双六』吉田 修/文（文溪堂）2004年	79 ヨ	中・長・平・岡

■ **本だなを請求記号で探す**

図書館の本は、本の背に貼ってある請求記号の順にならんでいます。
請求記号は日本十進分類法に基づき、本の内容を数字であらわしています。
昔のあそびについての本は、おもに次の請求記号の本だなにあります。

請求記号：21(日本の歴史)　38(くらし、風俗)　79(いろいろなあそび)

請求記号

3　インターネットで調べる

検索サイトで「昔のあそび」などのキーワードを検索し、情報を集めましょう。

◆千葉の県立博物館　大利根分館デジタルミュージアム
それぞれのあそび方を写真つきで説明しています。
https://www.chiba-muse.or.jp/OTONE/dougu/asobu.html

◆甲賀市のホームページ「むかしの遊び」
１つ１つのあそび方がイラスト入りでくわしくのっています。
http://www.city.koka.lg.jp/4536.htm

◆昔のおもちゃアルバム
いろいろなあそびの歴史やあそび方がのっています。
http://www.omocha-album.com/

インターネットを使うとたくさんの情報がみつかりますが、全てが正しい情報ではありません。まちがった内容が書いてあることもありますので、参考にするときはおうちのひとや先生にみてもらいましょう。

4　博物館や美術館で調べる

◆袖ケ浦市郷土博物館（入館無料）
袖ケ浦市下新田1133【袖ケ浦公園の近くにあります】　でんわ 0438-63-0811
昔のおもちゃを実際に手に取ることができます。

◆東京おもちゃ美術館（入館有料）
東京都新宿区四谷4-20 四谷ひろば内　でんわ 03-5367-9601
「おもちゃのまち　あか」コーナーで、伝統おもちゃに親しめます。
http://goodtoy.org/ttm/index.html

参考にした本のタイトル・出版者や、WEBサイトの名前は、必ずメモしておきましょう。

UNIT 20

◉児童サービスの諸活動

フロアワーク

●…………フロアワークとは

児童サービスで一番大事な仕事はフロアワークであるというと，意外に思われるかもしれない。いや，本の貸出やカウンターでの質問に答えること，などいろいろあるではないかと。しかし，子どもにとって図書館は，カウンターに行って手続きをする場所ではない。フロアの書架を回り，面白そうな本を手にとり，開いてみる。そのときの子どもの気持ちを図書館員は感じていなければいけない。

フロアワーク

カウンター

児童サービスは，子どもに本の世界を手渡すことである。それは，図書館を訪れた子どもが満足して帰っていけるかどうかにかかっている。その子にとって，図書館は居心地のよいところだったか？　面白そうな本を見つけられたか？　話を聞いてもらえたか？　また図書館に来たいと思って帰ったか？　児童サービスの根本がここにある。

カウンターに立っていたあなたは答えられるだろうか。今日，あなたの図書館に来た子の顔を名前を覚えているか？　その子が何を求めて図書館に来たのか？　本を借りに？　おはなしを聞きに？　友だちと宿題をしに？　ただぶらっと？　あなたに会いに？

子どもたちは本があるから図書館に来るのではない。「本の世界を伝える人」＝「図書館員」がいるから図書館にやって来る。学校でおはなし会をしたら，その人がいる図書館に子どもが来るようになる。図書館員が他部署に異動したときを境に，よく来館していた子どもが来館しなくなることもある。

●…………カウンターの壁

積極的に話しかけてくる子どももいるが，カウンターは子どもにとって大きな壁で，その中にいる図書館員に声をかけられない子は多い。一般と児童が一緒のカウンターの場合はなおさらである。図書館員が子どもを拒むような表情や態度をしているのは論外だが，おとなの利用者と話し込んだり，検索したりしている間に割って入る勇気のある子どもは少ない。

児童の独立したカウンターであっても，図書館員が来館する子どもに挨拶もせず，パソコンとにらめっこをしていたらどうだろう。普通の店でこんな態度をとられたら，お客は去っていくに違いない。図書館員はカウンターの番人ではない。また，カウンターはほかの仕事を持ち込む場所ではない。なるべくカウンターから出て，書架に本を戻したり，整理したりしながら子どもたちに挨拶しよう。図書館の人は，学校の先生とは違う，親とも違う，もっと気兼ねなく相談できるおとなというイメージをもってもらえるとよい。図書館員の印象がその子の図書館のイメージを作っていく。フロアこそ，子どもとの出会いの場，本と子どもと図書館員をつなぐ場である。

●…………本の案内

図書館に入ってきた人を迎え，来館に感謝し，本の世界にいざなうのが図書館員である。子どもの様子をよく見て，声をかけてもよさそうだったら，声をかけよう。本を選ぶのに迷っていそうであれば，一緒に探したり，紹介したりする。「何かさがしてる？」と声をかけると，子どもはほっとしたように本のことを話し出したり，恥ずかしくて聞けなかったことを聞き出したりする。調べもので迷っている子には，一緒に調べたり，成人向けの本を紹介したりすることもできる。そのとき，答えなかった子も，あとから相談しに来られるよう，「何か手伝うことがあったら言ってね」と言っておくとよい。

OPAC

子どもがOPACで所蔵検索をすると，単語ひとつで検索して膨大なリストを出すことがある。子どもにも使いやすいOPACを用意することも必要だが，OPACの使い方をフロアで教えるなどして，案内したい。

●…………本を読み聞かせる

本の世界を伝えるには，読んであげるのが一番だ。フロアで退屈そうにしていたり，ぱらぱらと絵本をめくっている子に，さりげなく声をかける。「読んであげる」ではなく，「この本を読みたいんだけど，聞いてくれる？」と，あくまでも「読ませてもらう」立場で声をかける。親と一緒に来ている子には，親の承諾を得て読ませてもらう。小さい子ならまるごと読み聞かせ，大きい子には，求めている本を会話から推測し，一節を読んでみる。時間を決めた集団への読み聞かせではなく，文字通りマンツーマンで読むのである。

読み聞かせ

そうして読み始めれば，最初の緊張もほぐれてくる。何回も同じ本を読まされたり，後戻りしたりすることもあるかもしれないが，それが子どもの読み方である。子どもがどこでお話に入ってくるか，どの絵に注目しているか，息づかいも伝わってきて，図書館員にとっても貴重な学びの場となる。他の子どもたちもいつの間にか集まって聞いていることもある。図書館員は本を読んでくれる人，面白い本を知っている人，自分たちの話を聞いてくれる人，とわかると，また別の子が，「この本読んで」と持ってくる。「図書館に行ったら本を読んでくれる」ことを当たり前のこととしたい。字を読めない子にとっては読んでもらわなければ本は紙の束にすぎない。字を読める子にとっても，声に出して読んでもらうことで，お話の世界の楽しさが立ち上がって伝わってくる。前にひとりで読んでもらった子が，次には「この子にも読んでやって」と友だちを連れて来ることもある。読んでもらう楽しさを友だちにも伝えたいと思った証拠である。

フロアで本を読んでいる間，カウンターはほかの館員が対応できるようにしておく。カウンターを死守するより，ひとりの子にどれだけ本の楽しみを伝えるかの方が大切である，ということを共通認識にしたい。

フロア
カウンター

図書館員がこちらから感想を求めることはないが，子どものほうから「この本面白かった」「つまんなかった」「よくわからなかった」と言ってくれると，その本について会話ができる。人は心を動かされたとき，誰かにそれを聞いてもらいたいものだ。本のことをよく知っている（子どもは図書館員は図書館の本を全部読んでいると思っている）図書館員に，同意を求めているのだ。そんな短いひとことを聞きもらさず，次のサービスにつなげるのである。

おとなでも，店に買い物に行った場合，迷ったときにアドバイスしてくれる店員さんがいて，その店員さんが押しつけがましくなく親身に対応してくれると，商品にプラスアルファの満足を感じ，また来ようと思うだろう。図書館においても，ホスピタリティの精神に基づくフロアサービスは，図書館員への信頼を深め，本への期待を高めていく。図書館員にとっても，子どもの生きた反応を確かめ，選書やサービスに生かすことができると同時に，子どもの喜ぶ顔を見てさらにモチベーションが上がる。人員削減や委託化の波で，図書館員がカウンターに立てない図書館もあるが，フロアこそサービスの最前線と位置づけ，誠実に子どもと向き合ってほしい。

●…………集団へのフロアワーク

保育園や幼稚園のお散歩で園児が図書館に立ち寄ったときは保育者に声をかけて読み聞かせをさせてもらったり，子どもたちが自主的に本を選ぶのを手伝ったりする。園児にとって初めての公共施設の利用体験ともなる来館を促し，図書館に行くと図書館員がサービスしてくれるという印象を与えて，次の利用につなげたい。

●…………情報の共有

子どもにフロアワークをしたあと，簡単な記録をつけて，館員が情報を共有できるようにしておくとよい。子どもが迷っていた書架，探していた本，質問や，読み聞かせをしたときの子どもの反応など，ほかの職員にとっても参考になる。日常見慣れていた書架やフロアの問題点に気づき，修正することもできる。

ただし，子どもは自分に本を読んでくれた職員だけが自分の好きな本を知っていると思っているので，他の職員がそのプライバシーを侵害することがないように，注意する。

プライバシー

●…………迷子への対応

図書館ではときどき親とはぐれて迷子になる子どもがいる。泣いている子どもに名前や親の特徴などを問いただしても答えられない。いきなり抱き上げるのは不安を増幅する。子どもの目の高さにかがみ，手をつないで，一緒に親を探しに行くとよい。安心して落ち着いたころに，誰と図書館に来たか，名前はなんというのか聞けばよい。

●…………けがや事故

子どもが図書館内でけがをした場合，すぐにけがの様子を見る。頭を打った場合，転んだ場合などそれぞれ臨機応変に対処する。緊急の場合，救急車を呼ぶことになる。手当は最優先だが，あとで必ず，事故報告を書くこと。いつどこで何が原因で事故が起きたか，対処の方法，けがの具合など，できるかぎり詳細に書き留めておく。子どもが通院した場合に支払われる保険金の請求や訴訟になった際の証拠にもなる。もちろん，事故が起こらないよう，安全な環境を保ち，誠実な対応をすることは言うまでもない。子ども・乳児対象の救命講習も受講しておくとよい。

●…………安全に利用してもらうために

あってはならないことだが，図書館やその周辺で子どもに対する事件が起こらないように備えなければならない。米国の図書館では，保護者以外のおとなが入らないよう，わざと地下に児童室を設置し，トイレも鍵をかけて子どもしか使わせないようにしているところがある。図書館に来館している利用者は，公共の施設に安心感があるのか，子どもを児童室においておとなの本を探しに行ったり，外に出たりすることがある。しかし，図書館がすべての人に開かれている施設である以上，事件が起こる危険性をはらんでいることを意識しなければならない。図書館員はフロアに目を配り，子どもの様子を常に意識するようにしたい。

●…………災害への備え

地震

二次災害

地震の場合，すぐに声をかけ，高い書架・照明・掲示物など，落下しそうなものから離れた安全な場所に退避させる。揺れが収まったら二次災害に備え，あらかじめ決めておいた方法で避難する。ひとりで来館している子どもは保護者が迎えに来られるかどうか確認し，保護する。台風や暴風雨の場合は，風雨が強くなる前に館内の子どもに帰宅を促す。火事の場合は安全な場所に避難誘導する。いずれの場合も，通常の利用に戻る際は，安全を確認してからにする。図書館員は子どもが恐がらないよう，落ち着いて，生命の安全を最優先に行動する。 台風 火事

自治体の災害対策マニュアルに基づいた，図書館のマニュアルを作成し，館内の設備・子ども用の水・食料・衛生用品を点検する。定期的に，利用者も参加する避難訓練を行うとよい。 災害

◉――option G

レファレンスの事例

杉山きく子氏（当時　東京都立多摩図書館）は，「ここ７，８年インターネットの情報を確認するレファレンスが増えています」として次のように報告している。

> （前略）小学生が，友だちがイチョウの葉に切れ込みがあるのがオスで，ないのがメスだと言っていたが本当かと聞いてきました。この出所もネットで，切れ込みがあるのがズボンでオス，ないのがスカートでメスという説明が“ベストアンサー”に選ばれていました。もちろん全くの俗説ですが，ちょっと信じたくなるような回答です。事典や『原色牧野植物大図鑑』（北隆館）等植物の本を見ても，実や花以外で雌雄を知る方法は書かれていませんが，切れ込みが雌雄を表すことを否定する文章もありません。唯一見つけたのが，瀬田貞二さんの『児童百科事典』（平凡社）で，“おすとめすとでは，枝の張り方がちがうとか，葉のおちるのがおすのほうがおよそ１ヶ月早いとか，いわれるが，はっきりしたことはわからない”と書いてあります。“ない”ことを証明することは本当に難しいのです。この質問は，ギンナンの実る頃に受けたので，実際はどうなのか，近所の植木畑で調べてみました。しかし１本の木でもいろいろな形の葉が混在しているし，１枚の葉がスカートかズボンか判定することもなかなか難しい。これを書いた人はちゃんとイチョウを見たことがないのではと思ってしまいました。
>
> 小学生が数人，辞典の棚で騒いでいます。何事かと声をかけると，１人の女の子がノートにきれいに書かれた文章を見せて，“何て読むのかわからない”と言います。見ると“樹上に営巣”“繁殖期のオスは”“頬から頸部にかけての羽毛”“嘴”など難しい言葉が並んでいます。インターネットで調べて，丹念に１字１字写したというのです。“オシドリ”について調べる宿題で，漢字が読めないから，まず漢字辞典で読みを調べ，次に国語辞典で意味を調べようと奮闘しているのです。コピーアンドペーストをして済ませてしまう大学生に比べて，小学生の何と律儀なこと。私が“本で調べた方がわかるよ”と学研や小学館の図鑑を出すと，子どもたちはすぐに飛びついてきました。（後略）

「葉っぱでイチョウのオスメスがわかるって本当？」杉山きく子（『こどもの図書館』Vol.58, No.10　2011　p.12）

UNIT 21

◉児童サービスの諸活動

子どものためのプログラム（集会・行事）

●…………集会・行事の種類と特徴

集会・行事

児童サービスにおける集会・行事は対象により，子ども向け，子どもとおとな向け，おとな向けの三つに分けられる。その意義と目的は以下のとおりである。

①子ども向け

子どもたちの図書館利用を促すため，子どもたちに直接行う。図書館を普段利用している子どもはもちろん，あまり本が好きではない子や，今まで図書館を利用しなかった子どもたちが，これをきっかけに図書館の楽しさに気づき，足を運ぶようになる行事を考えたい。無料で誰でも参加できることをアピールしよう。

例：子どもおたのしみ会，おはなし会，科学あそびの会など

②子どもとおとな向け

主に乳幼児と親が一緒に参加し，安心感の上で子どもの読書の楽しさを知ってもらい，家庭での読み聞かせに役立ててもらう。

例：わらべうたの会，親子講座，ブックスタートなど

③おとな向け

子どもにかかわるおとな＝親・保育者・教師・ボランティアなどに，子どもの読書の大切さや楽しさを学んでもらうために行う。

例：児童文学講座，読み聞かせ講座など

●…………集会・行事の検討と実施

年間計画

年間計画を立て，内容の検討や担当の役割分担とともに，館内や関係各所への連絡・起案・PR・実施・報告の日程を決める。集会・行事は人が集まり，図書館の外部からも注目される業務だが，集会・行事をこなすために日常業務が圧迫されることがないようにしなければいけない。もし，日常業務がおろそかになるようであれば，行事数を減らす，方法を見直すなどの計画変更をするべきである。図書館員では手が不足するからといって，安易にボランティアまかせにするのはよくない。また，集会・行事で図書館に興味をもった子どもが，その後来館したときに失望することがないよう，日常のサービスを大切にしなければいけない。行事数・参加人数の多寡にこだわるより，その後図書館を利用する人数が増加しているかどうかに

注目し，積極的な取り組みをしたい。

●…………子ども向け集会・行事

⑴ 内容

集めようとする子どもの対象と目的を考え，内容を吟味し，図書館の方針や日常サービスにあったものにする。おはなし会・絵本の読み聞かせ・ブックトークなどは，日常行っていることを土台に拡大して行事にすることもでき，終了後も継続して来館しやすくなる。

⑵ 日時

子どもの生活時間

交通手段

学校や地域の行事の日程や子どもの生活時間を配慮し，安全に集合し，帰宅できる時間帯で行う。サービス対象地域が広い場合，遠くから来館する子どもたちの交通手段も考慮する。保護者による送迎がないと来館できないようであれば，図書館側から地域の施設に出向いて行事を行うことも考える。

⑶ 場所・予算

児童コーナー

場所は図書館内が望ましい。少人数の催しは児童コーナーでできるものもあるだろう。場所がなく，他の施設を借りる場合は，主催が図書館であることがわかるようにする。外部の講師を呼ぶ場合，予算が必要であるが，その際も図書館員は必ず一緒に実施し，図書館の行事であることがわかるようにする。他の施設でやってもかまわないものは，本当に図書館でやる意義があるものかどうか考える必要がある。

⑷ 誰がやるか

子どもたちは，図書館員が自分たちを楽しませるために工夫したことを感じている。たとえば人形劇は，プロのような技術がなくても，本の楽しさを知っている図書館員が，子どもたちを楽しませるために脚本を書き，人形を作り，練習を繰り返して行事を行っているのは伝わってくる。外部の団体によるものは，図書館の日常とかけ離れてしまわないものを選ぶ。

⑸ 主な種類

それぞれの図書館で工夫されているが，以下に代表的なものを挙げる。①～⑭は主に図書館単独で，⑮以降は他の施設と連携して行う。

①子ども会・おたのしみ会

プログラム

映画・人形劇・クイズ・なぞなぞ・かるた会などを組み合わせたプログラムで，年に１～数回，主に学校の長期休み中に行うものと，読み聞かせや紙芝居などで月に１～４回行うものがある。前者は，十分な準備とPRが必要である。後者は曜日と時間を決めてプログラム化しておく。

②映画会

映画会

映画は機器やソフトの進歩により，簡単に豊富な作品を上映できるようになってきた。大きな部屋がなくても，プロジェクターやスクリーンがあれば実施できる。しかし，映画会は映画を見せるだけで終わってしまうことが多く，図書館や本に結びつけるという目的が達成されないことがある。図書が原作のものもあるが，まったく内容が違っているものもあるので，内容を吟味して選びたい。

おはなし会

③おはなし会

ストーリーテリング

ストーリーテリングは，本を介さず，子どもたちを直接お話の世界に結びつける有効な手段である。語り手は子どもの直接の反応を知り，選書やその他のサービスに生かすことができる。この点で，おはなし会は児童サービスの行事の中でも本来の業務に直結するものといえる。定期的に行えば，連続して聞きにくる子どもたちが増える。また，ストーリーテリングは，お話の内容とともに語り手の人格も伝わるので，語り手に親しみを感じ，信頼をよせるようになる。図書館員は積極的にお話を覚え，語りたい。地域のボランティアに語ってもらう場合も，図書館員が一緒に行うようにするとよい。

絵本の読み聞かせ
詩
手遊び

ストーリーテリングと絵本の読み聞かせ・詩・手遊びなどを組み合わせて行うこともできるが，集まる子どもの年齢がバラバラな場合，年齢で分けて実施したほうが集中できる（UNIT 31参照）。

絵本のじかん

④絵本のじかん

絵本の読み聞かせを中心に行う。ストーリーテリングのように，耳からの言葉だけでお話の世界を想像するにはまだ幼い子どもたちは，絵の助けを借りて想像をふくらませる。図書館員がやると，子どもの反応を直接知ることができる。手遊びや紙芝居と組み合わせる場合もある。

紙芝居

⑤科学遊びの会

科学遊びの会

科学実験や理科工作などを通して，知識の本に興味をもってもらうための会。学校の授業とは違い，教科単元にこだわらない内容で，自由で豊かな発想を促すものである。材料や道具は図書館で用意し，積極的に図書館の蔵書を紹介していきたい。

手作り会

⑥手作り会・工作会

工作会

図書館の蔵書を利用して工作をする。内容はさまざまで，紙芝居や絵本づくりといった作品制作や，牛乳パックを使ったおもちゃ・ペットボトルロケット製作などは作り終えた後で遊ぶことも含めた会ができる。季節の行事に関連して，おひなさま・こいのぼり・七夕・クリスマス・正月のかざりなどを作り，図書館に飾ってもよい。子どもたちとの共同作業の中から，子どもならではの発想や工夫を知り，得るものも多い。

⑦読書会・ブックトークの会

図書館員が道案内になって，本や詩を紹介する。国語の授業とは違い，自由な雰囲気で本を楽しみ，好きになってもらう。年齢で分けて連続して行うとよい。ブックトークは，テーマを決めて図書館員が本を紹介し，本への興味を促す。紹介した本は複本をそろえて貸出をしたい。

⑧読書マラソン

時期を決めて，子どもがたくさん本を借りたいと思うような行事をするのもよい。借りた本の冊数に応じて，日本地図や世界地図の台紙にシールを貼る。台紙が埋まった子には完走賞をあげて表彰し，面白かった本を教えてもらう。子どもの推薦本を館内に展示したり，ホームページに紹介してもよい。

⑨自由研究講座

自由研究のテーマや調べ方で迷う子どもは多く，夏休みの終わりは図書館が混雑する。夏休み中何回か講座を持ち，テーマ決め，調べ方，まとめ方をサポートしていくことで，子どもたちの調べる力もあがり，図書館の効率的な利用もできるようになる。図書館賞を設けたり，発表会をすることもできる。博物館や美術館と連携してもよい。図書館員にとっても，子どもたちの興味や調べるための道筋を知ることができ，パスファインダーづくりに役立つだろう。

⑩詩の朗読会

詩を声に出して読むことが好きな子は多い。教科書の詩だけではない豊かな詩の世界を紹介し，声に出して覚えたら，発表会をしておとなにも聞いてもらう。おとなは子どもが自由に詩を楽しむ姿に惜しみない拍手をくれるだろう。

⑪ぬいぐるみおとまり会

子どものぬいぐるみを一晩預かり，閉館後の館内でぬいぐるみが図書館を探検したり，本を読んだりしている写真を撮り，翌日子どもにぬいぐるみと写真を渡す。前後にぬいぐるみとともに参加するおはなし会や読み聞かせ会を設ける。

図書館員は，写真撮影やプリントなどの作業を一夜で行わなければならないが，子どもは大切な心の友だち，ぬいぐるみを通して，自分ひとりへの特別なサービスを体験し，図書館や本に親しみをもてるようになる。

⑫一日図書館員・図書館職場体験

行事として，一日図書館員を募集して図書館の仕事を体験してもらうほか，小学校や中学校から，職業教育の一環として，学校から依頼されることもある。後者の場合は事前に学校と連絡をとり，日時・人数・氏名などを確認する。当日はプログラムを組んで図書館員の仕事を紹介し，体験してもらう。普段カウンターの外からはわからない業務を理解してもらうよい機会である。

⑬図書館クラブ

図書館の仕事に興味がある子どもは多い。本の検索や本探し，本の紹介文を書く，カウンターに立つ，絵本を読み聞かせるなど，さまざまなことができる。地域の野球チームやサッカーチームのように，地域の図書館が子どもたちを育てる場所となることができる。

⑭図書館まつり

おとなも参加する図書館まつりの中で，子どもが参加できるものを企画する。朗読会・作品展示など，児童向けの行事で行ったことを発表する機会にすれば，子どもの親以外のおとなにPRができる。おとなと一緒にリサイクル本市を行うなど，地域のおとなと子どもの交流の場としても活用できる。文庫や子ども会と共同で行うこともできる。

⑮公民館まつりへの参加

公民館など複合施設に図書館が入っている場合，その施設のまつりに参加して行事を行う。実行委員会に出席してまつり全体にかかわり，図書館らしい企画＝おはなし会・絵本のじかんなどを行うことで市民にPRする。

⑯学級招待

図書館に学級を招待し，館内の案内・サービスの説明・ブックトーク・おはなし会などを行う。小学校の「町たんけん」の単元を活用してもらうなど，学校と連携をとって行う。子どもたちは，図書館の本の並べ方や普段は入れない施設の裏側を案内してもらったり，おはなしや読み聞かせを聞いたりすることで，図書館に興味をもち，公共施設の中でも図書館が身近な施設となるだろう。

⑰学校おはなし会

小学校の図書の時間など，授業の一コマをもらい，図書館員が学校に出向いてストーリーテリング・読み聞かせ・ブックトークを行う。子どもたちは自分の慣れ親しんだ場所で，友だちと一緒に本を楽しむことができ，図書館員への信頼も育ち，その後の利用につながる。年齢が同じため，図書館員はその年齢の子どもたちの，おはなしや本への反応を知ることができる。図書館招待とともに，図書館に一度も来る機会がなかった子どもにも図書館の存在，本の楽しさを伝える意

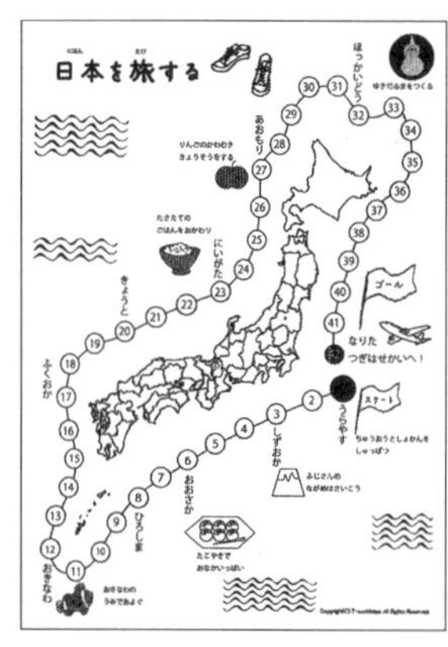

読書マラソン（浦安市立図書館）

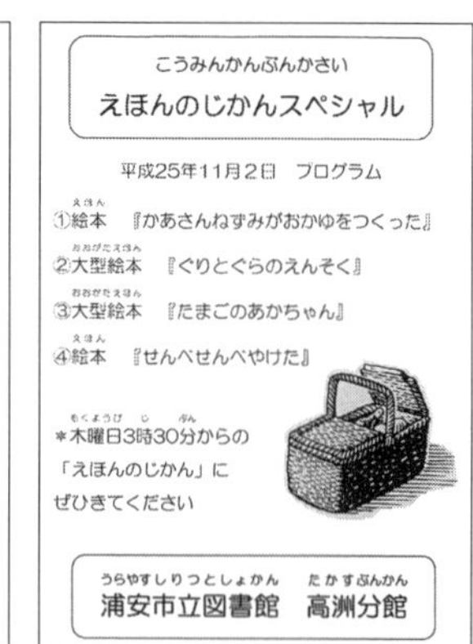

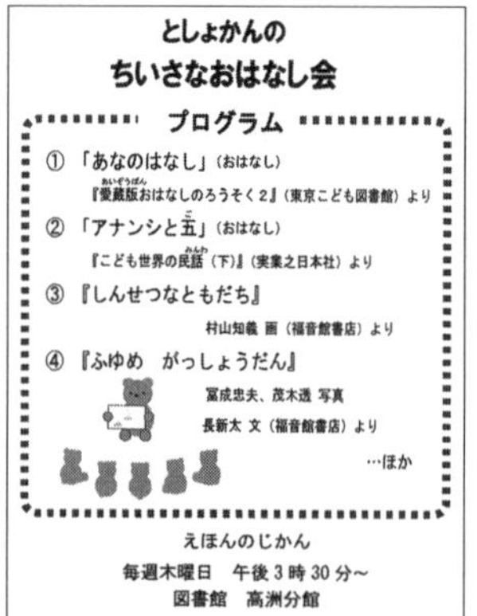

おはなし会等のプログラム（浦安市立図書館）

味で，学校への働きかけは意義のあるものである。

●…………子どもとおとな向け集会・行事

親子絵本講座
わらべうたの会
ブックスタート

主に乳幼児と親が一緒に参加する親子絵本講座・わらべうたの会・ブックスタート・絵本のじかん・お父さんと参加する絵本のじかんなど，図書館員の本の選び方・読み方・子どもの反応などを実際に見てもらい，家庭ですぐに生かしてもらえる。お母さん同士の出会いの場ともなる（UNIT 36参照）。

●…………おとな向け集会・行事

おとな向け集会・行事

児童文学講座・読み聞かせ講座など，子どもにかかわるおとなに子どもの読書や読み聞かせへの理解を深めてもらうための講座。作家や研究者など外部の講師を呼ぶ場合もあるが，図書館員ができる部分は図書館員がやるようにすると，本の専門家としての信頼を得るよい機会になる。特に，読み聞かせボランティアの講座は，終了後もボランティアが図書館に本を借りに来る際，随時相談にのれる。図書館員として子どもと本にかかわる中で培った経験を生かす場である。

●…………記録

いつどのような集会・行事をして，どのくらいの参加者があり，どのような効果があったか記録しておく。写真や動画も翌年の参考資料となり，PRにも使える。

図書館クラブ 小学生

今日のブックトーク　明海小学校5年生　2013年12月18日

「こびとのおはなし」

「びんぼうこびと」ウクライナ民話
内田莉莎子／再話　太田大八／絵　福音館書店
どんなに働いてもびんぼうなお百姓がいました。ある日、バイオリンを弾いていると、部屋のすみで小さなものが動いているのを見つけます。

「小さなスプーンおばさん」
アルフ・プリョイセン／作　大塚勇三／訳　学習研究社
突然、おばさんはティースプーンくらいに小さくなってしまいました。そうじ、せんたく、料理…家の仕事はいっぱいありますが、おばさんは平気です。

「だれも知らない小さな国」
佐藤さとる／作　村上勉／絵　講談社
夏の日、小指くらい小さな人"こぼしさま"が2・3人、赤いくつに乗って小川を流れていくを見つけた。しかも、ぼくにむかって手をふっていたのだ！

「サーカスの小びと」
エーリヒ・ケストナー／作　高橋健二／訳　岩波書店
マッチ箱に入れるくらい小さな男の子、メックスフェンの夢は、サーカスの芸人になること。いったいどんな芸を見せるのでしょうか？

「ニルスのふしぎな旅」（上・下）
セルマ・ラーゲルレーヴ／作　菱木晃子／訳　福音館書店
妖精のトムテにいたずらをしたせいで、小人にされてしまったニルスは、渡り鳥のガンの群れとともに北の地ラップランドをめざします。

「アリから見ると」
桑原隆一／文　栗林慧／写真　福音館書店
みなさんがもしも小人になったら…たとえば、アリの大きさになったら、どんな景色が見えるでしょうか？　いつもと違う世界が見えるかもしれません。

浦安市立図書館

ブックトークのリスト（浦安市立図書館）

UNIT 22

◉児童サービスの諸活動

展示・PR

●…………展示の意義

展示

図書館で行う展示は，あるテーマに沿って本を並べ，子どもに興味と関心を起こさせるとともに，蔵書の範囲と多様さを知らせるものである。さらに，展示は，図書館の雰囲気を和らげ，子どもに図書館への親しみをもたせる。

●…………展示の計画

年間計画

展示はテーマを決めて年間計画を立てる。展示のタイトル，説明，本の紹介文，期間や場所，担当者を決めて計画的に行う。時事的なテーマはそのつど行う。

●…………展示の種類

テーマ展示

(1) テーマ展示

ブックトーク
視覚
紹介文
キャッチコピー
季節や行事
地域関連

図書館の展示は子どもの興味をひきそうなテーマに沿って本に結びつくものにし，ただの飾りにならないように気をつける。ブックトークが言葉で直接本の内容を紹介するのに対し，展示は視覚と紹介文で本の内容を紹介するものである。ブックトーク同様，その本の核心を簡潔な文章にする練習が必要だ。紹介文をつけない場合，表紙をみせて本を並べ，キャッチコピーを工夫して掲示する。

テーマの例としては，たとえば，季節や行事（七夕や敬老の日），地域関連（お祭り・郷土食）など。その他，子どもたちにブックトークをするつもりで考えれば，無限にテーマが思いつく。「飛ぶ」というテーマで『ライト兄弟の伝記』『空飛ぶ船と世界一のばか』『飛びたかった人々』などと，飛行機の歴史や鳥に関する本を並べたり，「どんな家に住んでみたい？」というテーマで『世界あちこちゆかいな家めぐり』『沖縄の家』『すてきにへんな家』『床下の小人たち』を組み合わせたり…といった具合に，文学から知識の本，絵本，雑誌まで視野に入れて集めることができる。ブックトーク同様，普段書架から動かない本，地味な装丁だが内容がよい本などを展示によって光をあて，貸し出されるようにするのは図書館員の腕の見せどころである。

新着本の展示

(2) 新着本の展示

新しく入った本の展示は，子どもよりおとなが好んで利用する。子どもは出会ったときがその子にとっての新刊本である。新着本には，買い替えの本も含む。新しい本がどれだけ借りられるかより，どれだけ繰り返し借りられたかのほうが重要である。新着図書リストと一緒に，本の箱や帯を掲示してもよい。

新着図書リスト

時事展示

⑶　時事展示

新聞やニュースで取り上げられたばかりの事件やトピックスを時機を逃さず展示する。世界的な記録達成から地域の出来事まで，子どもが関心を示すようなことに常にアンテナを立てておき，関連する図書を紹介するとよい。

⑷　今日の１冊

「今日のおすすめ」と書いて，カウンターに１冊の本を展示する。図書館員の好きな本，紹介したい本でよい。その本を仲立ちに子どもや親との会話が生まれる。子どもは自分の読んだ本だと教えてくれたり，感想をいうこともある。すすめれば借りていくこともある。時間と労力のかからない気軽なミニ展示である。

福袋

⑸　福袋

年始に百貨店で売る福袋をまねて，図書館員の選んだ数冊の本をきれいな紙でラッピングしてテーマを書く。「電車はかせの君に」「動物を飼ってみたいなら」など，子どもの興味をひくテーマをつける。包みの中はあけてのお楽しみだが，読んだ本，興味のない本は返してもよい。自分では選べなかった本に出会える楽しさがある。

図書館おみくじ

その他,「図書館おみくじ」と称して，くじをひくと，おすすめの本が書いてあったり，すごろくであがるとおすすめの本の紙をめくれたり，通年ではなくお楽しみの特別企画としてやる。もちろん，図書館員自身が読んで選び，返却されたときもその本について話せるようでなければならない。

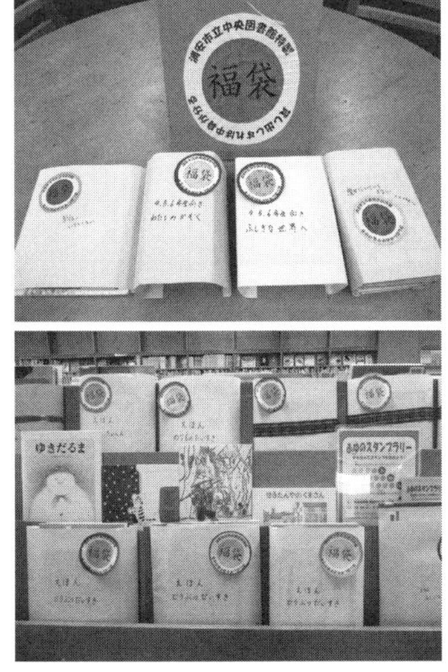

福袋（浦安市立図書館）

あたらしく入った本（熊取町立熊取図書館）

●…………展示の実際

展示スペース

(1) 展示スペース

利用者の動線を考え，来館時すぐに目につく場所に展示スペースを作る。専用のスペースがなければ，書架板を何枚かはずし，バックに紙を貼ってその部分が展示と目立つようにすれば展示スペースが生まれる。展示スペースが大きければたくさんの本が並べられるが，書架の中や上に小さな空きスペースを作れば，本の表紙をみせて，簡単な手作りのポップをつけて展示することができる。大きな展示はある程度の期間同じテーマで行い，小さな展示は頻繁に変化させ，図書館に来るたびに新しい発見を感じさせたい。

ポップ

平積み
ブックエンド

テーブルや書架の上を利用して，平積みにしたり，ブックエンドを利用するのもよい。展示ケースを利用する場合は，本だけでなく，関連物を並べることができるが，本をすぐに手にとれないのが難点である。書店の展示方法なども参考になる。

(2) 展示の材料

模型
ポスター
写真
絵

本だけでなく，関連する模型，ポスター，写真，絵，新聞なども利用すると，効果的な展示になる。紙も，ラシャ紙や上質紙に頼らず，たくさんの紙見本から適したものを選び，紙の大きさ，形に限定されず，本を引き立たせる工夫をしたい。ポスターケース・パネルも大小そろえたい。

新聞
レタリング

文字はレタリングをしたものを使い，マジックやフェルトペンの手書きは避け，使う場合は手書きのもつあたたかみを伝える目的をもって効果的に使う。パソコンのフォントも手書き風のものや筆文字風のものなど多種あるので，それを利用してもよい。

デザイン

(3) デザイン

展示の内容，展示スペースの面積・場所を考え，子どもの目線の高さに合わせてその空間をデザインする。壁に貼るだけでなく，天井から吊るす，床に置くなど立体的な演出を考える。本も表紙を見せるだけでなく，開いて置いたり，一部分を書き写してみたりすると面白い。図書館の他の場所の展示や図書館全体とデザインの統一感があるとよい。センスのよいデザインは，図書館全体の雰囲気を変える。

展示期間

(4) 展示期間と展示後

貸出期限が２週間の場合，利用者は月に約２回来館する。２回同じ展示では新鮮味が薄れるので，なるべく毎月展示替えをしたい。時事展示は時機が過ぎてもそのままになっていると，間が抜けた印象になるので，早めに撤去する。

子どもは並べられた本をよく見ているので，展示終了後，前にここにあった本はどこにあるかと聞いてくることがある。展示テーマ・期間・展示本・効果などを記録しておく。展示期間が過ぎて撤去した看板も，きれいに保存しておけば翌年以後繰り返し使うことができる。他の図書館の展示と共同で保存しておけば，互いに交換して使える。写真をとってファイルしておくとよい。

⑸ 展示を効果的に行うために

展示した本をほかの本から目立たせるため，展示スペース周辺の関係のないものは取り除く。たとえば，海のテーマの本のすぐ横に小鳥やうさぎの造形が貼ってあったら，海のテーマはかすんでしまう。図書館の展示は単なる飾りとは違い，本の魅力を引き出すものでなければいけない。

カウンター回りにキャラクターの人形やぬいぐるみ，折り紙や毛糸の手芸品を置いてしまうと，本のある場所という整理整頓されたイメージが薄まってごちゃごちゃした雰囲気になる。カウンターも含め，図書館内は本を効果的に見せる場所である。店内がごちゃごちゃしていて欲しいものが目に入らない商店には買い物をしに行かなくなるように，図書館も本がすっきりと目に飛び込んでくるように，整理されていなければならない。利用者からの好意などで飾り物を置く場合は１週間，２週間と期間を限定して置くことを了解してもらい，期間が終わればはずすようにしたい。整理され，かつあたたかみがある空間を保持していくのも図書館全体の展示・PR である。

カウンター（実りの秋）

スポーツしよう

冬の自然

絵本の展示

写真：浦安市立図書館

●………… PR

PR

(1) 印刷物による PR

図書館報

図書館が行っているサービスを紹介する案内や行事の案内，図書館報の子ども版を作り，子どもが手にとれるようにするとよい。また，子どもに対するサービスを保護者などに知らせる印刷物もあったほうがよい。子ども向けのものは，表記を工夫し，親しみをもたせるデザインにする。安易なキャラクター利用は控えたい。

プログラム
スタンプカード

サービス案内は冊子式，二つ折，三つ折のもの，おはなし会のプログラムは小さな切り紙にしたり，リボンをつけてしおり状にしたりして，子どもが集めたくなるようなデザインにすることもできる。スタンプカードにして，来るたびにスタンプを集める楽しみをつけてもよい。デザインは著作権を侵害しないよう十分配慮し，普段からよいものを集めて勉強するとよい。

ブックリスト

ブックリストは書誌事項や本の所在がわかる情報を入れ，子どもが探しやすいようにする。行事の案内は日時，内容，対象，場所など必要な情報を盛り込む。

ロゴ

印刷は業者に頼む場合と館内で作成する場合がある。デザイン用のソフトを使い，版下まで作成して業者に渡すことができれば，印刷代を低く抑えることができる。展示同様印刷物全体の統一感を持たせると，図書館のイメージを定着させるのに役立つ。図書館のロゴやマークを決め，すべての印刷物に使用するとよい。

マーク

(2) その他の PR 方法

ホームページ
口コミ

図書館週間や子ども読書の日，こどもの読書週間，夏休みなどの機会をとらえて，読書の楽しさを PR していきたい。また，行事については，図書館のホームページや SNS を利用することはもちろん，自治体の広報やそのホームページを利用したり，自治会の回覧板・地域のミニコミ・ケーブルテレビなどを利用したりして PR を図る。図書館独自の子ども向けホームページも活用し，更新を怠らないようにしたい。また，定期的な行事は子どもの口コミで参加者が増えることもある。友だちを誘ってまた来たいと思ってもらえるようにしたい。

学校・幼稚園・保育園などを通して印刷物を配布すると，網羅的な PR ができる。校長会や園長会でお願いすることもできる。公民館の親子講座やサークル，保健センターの行事などで配布してもらうこともできる。庁内 LAN の掲示板に載せてもらうことも行政内部の周知を図る上で効果的である。その地域ならではのメディアを見つけ，それぞれの特性を生かし，効果的な方法・期間を考えて PR していきたい。

借りた本を記録する「読書通帳」を配布して，満期になったら記念品を贈るなどの取り組みもある。本物らしさが子どもの読書意欲をかきたて，PR となる。

UNIT 23

◉児童サービスの運営

児童サービスの運営

●…………図書館の運営組織

仕事は組織で行う。組織としての目標を共通認識し，ベクトルの方向を同じにすることが大事である。図書館の勤務はシフト制（時間をずらした交代制）で種々の業務をローテーションで行うことが一般的である。カウンター業務があり，長時間開館し，休館日の少ない図書館ほど，スタッフ全員が事務室に揃うことがなくなる。組織がしっかりしていないとサービスの低下を招くことになる。地方公共団体が設置する図書館は，「地方教育行政の組織及び運営に関する法律」第30条により教育施設とされ，同法第32条により教育委員会が所管する。なお，「地域の自主性及び自立性を高めるための改革の推進を図るための関係法律の整備に関する法律」（第９次地方分権一括法）が，2019年５月31日に成立し，同６月７日に公布された。これに連動して社会教育法，図書館法，博物館法，地方教育行政の組織及び運営に関する法律が改正となり，公立社会教育施設（博物館，図書館，公民館等）について地方公共団体の判断により，教育委員会から首長部局へ移管することが可能となっ

シフト制

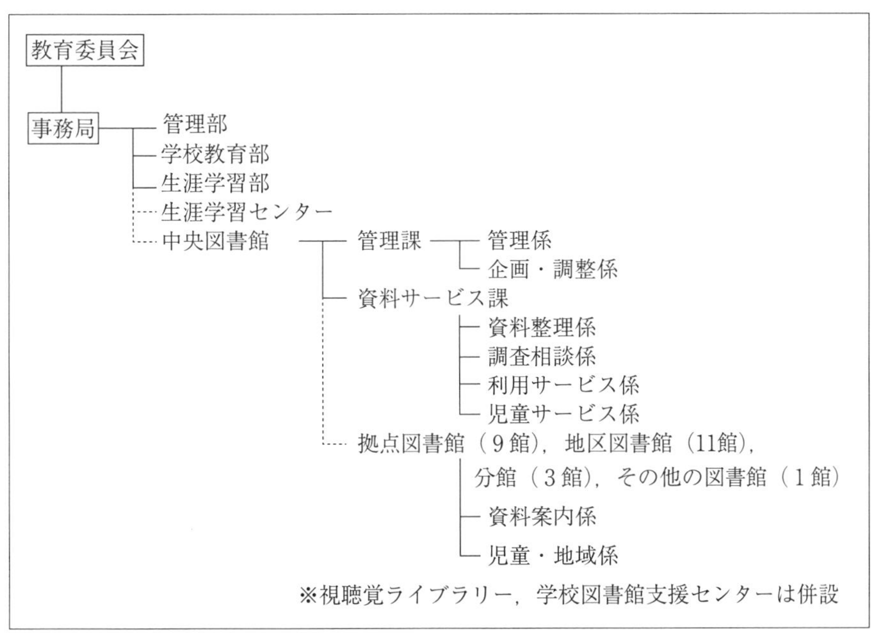

さいたま市図書館組織図

た。実際にこれを実施しているところもある。前ページ下の図はさいたま市の例で，「教育委員会－生涯学習部－図書館」という組織で，図書館数が多く，係が分かれている。規模の小さい市町村の場合は，児童サービスで独立した係とはなっておらず，他の業務と兼任ということもある。自治体の規模やどのサービスを重点的に行うかにより，係の数や名称が異なってくる。

●…………児童サービスの運営方針

日々の業務を漫然とこなすのではなく，土台となる考え方や方向性を確立して運営に臨む。

法令
宣言
指針
報告

(1) 子どもおよび図書館についての法令・宣言・指針・報告などを認識する

・児童憲章　・子どもの権利条約
・子どもの読書活動の推進に関する法律（2001年成立）
・子供の読書活動に関する基本的な計画（2018～2022年）
・ユネスコ公共図書館宣言　・図書館法
・図書館の設置及び運営上の望ましい基準　・文字・活字文化振興法
・これからの図書館像　・国民読書年に関する決議
・人の，地域の，日本の未来を育てる読書環境の実現のために
・図書館の自由に関する宣言・図書館員の倫理綱領・公立図書館の任務と目標
・IFLA　0歳から18歳の子ども向け図書館サービス・ガイドライン

(2) 自治体の例規などを把握する

・図書館条例，図書館条例施行規則　他
・子どもの読書活動の推進に関する基本的な計画

(3) 館として，児童サービスの理念を確立する

子どもの本を熟知し，子どもについて知り，お話や本の楽しさと調べることの面白さを伝えるなど，児童サービスはこうあるべきだという基本的な考え方を確立し，図書館の全サービスの中で位置づけをする。

運営方針

(4) 運営方針を立てる

図書館ビジョン
図書館協議会

図書館を取り巻く社会状況や行政改革に対応し，「地域の知の拠点」として図書館が発展していくため，図書館の方向性を示す運営方針を決める。自治体によっては，図書館の基本理念や，運営方針・目標・図書館の整備など，将来像について提示する図書館ビジョンを策定している。図書館ビジョンを策定するには，案を作成して図書館協議会に諮り，その後市民に公表し，パブリックコメントを得て検討し，必要があれば修正をする。パブリックコメント制度は，市民が市政に参画し，透明性の高い公正な市政運営を行うために実施されている。方針やビジョンは，その図書館が属する自治体の上位の政策をもとに考える。

自治体内に複数図書館がある場合には，全館の運営方針と各館の運営方針を立てる。その際は，役割分担，地域性，特性，ニーズなどを反映したものとする。⑴～⑷との整合性が必要である。新規事業の立ち上げ，予算配分，問題発生時に，根拠となり，説明責任を果たすことができる。

⑸ 目標を設定する

運営方針を立てたら，こうありたいという状態を示す目標を設定する。その際には，その図書館の成熟度を考慮する。新館では，まず子どもの利用者の開拓と定着に力を入れ，図書館サービスが地域にほぼ浸透した歴史のある図書館では，地域が高齢化し，子どもの登録が減少することもある。この場合は，図書館外で活動をすることも考えたい。目標を立てたら，さらに具体的な指標を出す。 目標

⑹ 計画を立てる

目標を達成するために具体的な方法や順序を考える。運営計画は立てた後も，優先順位や市民ニーズや社会状況の変化などに柔軟に対応し，適宜修正を加える。 運営計画

●…………図書館予算

公共図書館は地方自治体が設置しているので，税金で賄われている。公共図書館は，資料費・人件費において，コストがかかる。また，施設も老朽化すると，修繕費用がかさむ。財政状況の厳しい昨今，図書館は予算の獲得に苦戦している。

予算とは，１年間の収入（歳入）と支出（歳出）の見積もりのことである。会計年度は，４月１日から翌年３月31日までで，基本的には歳入と歳出が過不足のないようにする。

地方自治体の予算は，編成・成立・執行・決算という過程を経る。前年度に新年度の予算の編成作業を行う。①予算編成方針の通知，②予算積算書の作成と，予算要求書の作成，③財政担当課によるヒアリング，④財政課長・各部長・首長査定，⑤査定結果内示，⑥復活要求，⑦再査定，⑧議会上程・議案審議・議決という流れとなる。歳入，歳出とも地方自治法施行規則の定めにより区分された予算科目「款（かん）」「項（こう）」「目（もく）」「節（せつ）」に分類される。歳入はほとんどない。歳出は図書館の運営に使う費用で，款：教育費，項：社会教育費，目：図書館費となり，節はさらに28区分に分かれる。「旅費」「報償費」「備品購入費」などがある。 編成・成立・執行・決算

児童サービスの予算要求に際しては，従来の経費とともに新規事業の経費を計上するが，その妥当性・有効性・効率性などを問われることとなる。予算の執行は，主に児童書の購入である。本を発注する際に決裁をとり，納品されたら，支出負担行為伺兼支出命令書により決裁をとる。資料予算の消化には注意をする。新刊書と買い直しの比率をおおよそ決め，年度途中で資料費が尽き，購入を控えることにならないようにする。予算の執行は適正に行われることはもとより，コスト意識によ

費用対効果

り費用対効果が求められる。予算の必要性を説明するため，裏づけとなる統計数値や実績をすぐに出せる環境を作っておくことが必要である。

●…………マーケティング

マーケティング

「マーケティング」はビジネススキルの一つであるが，近年行政機関もこの手法を導入するようになった。

児童サービスにおけるマーケティングの例として「おはなし会の参加者を増やしたい」場合を考えてみよう。①何のためにおはなし会を実施しているか，②現状把握，③現状でレベルアップの図れることは何か，④参加者を増加できそうな要因は，について，以下の内容で数値や情報などを集める。

・参加者数の推移　・参加対象登録者数　・近隣対象住民数
・参加者年齢分布　・近隣の教育保育等施設の把握
・子どもの動向の把握：幼稚園が終わるとスイミングに直行，学童保育中であるなど

おはなし会参加者からも情報を得る。

・開催曜日，開始時間，回数　・駐車場の広さ
・広報方法の見直し：どのような媒体で，どこでどのように広報するか？　図書館だけではなく，子どもの集まっている施設で行うなど
・出前おはなし会（図書館で開催と限定しない）　・会場の設営状況
・参加者のリピーター化　・プログラムのチラシ配布
・プログラム内容：本やお話の楽しさ，おはなし会の意義を伝えているか。子どもたちの成長に手を貸し，保護者らと友好的関係を築いているか
・参加への付加価値：参加者スタンプや参加証をあげるなど
・子どもたちの笑顔が見られたか？　参加した子どもが，友だちに「楽しいから行こうよ」と誘い，一緒に来てくれるか？　お母さん同士の携帯電話によるネットワークで参加というケースもある
・参加者は一定期間でおはなし会を卒業していく。年度替わりには，新規参加者の獲得に努める
・赤ちゃんおはなし会 → おはなし会（幼児向け＋小学生向け）という参加の流れを作る
・継続性　など

そして，⑤分析検討し，⑥方法を考え，⑦実施となる。ただし，利用者に迎合せず，公共図書館としての任務から逸脱しないことが基本となる。

利用者ニーズ

児童サービスの歩みの中で，利用者ニーズや図書館が行うべきサービスとして，ヤングアダルトサービス・学校図書館支援サービス・乳幼児サービスという新たな

サービスを加えてきた。このような大きなサービスでなくとも，利用者のニーズがあれば，対応していく。

利用者のニーズは次のことから知ることができる。

①総務省「社会生活基本調査」，文部科学省「全国学力・学習状況調査」，「OECD生徒の学習到達度調査」のうち，読書についての結果や，毎日新聞社の「読書世論調査」(「学校読書調査」を含む）などの全国的な調査結果を把握する。

②市が実施する住民サービス全般へのアンケートである「市民意識調査」や図書館が実施する「市民アンケート」，子どもの読書活動の推進に関する基本的な計画などによる児童・生徒対象の「読書アンケート」からもうかがえる。アンケートは，潜在的なニーズを引き出すような設問も設定する。

③貸出状況，レファレンスサービス，利用者との会話，要望，意見

また，利用者ニーズを把握して対応した例としては，

①夏休み期間中によく受ける質問，「読書感想文を書くのにどの本を読んだらよいですか」に対して，「読書感想文の書き方」についての催し物を実施し，感想文の書けそうな本の紹介や本の展示，書き方のコツや本のリストを載せたパンフレットの配布を行う。

②フロアで重複して受ける質問用に，ブックリストを作成したり，子ども向けの広報誌に図書館の使い方の記事を載せる。

③図書館コンピュータシステムの帳票を活用し，予約のベストリーダーによる購入冊数の検討・貸出のベストリーダーによる買い直しや複本の増加・貸出点数の少ない本の書庫入れの検討を行う。

などがある。

マーケティングは，個人情報に配慮して貸出データの分析を行ったり，図書館を利用する市民はもとより，利用しない市民のニーズをも把握するために，ICTを使っての展開も見込める。

◉——option H

県立図書館と市町村立図書館

2012年12月「図書館の設置及び運営上の望ましい基準」が告示された。これは「公立図書館の設置及び運営上の望ましい基準」を改正したもので，引き続き県立図書館が市町村立図書館をバックアップする役割についても規定している。

県立図書館のサービスエリアは県内全域，市町村立図書館のサービスエリアは各

市町村であり，両者は相関関係にある。県民であり市民（または町民，村民）である利用者は二つの自治体の図書館の利用ができ，共通の利用者が存在する。図書館は「いつでも，どこでも，誰にでも」「無料で」サービスを提供する機関である。図書館サービスの内容はもともと多岐にわたるが，近年インターネット環境の普及により，資料および情報提供の在り方が変化するとともに，利用者からのニーズも多様化している。今や図書館は自治体ごとでは，利用者に十分なサービスを提供することが難しい。そこで，各々の役割を認識しながら，図書館同士は協力しあい，ネットワークを構築することが望ましい。埼玉県では，埼玉県図書館協会が県内の図書館の連携を推進。事務局は県立図書館が担当している。児童サービスにかかわりの深い事業には次のようなものがある。

⑴　相互貸借

リソースシェアリングの考えのもとに，自館で所蔵していない資料を，県内の他自治体の図書館から借り，利用者に提供することができる。相互貸借は「埼玉県公共図書館等の資料相互貸借に関する協定」などに基づいて行われている。県内すべての公共図書館の蔵書は，「埼玉版 ISBN 総合目録」，「埼玉県公共図書館等横断検索」などで，検索することができる。貸し借りする資料は，県立図書館と市町村図書館を巡回する「協力車」などで運搬をしている。

⑵　研修

司書としてのスキルアップを図るため，研修は欠かせない。「児童サービス研修会」を年５回開催。講演会形式の全体研修会と，各分科会で構成。各分科会は入門講座と専門講座があり，A児童サービス入門（児童サービス経験２年未満），B図書の評価とブックトーク，Cおはなし会，D乳幼児サービスがある。受講者は通年で参加する。第５回では各分科会の年間活動報告が行われている。

⑶　調査

県内の図書館サービスの状況を知るため図書館協力調査を実施している。最近では「子ども読書活動推進計画について」，「布絵本について」，「団体利用について」，「『ブックスタート』等の事業について」調査が行われた。

⑷　広報

①「図書館協力ウェブサイト」で県内の最新情報を発信。

②『協力車だより』（年４回発行）や『埼玉の公共図書館』（統計調査等）年度版などの印刷物の発行。

③「図書館と県民のつどい埼玉」というイベントで「こども読書活動交流集会」や中学生と高校生による「ビブリオバトル（知的書評合戦）」などを開催。

その他に，県立図書館はレファレンスと資料購入などでも市町村立図書館を支援している。

UNIT 24

◉児童サービスの運営

児童サービスの運営計画

●…………PDCA サイクル

PDCA

PDCA は，元々は品質管理の手法の一つである。Plan（計画）→ Do（実施）→ Check（評価）→ Action（改善）の頭文字をつなげ，事業活動のサイクルを表している。一巡したら，次の PDCA を行い，サイクルを向上させながら継続的に業務改善をしていく。

業務改善

P：目標の設定・事業方針と実施方法の決定

D：目標実現のための活動・プロセスと結果の記録

C：目標達成度の測定（成果）・目標と実施活動の適性度・事業評価

A：活動改善・計画の見直し

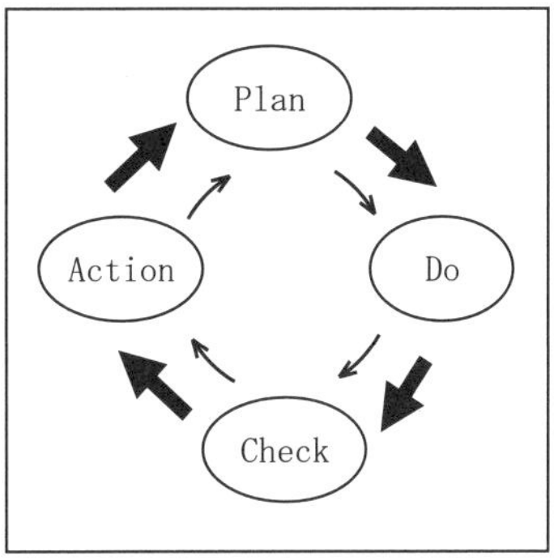

PDCA サイクルの概念図

2008年２月，中央教育審議会「新しい時代を切り拓く生涯学習の振興方策について－知の循環型社会の構築を目指して－」（答申）の「社会教育を推進する地域の拠点施設の在り方」で，社会教育施設について PDCA サイクルの着実な実施が求められた。また，2008年４月，中央教育審議会「教育振興基本計画について－『教育立国』の実現に向けて－」（答申），「第３章　今後５年間に総合的かつ計画的に取り組むべき施策⑴基本的考え方」で「これまで教育施策においては，目標を明確に設定し，成果を客観的に検証し，そこで明らかになった課題等をフィードバックし，新たな取組に反映させる PDCA（Plan-Do-Check-Action）サイクルの実践が必ずしも十分でなかった。今後は施策によって達成する成果（アウトカム）を指標とした評価方法へと改善を図っていく必要がある。こうした反省に立ち，今回の計画においては，各施策を通じて PDCA サイクルを重視し，より効率的で効果的な教育の実現を目指す必要がある」としている。こうして行政評価に PDCA サイクルが導入された。予算(P)→執行(D)で終わるのではなく，評価(C)し，見直し(A)を行う，経営のマネジメント・サイクルを実施していくこととなった。この PDCA

アウトカム

マネジメント・サイクル

サイクルは，予算執行のみならず，ルーティンワークや新規事業などあらゆる業務で実行できる。そして，業務を実施する際は，そのプロセスを可能な限りシンプルにすることが大事である。

●…………計画を立てる

(1) 長中期の計画

5年～10年というスパンで実行する事業の計画を立てる。図書館サービス網の整備や「子どもの読書活動の推進に関する基本的な計画」がこれに該当する。新館建設に関しては，設計の段階から参加し，児童室の設備やレイアウト・児童資料の購入などにかかわる。「子どもの読書活動の推進に関する基本的な計画」は，「子どもの読書活動の推進に関する法律」を受け，国（政府）・都道府県・市町村ごとに策定される。国の第四次の計画は「子供の読書活動の推進に関する基本的な計画」という表記となった。

策定には，子どもの読書にかかわる課が集まり，施策を考えて計画を作り発表し，一定期間計画を実行する。成果をもとに修正を加え，第４次の計画を策定し，実施期間に入った自治体もある。

(2) 短期の計画

単年では達成できない業務について計画を立てる。合併による図書館システムの再整備，収蔵冊数の増加による蔵書のスリム化，図書館ホームページのコンテンツの充実，蓄積してあるレファレンスデータのデータベース化などが考えられる。

年間計画

(3) 年間計画

①まず，児童サービスの活動内容をすべて挙げる。

資料収集→受入→貸出→返却→排架という流れに，書庫入れ・除籍・買い直し，フロアワーク，集会活動，広報，対外業務，研修などを随時行う。これらはエンドレスに続く業務であり，PDCAサイクルで常に改善を意識して実行する。前年度の評価を生かし，今年度の重点業務を決定し，新規事業の設定も検討する。

PDCAサイクル

②児童サービス担当者の業務分担を決める。

業務分担

図書館および児童サービスの経験を考慮。担当業務を通して，司書としての成長が見込めるよう配分する。

③年間のスケジュールを決定する。

広報で，催し物の日程などの情報を提供することが多い。年間を通してスケジュールを決める。定期的に行う事業と単発で行う事業のバランスを考える。成長過程にある子どもに対するサービスのため，行事に関連した事業を行い，季節感を演出する。長期の休みには，企画を立てやすい。読書や図書館に関連した事業も行う。祝日や記念日や〇〇週間，〇〇月間などにリンクさせるとやりやすい。定めた機関から，関連した催し物を実施したかアンケートがくるものもある。一部を下の表に挙げる。

④児童サービス担当者の打ち合わせ

組織として目標を共有し，年間の児童サービスの内容を確認する。どの時期になんの業務が忙しくなるかも認識しあう。児童サービスの仕事は，催し物の開催や本の紹介文を書くなど，締め切りがあり，かつどのぐらい時間がかかるか読めない業務が多い。計画的にある程度の余裕をもって取り組む姿勢が大事となる。

⑤業務は１日，１週間，１か月，３か月，半年，１年で点検しながら実施していく。統計もそのつど取っていく。

⑥業務報告書を作成し，点検・評価し，問題点を洗い出し，次年度の改善に結びつける。

(4) 見直し

方針・目標・計画は相互に連動させ，適宜修正を加えていく。また，評価のはかばかしくない業務に関しては，分析して対策をとる。

読書と子どもに関連した記念日

３月27日～４月９日	絵本週間	全国学校図書館協議会
４月２日	国際子どもの本の日	IBBY（国際児童図書評議会）
４月23日	サン・ジョルディの日	日本カタルーニャ友好親善協会，日本書店商業組合連合会
４月23日	子ども読書の日	文部科学省
４月23日～５月12日	こどもの読書週間	読書推進運動協議会
４月30日	図書館記念日	日本図書館協会
５月	図書館振興の月	日本図書館協会
５月５日	こどもの日	文部科学省
６月11日	学校図書館の日	全国学校図書館協議会
９月８日	国際識字デー	ユネスコ
10月27日	文字・活字文化の日	文部科学省
10月27日～11月９日	読書週間	読書推進運動協議会
11月１日	古典の日	文化庁
11月１日～11月７日	教育・文化週間	文部科学省
11月３日	文化の日	内閣府

図1　平成24年度　年間計画（業務分担及びスケジュール）

●主担当　○サブ担当者　・サブサブ　［さいたま市立北浦和図書館］

分類	仕事名	基本情報・仕事内容	担当者名 O	A	A	Y	O	支援センタースタッフ U	I	I	H	A	委託業務	頻度	4月	5月	6月	7月	8月	9月	10月	11月	12月	1月	2月	3月
児童室資料	児童見計い	見計い出席。毎週金曜日		●			○							通年												
	児童書選定・発注	選定会以外に出版情報をチェックし発注。予算消化		●			○							通年												
	購入本検収	データ・装備。新刊本は、お披露目用にキープ。児童サービス担当者がなるべく目を通し、時には児童支援システムに入力		○			○	●						通年												
	寄贈本・弁償本検収	データ・装備		●			○							随時												
	蔵書構成	フロア・書庫・除籍・修理・本買換え	・	●	・	・	○	置き場変更作業						通年												
	書誌修正・分類訂正	データ・装備（ラベル・別置シール）		●			○	○						通年												
フロア	カウンター業務	利用者対応（案内・質問・相談）、書庫入れ 他。平成１９年５月より、カウンター等の委託事業スタート	○	●	○	●	●	補	○					通年												
	-排架・書架整理	職員は、排架しやすい状態となるように努める	○	●	○	○	●						●	通年												
	-予約	市内所蔵資料・購入検討・相互貸借	○	●	○	○	○							通年												
	-レファレンス	市内所蔵資料・相互貸借・インターネット他。システム入力	○	●	○	○	○							随時												
	-修理	本の修理（修理不可で必要な本は購入）	・	●	・	・	○		○					通年												
	展示	①年間予定表あり	・	・	・	・	●							通年												
		②訃報展示・催し物連動展示	・	○	・	・	●							随時												
	季節本の出し入れ・ディスプレイ	書庫春物・書庫夏物（自由研究・工作の本を含む）・書庫秋物・書庫冬物。七夕飾り・クリスマスツリー等	・	・	・	・	●							通年 随時												
	新聞・雑誌・ペーパーバック書庫入れ	新聞は開架分のみ（３ヶ月分）。雑誌・ペーパーバックは随時。雑誌で移管するものは無し		○			●							通年												
	コーナー見直し	場所・内容・別置シール等	・	●	・	・	○							随時												
	掲示	案内表示作成・更新、他機関作成ポスター等		○			●							随時												
	学校以外の団体への貸出	市内団体への貸出	・	●	・	・	○		・					随時												
印刷物	「としょ丸しんぶん」	掲載本選定、原稿書き、編集作業等	・	・	・	・	●							編集会議												
	『本は王さま』	掲載本選定、原稿書き、編集作業、シール貼り、場所コードの変更など。見計い時に『本は王さま』掲載候補本を決定。候補本の「児童研修システム」にデータ化は、児童・支援係の係員全員が担当。①掲載本投票 ②原稿書き	①	●	①②	①②	①②							編集会議												
集会行事	おはなし会	定例。木曜日３：30〜４：00、３歳位〜小学校低学年位まで。申込み不要。児童室。７月最終週と８月（その年による）休み		●	○		●							通年				7/26〜8/23休み								
	えほんのじかん	定例。日曜日11：00〜11：30、お話を聞ける子。申込み不要。児童室。７月最終週と８月休み		当	番	時	●							通年				7/29〜8月休み								
	あかちゃんおはなし会	２月４回申込み、木曜日　10：30〜11：30、０〜２歳児とその保護者。４回同じプログラム、内１回参加可能。講座室。申込みは電話か来館		・		●	演目○決定							申込日		8(火)	12			25		20			5	
														実施日		24 31	7 14 28	5 12 19			11 18	8 15	6	17 24 31	21 28	7 14
														担当●		O		Y			Y		Y		Y	
														担当○		A		O			O		O		A	
	うなぎまつりおはなし会	人形劇、工作 等		●			●							年１		24 (木)										
	図書館まつり：えほんの会	読み聞かせ					●							年１							21 (日)	←10:45-11:30				
	なつの小学生おたのしみ会：工作教室	工作・本の紹介。午前・午後、２回。チャレンジさいたま対象	・	●	・	・	○							年１					2 (木)	←1·2年生 10：30-11：30 ←3·4年生 14：30-15：30						

本来はA3版、1枚。紙面の関係で半分のみ掲載。担当者もそれぞれ予定を書き込み、来年度に活かす。

さいたま市立北浦和図書館の年間計画

UNIT 25

◉児童サービスの運営

児童サービスの評価

●…………図書館評価の動向

1950（昭和25）年図書館法が公布され，「図書館奉仕」の理念が規定され，戦後の図書館が出発したが，旧態依然とした図書館が多かった。1963（昭和38）年に日本図書館協会より，実態調査の報告書である『中小都市における公共図書館の運営』（通称"中小レポート"）が刊行され，これを受けて「公共図書館プロジェクト」が発足。プロジェクトの報告書として，1970（昭和45）年刊行されたのが『市民の図書館』（日本図書館協会）である。"中小レポート"と『市民の図書館』で示された指針によって，図書館は発展していった。『市民の図書館』では，三つの「いま市立図書館のやらなければならないこと」が挙げられ，そのうちの一つが「児童の読書要求にこたえ，徹底して児童にサービスすること」である。そして，これらの流れを引き継いで1989（平成元）年に『公立図書館の任務と目標』（日本図書館協会）が刊行された。本書は当初，図書館法第18条に規定してあった「公立図書館の設置及び運営に関する望ましい基準」に代わるものとして策定され刊行された。「図書館らしい図書館」としてのあり方や設置運営の好ましい姿を提示し，図書館サービスの計画を立てる際の指針となった。2009（平成21）年刊行の改訂増補版が最新版である。巻末には「図書館システム整備のための数値基準」と「図書館評価のためのチェックリスト」改訂版が掲載されている。さらに，図書館評価プロジェクトチーム編集「図書館評価プロジェクト中間報告：公立図書館の自己点検評価のためのマニュアル」（日本図書館協会）が2011（平成23）年に発表された。これには「資料1　公立図書館のための自己点検項目一覧」「資料2　自己点検評価のための図書館主要指標」が掲載されており，「Ⅶ対象別サービス」には「乳幼児・児童サービス」と「ヤングアダルトサービス」が取り上げられている。

中小レポート

『市民の図書館』

公立図書館の任務と目標

図書館評価

●…………図書館サービスの評価

2001（平成13）年「公立図書館の設置及び運営上の望ましい基準」が告示された。「1総則(3)図書館サービスの計画的実施及び自己評価等」で，「①公立図書館は，そのサービスの水準の向上を図り，当該図書館の目的及び社会的使命を達成するため，そのサービスについて，各々適切な『指標』を選定するとともに，これらに係る

公立図書館の設置及び運営上の望ましい基準

指標

数値目標

『数値目標』を設定し，その達成に向けて計画的にこれを行うよう努めなければならない。②公立図書館は，各年度の図書館サービスの状況について，図書館協議会の協力を得つつ，前項の『数値目標』の達成状況等に関し自ら点検及び評価を行うとともに，その結果を住民に公表するよう努めなければならない」としている。

国際規格としてはISO11620 library performance indicatorsがあり，2002（平成14）年日本工業規格にJISX0812「図書館パフォーマンス指標」として制定された（主務大臣は経済産業大臣）。ISO11620：2008を基にしたJISX0812：2012「図書館パフォーマンス指標」が最新版。なお，2019（令和元）年7月1日の法改正により日本工業規格は日本産業規格（JIS）に改められた。パフォーマンス指標の提示およびパフォーマンスの測定方法について知ることができる。

さらに2008（平成20）年「図書館法」が改正され，第7条の3で図書館は，運営の状況について評価を行うとともに，その結果に基づき図書館の運営の改善を図るため必要な措置を講じ，第7条の4で運営の状況に関する情報を積極的に，地域住民および関係者に提供するよう努めることとなった。

図書館の設置及び運営上の望ましい基準

また，2012（平成24）年12月19日に文部科学省から「図書館の設置及び運営上の望ましい基準」が告示された。「公立図書館の設置及び運営上の望ましい基準」の改訂版である。「数値目標」が「目標」に変更された。

図書館は，従来統計を取り，出来事や業務内容等1年間のすべての記録である業務報告書を作成し，各業務の遂行（到達）状況，問題点，今後の展望を記し，次年度に活かしてきた。図書館評価は，さらに図書館経営という観点からマネジメントという要素を加えることである。図書館によっては評価の実施にあたり，プロジェクトチームを立ち上げ，検討を重ねている。

図書館サービスの評価として，①イベント実施時のアンケートや図書館の利用全般についてのアンケートで満足度をはかったり，②行政評価や，③図書館独自で評価目標や指標等を立てて評価をしたりする場合などがあり，多岐にわたるとともに関連しあっている。

【③の評価目標と指標例】

評価目標	指　標
図書館利用の普及	新規登録者数
	貸出総数
	来館者数
	貸出利用人数
	市民一人当たりの貸出数

数値目標は，前年または過去数年間の数値をもとに算出する。同規模の自治体の図書館の平均数値や全国ベスト10の平均値などを数値目標に設定してもよい。

●…………児童サービスの評価

児童サービスにおいて，数値目標による評価の場合は，おはなし会の開催回数と参加延べ人数，児童向け印刷物の発行頻度と発行部数，研修の実施回数と参加者数などを挙げる。また，児童サービス拡充のための今まで行っていなかったサービスも盛り込む。

2001（平成13）年に「子どもの読書活動の推進に関する法律」が，2005（平成17）年に「文字・活字文化振興法」が施行され，国や地方公共団体の責務が定められ，評価の対象として考えられる。

【児童サービスの評価目標と指標例】　　※は学校へアンケートを依頼

評価目標	指　標
子ども読書活動への支援及び学校図書館との連携	小学生の不読者の割合 ※
	中学生の不読者の割合 ※
	高校生の不読者の割合 ※
	子ども向け行事開催数
	読みきかせや本に関する講座・講演会の実施
	子ども向けの資料案内の作成
	学校・保育園等に対する訪問・招待実施回数

方針を立て，目標を立て，計画を立てて実行しても，見直し（評価）を行わないと，より高次のサービスには進化しない。マネジメント・サイクルを確立し，成長を続けていく図書館でありたい。評価の判断材料となる目標は，数値（定量）目標だけでは，すべてを評価できないので，定性目標も設定する。定性とする場合はスケジュール基準（期限内に達成したか）や状態基準（目指す状態となったか）となる。そして，公表を前提とした評価の対象となる目標だけでなく，ほかの業務に関しても，見直しをする。目標を期限内に達成できたか，実施内容は適正か，過程において問題は発生しなかったか，改良点はあるか，成果（効果）は出たのかなどを，事実に基づき客観的に評価ができるとよい。意識的に仕事をすることで，問題意識が芽生え，業務改善に取り組んだり，サービス向上を目指したりするようになる。業務を遂行したら，記録をつける。記録をつけることで，経験を蓄積することとなり，次回の参考になり，時間短縮となる。

マネジメント・サイクルを確立

数値（定量）目標

定性目標

業務改善

サービス向上

子どもとのかかわりを仕事とする児童サービスは，業務内容のすべてを評価することは難しい。たとえば，集会活動は開催すればよいというものではなく，内容も問われる。子どもにとってどれぐらい有意義だったかなどの計測は容易ではない。

そして，子どもと接する仕事であるがゆえに，待つということも大事である。子どもが自分の読みたい本を探してほしいと一生懸命伝えてくる。言い方が曖昧，情報不足や間違い，発音不明瞭で聞き取れずなどで，本を特定できないときがある。

そんなときは決してせかさず，やりとりを重ねる。OPACの検索方法がわからないときも，代わって検索してしまうのは最後の手段である。検索方法を説明して，操作はしてもらう。子どもたちの成長にかかわり，本と子どもたちを結び，本の楽しさを伝えていくには，効率性という尺度だけでは計りきれない。

●…………評価する際の注意点

①数値目標は，設定値が適正かの判断が難しい。また，同じ指標で10年間，数値目標を毎年上回るということは，数値目標の上げ幅にもよるが，大きな飛躍を達成することになる。中長期的な設定値も設定しにくい。

②インフルエンザの蔓延や，災害等により利用者数が落ち込んだなどのマイナス要因を数値に反映させにくい。

③指標と数値目標は，各図書館の状況に合わせ設定される。全国的に同じではないため，比較ができず，自館のレベルを計りかねる。

④意味があって指標を変更しても，連続性が途切れるため，過去と現在との比較ができなくなる。

⑤数値目標による評価を過信してはいけない。本の貸出でも，利用者が自力で書架から選んで借りた場合と，レファレンスとして受け，探し回った末に提供した場合では，統計的に数値が同じでも，かけている時間も業務量もまったく違う。

⑥目標数値を設定した場合，達成しようと努力をする。そのこと自体は正しいのだが，目標以外のことに目が向かなくなり，トータルで評価すると，実はサービスが低下していたということも起こり得る。結果主義に陥らないようにする。数字を増やす（または減らす）ことより，フロアに出て，子どもたちに接し，本の紹介をすることを心がけたい。

●…………評価と公表

評価の実施については，図書館の職員が行う内部評価と図書館協議会や図書館とかかわりのない外の機関が行う外部評価がある。外部への依頼には，予算取りや評価するための実績データの提供等が必要となる。いずれにせよ対象となる業務は遂行した時点で記録を取り，集計時に曖昧にならないようにする。継続する指標の評価は同じ条件で結果を出す。評価のための作業は負担を少なくするように工夫する。データの分析ツールとなるソフトウェア等の活用やインターネットによるアンケート等の実施も考える。

評価結果はまとめて公表を行う。公表することで，公共図書館としての公正性や住民に対しての説明責任を果たすとともに，よりよい図書館サービスの立案や改善にいかす。

UNIT 26

◉児童サービスの運営

子ども向け・YA向けウェブサイト

●…………図書館ウェブサイト

ICT（Information and Communication Technology）の発展に伴い，図書館はウェブサイトを開設し，各種のサービスを提供できるようになった。利用者はパソコンや携帯を使い，インターネットで図書館ウェブサイトにアクセスし，いつでも（メンテナンスの時間は除く），どこからでも，図書館の情報を入手することが可能となった。

図書館ウェブサイト

(1) ウェブサイトを開設する利点

①情報量の制限がほぼない。載せたい情報を網羅できる。市報などに図書館の集会活動を載せる際，紙幅の制限によりすべてを掲載できないことがあるが，それでは，掲載される集会活動しか実施していないように見えてしまう。

②情報を迅速に伝えられる。

③情報の追加・訂正が容易である。たとえば，集会活動の参加者が定員に達したとき，その情報を流すことができる。

④印刷・製本費がかからない。カラーの画像も載せられる。ただし，ウェブサイトの運用経費はかかる。

⑤図書館に来館しない人にも知らせることができる。

ウェブサイトの開設によって，資料と情報の提供を行う機関である図書館は，提供方法について新しい手段を手に入れたことになる。

(2) ウェブサイトの開設にあたって注意すべき点

①普及率は増加しているが，インターネット環境と情報機器が必要である。

②図書館側は，寄せられる情報を常にチェックする。

③情報の新鮮さを保つため，更新を積極的に行う。アップしたリストなどの情報追加も行う。

④誤った情報も瞬時に広まってしまう。

●…………図書館ウェブサイトの子ども向きコンテンツ

以下のようなコンテンツが展開されている。

図書館の利用案内

(1) 図書館の利用案内

利用方法・注意事項，図書館カレンダー，交通案内，児童室の案内図，児童資料の種類ごとの並び方の説明，児童向け設備の案内。

図書館広報・PR

(2) 図書館広報・PR

図書館の業務紹介，図書館用語集の説明，子ども向けのとしょかんだより。

図書館とはどんなところか，何をしているのか，図書館の存在意義や有効性・必要性を理解してもらう。

(3) おはなしや読書への誘い

集会活動の案内（開催日時・プログラムなど），本の紹介（書評など），本のリスト（テーマ別・新着資料・貸出ベスト・予約ベストなど），テーマ資料展示や展示会の紹介。

リテラシー

読書の喜びや楽しさを伝え，読書習慣を形成するため。読みたい本を選ぶ助けとなるように作成された資料紹介も掲載。児童サービスの責務であり，リテラシーを身につけるための支援でもある。

(4) レファレンスへの対応

①子どもが自分で調べるために

蔵書検索（予約も含む），ポータルサイトのリンク集。

②子どもの「調べる」をサポートするために

資料選択のツールとなるブックリストやパスファインダー，調べ学習対応でテーマごとの子ども向けウェブサイトリンク集，メールでのレファレンス受付。東京都立図書館こどもページに，自由研究のアイディアカードが111枚載っており，テーマを選ぶガイドとなる。

（http://www.library.metro.tokyo.jp/recommend/ideacard/tabid/3018/Default.aspx）

郷土資料（地域資料）と行政資料は，子ども向きの資料の出版が少ない。子ども向きに編集し直した電子化資料をアップするのもよい。

③利用教育（図書館を使う力）を含む，情報リテラシー（情報を使う力）を培うために

ルールとマナーの説明，情報の利用方法，著作権への配慮についての説明をアップする。具体的に調べたことのまとめ方などを載せるのもよい。

(5) 図書館の地域性にちなんだ情報の発信

地域にゆかりのある人物についての情報，民話，ブックリスト。

その地域で必要とされる独自の情報。レファレンス情報ともなる。

(6) 電子書籍

図書館へ来館しなくても読むことができる。出版された児童書や独自に作成した絵本・紙芝居・著作権をクリアした出版物をデジタル化したものがある。

文部科学省「これからの図書館像」(これからの図書館の在り方検討協力者会議，2006年3月）で，図書館のハイブリッド化が提言された。これは，印刷資料とインターネット等による電子媒体を組み合わせた高度な情報提供をするということである。図書館発行の冊子体などは配布して在庫が切れた場合，印刷・製本費がないと増刷できない。電子化して図書館ウェブサイトにアップするとよい。

図書館のハイブリッド化

(7) 対象別

①ヤングアダルトに向けて

子ども向けとほぼ同様のコンテンツが展開されているが，ヤングアダルト世代に適応した内容となっている。読書離れが危惧され，図書館への来館も少なく，携帯電話などの使用率が高いので，図書館ウェブサイトでの利用の促進が期待される。

②図書館利用に障害のある子どもたちに向けて

a. なんらかの障害をもっている，b. 外国語を母語とする，c. 病院学級などで勉強する，子どもたちが使えるものとする。文字の色と画面の背景色・大きさ・ふりがな・読み上げ機能等だけでなく内容的な配慮が必要。

③保護者，子どもの読書に関する活動をするおとな，児童文学や子どもの読書について調べたいおとなに向けて

子ども読書活動推進計画，読み聞かせの方法などのスキル，ボランティア募集，子育て支援，児童書研究への案内。

子どもの読書について，おとなが理解し，協力し，行動することで，子どもの読書環境が充実する。

④学校図書館支援サービス

団体貸出の利用案内，見学の案内，児童・生徒への働きかけのプログラム等。

●…………コミュニケーション機能

図書館ウェブサイトを見てもらうだけでなく，電子メールによる質問やレファレンスの受付を行っていることもある。対面や電話・ファクシミリ等に加え，問い合わせの一手段としてメールという方法が使える。

図書館ウェブサイトのコンテンツとは別に，ソーシャルメディアを使ってタイムリーな話題やお知らせ等の情報の発信も行われている。具体的には，Facebook，Twitter，Instagram，LINE，ブログ等である。利用者（閲覧者）に図書館に興味をもってもらったり，継続的な関係性の構築や情報の共有による利用者同士の交流が生まれたりすることを期待したい。

いずれにせよ，子どもが読んでわかりやすいことが必須条件となる。ウェブサイトの質にこだわりたい。子どもたちにとって，楽しくて面白く，役に立ち，お気に

入りやブックマークに登録され，何度でも訪れたいウェブサイトでありたい。そのためには，図書館でウェブサイトの運営体制が整っていなくてはならない。また図書館のウェブサイトで，さまざまな情報を発信できるが，児童サービスは子どもたちに接しながら行うのが基本と考える。成長段階に合わせて，機会あるごとに，かかわりを持ち，本の楽しさや情報の使い方などを伝えていく。

●…………検索

(1) 図書館ウェブサイト

ウェブサイトを公開している図書館は，図書館での配布物（紙媒体）に図書館ウェブサイトのURLを明記している。しかし，子どもが図書館のウェブサイトを見る場合は，携帯やパソコンのブラウザを立ち上げたときの初期画面の検索ボックスに図書館名を入力して検索するのが一般的だと思われる。図書館のウェブサイトに遷移したら，子ども向けのページに迷わず行けるよう，検索ボタンが見つけやすいとよい。画面のデザイン・色調・レイアウトに気をつけたい。子ども向けの蔵書検索は，おとな向けに作られたパッケージソフトを子ども向けにカスタマイズして使う場合が多い。Web OPACには五十音による入力画面がない場合もあり，操作性に改善の余地がある。

(2) 図書館にある利用者用インターネット端末

図書館に設置されている端末は，児童専用のものはまだ少なく，おとなと共用の場合が多い。児童書では調べものの回答が得られなかった場合や，さらに調べたいときに使うケースが多い。子どもが独りで利用する場合には，操作方法や検索方法・注意点などの説明が必要となる。図書館のウェブサイトにリンク集があれば，案内する。ときには，検索用キーワードについてアドバイスを行う。

(3) 外部のウェブサイト

より多くの情報を提供するため，図書館ウェブサイトに，子どもの本や読書等に関連する外部のウェブサイトへのリンクを掲載することも有効である。リンクする際には系統立てて登録し，リンク集とする。信頼性の高いウェブサイトにリンクするが，ウェブサイトの移転や消滅もある。定期的に点検することが必要となる。

国際子ども図書館のウェブサイトにある子ども向けリンク集では，図書館や国の機関・博物館・美術館などの子ども（おおむね18歳以下）向けウェブサイトを263件紹介している。

（https://www.kodomo.go.jp/info/index.html キッズページリンク集）

子どもが自分で読みたい本を探すためのウェブサイトとしては，

①「ほんナビきっず」

（http://www.honnavi.jp/honnavi/navi/topmenu2.jsp）

②「本の海大冒険」
（http://www.justice.co.jp/iiclo/）

などがある。

そのほかに，子ども向けの検索エンジンのあるポータルサイトとしては，「Yahoo! きっず」がある。

袖ケ浦市立図書館こどもページ
https://sodelib.jp/kids/

としょかんのひみつ＞としょかんクイズ
https://sodelib.jp/kids/secret_lib/quiz/

UNIT 27

◉児童サービスの運営

児童サービスと著作権

●…………著作権について知る

著作権

(1) 著作権とは

著作権は，小説・音楽・絵画・彫刻・写真・映画・コンピュータプログラムなどの作品（著作物）を，作った人（著作者）が持つ権利のことである。

(2) どのようなものが著作物か

①「思想又は感情」を表現したものであること

②思想又は感情を「表現したもの」であること

③思想又は感情を「創作的」に表現したものであること

④「文芸，学術，美術又は音楽の範囲」に属するものであること

以上が，著作物としての要件であり，すべて満たしていることが必要である。

著作者

著作権者

(3) 著作者・著作権者とは

著作者は，著作物を創作した人のことをいう。創作することを職業としていなくても，子どもでもおとなでも著作物を創作した人は，著作者である。

財産権

著作権者とは，著作者＝著作権者の場合が多いが，財産権としての著作権は，譲渡や相続の対象になるので，著作者と著作権者が一致しないこともある。

(4) 著作権法

著作隣接権

著作権および著作隣接権について定め，公正な利用に留意しつつ，著作者などの権利の保護を図り，文化の発展に寄与することを目的とする法律。現行の著作権法は，1970（昭和45）年５月６日に公布され，1971（昭和46）年１月１日に施行された。法令番号は48で，文化庁著作権課の所管である。時代の変化に合わせ，頻繁に改正を重ねており，最終改正は2018（平成30）年７月13日。著作権法は，知的財産権の一つであり，著作物を創った時点で自動的に著作物を他人に無断で利用されない権利が付与される。著作権以外の知的財産権には，①特許権，②実用新案権，③意匠権，④商標権等があり，出願や登録をもって権利が発生し，保護の対象となる。これらが，産業や経済の発達発展に寄与するのに対し，著作権は文化の発展に寄与することを目的とする。そのため，文芸・学術・美術または音楽の範囲となる。

知的財産権

人格権

著作者の権利の内容には，著作者の人格権（著作者の人格的利益を保護する権利）と著作権（財産権）（著作物の利用を許諾し，または禁止する権利）に大別さ

れる。

著作者の人格権：公表権（18条），氏名表示権（19条），同一性保持権（20条） 著作者の人格権

著作権：複製権（21条），上演権・演奏権（22条），上映権（22条の２），公衆送信権等（23条），口述権（24条），展示権（25条），頒布権（26条），譲渡権（26条の２），貸与権（26条の３），翻訳権・翻案権等（27条），二次的著作物の利用に関する原著作者の権利（28条）…機械技術が発展し，誰でも簡単安価に著作物の複製（コピー）ができるようになり，著作権には派生的な権利が付けられた。 著作権

著作隣接権は，実演家，レコード制作者・放送事業者・有線放送事業者の四者に対し与えられる権利で，すでにある著作物を利用し，一般公衆に伝達する権利。四者は著作者ではないため，著作権に含めず，隣接権としている。 著作隣接権

(5) 著作物の保護期間

保護期間

原則は，著作者の死後70年間。例外あり（51条～58条）。

(6) 著作物の使用について

基本的には，著作物を利用する場合には著作者の許可が必要だが，例外的に著作物が自由に使える場合がある。著作物を利用したい場合に，すべて許諾を受けるとなると，著作権法の目的の一つである「文化の発展に寄与」することを妨げかねないからである。許諾不要で著作物が使える＝著作権の制限だが，著作者人格権は制限されない（50条）。

(7) 利用指導など

①子どもが，宿題で著作物を書き写しているときやコピーを取っているときに出典を書き写すこと〈出所の明示〉や引用の形をとることを伝える。情報の扱い方のプログラムをつくり，学校に働きかけ，児童・生徒に説明をするとよい。

②図書館で活動する読書ボランティアへ著作権について説明する。一緒に勉強会を行うのも一つの方法である。

(8) 著作権法の解釈

法律は，解釈によって導き出される結果が違ってしまうことがある。それぞれの環境・考え方・捉え方により許諾を受けるべきか否か判断が異なってしまうグレーゾーンのケースが発生する。ケースが蓄積されて，判断が共有されることもある。まずは，図書館として個々のケースの取り扱いを決めておく。著作者の権利を守ることと著作物を使うことはバランスをとりながら進めていく必要がある。

許諾を申請する際には，以下のものが参考になる。著作権者の立場から書かれているが，許諾が必要か必要でないかが載っており，説明もわかりやすい。

①児童図書館研究会編　小川万里子述『著作権を考える：児童図書館研究会ミニ学習会記録』改訂増補版（児童図書館研究会　2008　55p）

②児童書四者懇談会「お話会・読み聞かせ団体等による著作物の利用について」

改訂版　日本書籍出版協会　2017（http://www.jbpa.or.jp/guideline/readto.html）ダウンロードをして使う「著作物利用許可申請書」も掲載されている。

●…………児童サービス担当者として

児童サービスの担当者は，成長過程にある子どもたちに，お話や読書の楽しさや調べることの面白さを伝える。日頃から児童書を読み，内容を把握するように努め，面白い本は，子どもたちにすすめる機会を設ける。本やお話の紹介方法にはさまざまなものがある。ストーリーテリング・読み聞かせ・パネルシアター・ペープサート・エプロンシアター・人形劇・拡大しての利用などである。著作物に何も手を加えないで使用する場合，許諾の必要はない。読み聞かせやブックトークで本を開いてイラストを見せるなど，本そのものを使う場合である。なぜ，本を違う形にして見せたいのかということだが，①見えやすさ，②プログラム構成上バリエーションをもたせたい，③いつもと違う何かをする演じ手への親近感，④映像媒体を見ることが習慣化している子どもへの誘い。ページを繰ることでおはなしが先へと進んでいく絵本は，その世界に入っていくのに躊躇する子どももいる。演じると動きの出る演目も入れたい，⑤パネルシアターで見て，元の本も楽しむ，違う形態のものを，二度味わえる，など意味があって実施している。公共図書館なので元の本を紹介しないということはあり得ない。著作権の許諾の申請をする際に，

・出版者が外国で，原著者がエージェンシー契約をしている場合は，問い合わせをする時点で料金が発生
・人形劇として上演する場合の作品使用料の発生
・本の表紙画像を印刷物やホームページに掲載する場合は，毎年申請が必要
　なお，慣行上無許諾とするところもある
・ブックトークをする際に，挿絵の一部を拡大して使用したい旨の申請は不可
・以前は許諾されたが不可　等

と回答され，実質使用できないケースが増えている。使用するたびに許諾が必要であり，以前許可されても今後許可されるとは限らない。

あるおはなし会でのこと。オープニングにミニ人形劇を演じはじめたところ，見ている子どもから「ママ，おしっこ～！」との大声があがった。幕が上がった以上止めるわけにもいかず，続行して演じ終えた。途中，トイレへ行くための退出はなく，おしっこに行きたい発言をした子どもは，おはなしの世界に入ることができたようだ。この“おしっこがひっこむ”演目は，著作権の許諾を必要としないもので，元になる本が出版されてはいない。おはなしの楽しさは体験してもらえたかもしれないが，本との出会いに結びつかないのは残念である。原作としての紹介の機会や資料の貸出回数が減ることとなり，買い直しや複本購入のサイクルも鈍化すること

となる。申請を受ける側にとっても対応が大変であると思われる。著作物の利用を効率よく進めるため，何らかのシステムが構築されることを期待したい。

表　児童が利用する図書館サービスの許諾の申請の有無についての例

サービス内容など	著作者等の権利	権利の制限等	許諾の申請等
貸出：本，雑誌	貸与権	38条4	不要　＊論議あり
貸出：音楽CD	貸与権	38条4 102条	不要
貸出：映画のビデオ，DVD	頒布権	38条5	補償金処理済みを購入　施行令2条の3（図書館法第2条第1項の図書館） 本や雑誌の付録CD-ROM・DVD等に「録画されている動く影像」が含まれている場合，申請をする。
複写	複製権	31条1項1号	不要　施行令1条の3にある図書館のみ（図書館法第2条第1項の図書館） 調査研究用，著作物の一部分（発行後相当期間を経過した定期刊行物に掲載された個々の著作物にあっては，その全部），一人につき一部。写り込みについては※1参照のこと
引用		32条	不要　公正な慣行に合致，正当な範囲内：必然性，引用先が「主」，引用部分が「従」の関係，同一性保持権を侵害しないよう原文のまま引用，引用部分の区別，出所の明示
子ども向け映画会（上映会）	上映権	38条1	不要。16ミリフィルム，上映権付きビデオ・DVDの購入。非営利，入場無料，無報酬 ＊論議あり
読み聞かせ	口述権	38条1	不要　非営利，入場無料，無報酬
館内視聴（ビデオ，DVD等機器による映写）	上映権	38条1	不要　補償金処理済みを購入
館内視聴（音楽CD）	演奏権	38条1	不要
インターネットで得る情報のプリントアウト	複製権		「図書館等の図書，記録その他の資料」ではないので必要
絵本を元にパネルシアター，ペープサート作成	複製権 翻案権	必要	
絵本のイラストの広報誌やブックリストへの転載	複製権	必要	
閲覧（本，新聞，雑誌）	著作権対象外		

※1　複製物の写り込みに関するガイドライン
http://www.jla.or.jp/Portals/0/html/fukusya/uturikomi.pdf
※2　ほかにも，著作物を使用したら出所の明示を行う，48条参照のこと

その他，障害者サービスについては，「図書館の障害者サービスにおける著作権法第37条第3項に基づく著作物の複製等に関するガイドライン」を参照。

学校その他の教育機関（公民館等）における複製は，35条を参照。

UNIT 28

◉児童サービスの運営

児童のための施設と設備

●…………児童のための図書館施設

図書館の設置及び運営上の望ましい基準

図書館施設

児童図書館

児童室

児童用コーナー

児童のための施設を考えるにあたり，まず公共図書館の設置について述べる。「図書館の設置及び運営上の望ましい基準」（平成24年12月19日文部科学省告示第172号）「第一　総則　二　設置の基本　３」に，「公立図書館（法第２条第２項に規定する公立図書館をいう。（中略））の設置に当たっては，サービス対象地域の人口分布と人口構成，面積，地形，交通網等を勘案して，適切な位置及び必要な図書館施設の床面積，蔵書収蔵能力，職員数等を確保するよう努めるものとする」とある。図書館をつくるプランの段階から，児童のための施設分として，床面積，蔵書収蔵能力を決めたい。児童サービスを展開していく上で，一般書を置くエリアとは別に，児童書をまとめて置きたい。その占有面積により，児童図書館，児童室，児童用コーナーとなる。これらの，児童用のスペース（以下，代表して児童室とする）の利用対象は，乳児・幼児・小学生・中学生と親・祖父母，読書関連活動をするおとなとする。場合によっては，高校生も含む。対象となる子どもの年齢は幅広く，成長発達段階にあり，興味を示す対象や言葉の理解力も異なる。家族に連れられて来ていた子どもは，やがて一人で，また友だちと来館するようになる。開館時間内の好きな時間に児童室を訪れ，好きなだけ滞在し，それぞれ帰って行く。利用者は児童室のどこを使い，何をして，どれくらい時を過ごすのかも想定してみる。また，休日の開館時や集会活動後，散歩で立ち寄った幼稚園や保育園のグループでの利用時など，混み具合が最大になる場合も考慮したい。

●…………児童室の施設について検討すべき点

ワンフロア

複合施設

①図書館がワンフロアであれば，どの場所にするか。多層階の建物であれば，何階にするか。複合施設で，子ども関連の機関が入っていれば，位置関係も考慮する。入口から，ベビーカーや車椅子での移動について，通路等の広さも考慮。上の階にするなら，エレベーターの位置との兼ね合いも検討する。

②入口のわかりやすさ。

③他の年齢層の利用者との共存。子どもの声を騒音と捉えるおとなもいる。

④開架分と閉架分の収蔵冊数を決め，それぞれのスペースを算出。書庫スペース

の位置を決める。書庫の書架は，床置書架か集密書架（手動式か電動）か，自動書庫か。 書架

⑤親子が靴を脱ぎ，くつろいで本を選べるカーペット敷きのスペースは設けるか。

⑥集団での活動用のスペースを児童室内に設けるか。一般の利用者向けの催し物会場と同じ場所を使うか。同じ場所を使うのであれば，そこまでの移動。集団での活動として，集会活動，幼稚園・保育園招待，学校招待，ボランティアの研修，利用者のグループでの利用，ブックスタートなどが挙げられる。開催頻度や参加者数を想定し，託児は行うか否か，お話室のように独立させるか，コーナーとするか。広めの多目的室で，分割して使用可能にするか。

⑦集会活動に使うグッズを置くスペースの確保。

⑧集会活動の周知およびPR用のチラシを置くスペースやポスター掲示壁面の確保。また，他機関からのチラシの設置やポスター掲示の依頼は多い。どの程度のスペースとするか。

⑨ベビーカーの置き場。親子で利用時，集会活動参加時。

⑩読み聞かせ用大型絵本，大型紙芝居，紙芝居舞台（貸出用），布の絵本，さわる絵本，点字絵本，拡大写本，録音テープ等の置き場。

⑪ YAコーナーを児童室に設けるか。

⑫児童文学研究資料を児童室に置くか。

⑬児童向けの雑誌，児童書および読書活動や育児関連の雑誌は児童室に置くか。

⑭団体貸出用本の専用書架を設けるか。

⑮移動図書館車を保有する場合，積載用児童書の置き場。など

●…………子どものための設備

おとなには見えても，子どもには見えないことがある。『アリからみると』（桑原隆一・文，栗林慧・写真　福音館書店　2004）の視点で，高さに注意する。圧迫感・威圧感を感じさせないようにしたい。子どもが使いやすいことを想定し，サイズを意識して，図書館家具や備品等について検討する。 図書館家具や備品

①照明は読書に適した明るさとしたい。自然光も取り入れたいが，その際には背やけに注意する。特に赤色系インクは退色が早い。 照明

②空気調和設備で，温度・湿度・空気清浄度の調整を行う。子どもとおとなの体感温度の違いや日の当たる時間帯，人の密集度等で適温は変わってくる。また窓の開閉やカーテン，ブラインドの有無も選択する。 空気調和設備

③床・天井・壁の材質は音の吸収を考慮する。床は，衛生面や掃除のしやすさ，雨の日に滑りにくい等を考え，カーペット・ビニル床・木・コルク材・リノリウム等を選択。 床・天井・壁の材質

専用トイレ

④子ども用の専用トイレにするのか，おとなと一緒のトイレにするのか。児童室に設けるのか。

給水設備

⑤給水設備をつけるか。熱中症対策として，水筒の持ち込みについても検討。

映写設備

⑥集会活動の一つである子ども映画会を開催するための映写設備。

固定書架
可動書架
低書架
絵本架

⑦書架には片面書架と両面書架があり，カラフルな色を施したものもある。地震対策としては固定書架だと安心感があるが，利用の変化に伴う児童室のレイアウト変更には可動書架がよい。書架は，木製とスチール製が一般的。本はまとまると重い。その重量を支えるので，木製書架は経年劣化で棚板が歪んだり，ダボが棚板を支えきれなくなったり，側板が外れたりすることもある。スチール製書架でも棚板が歪む。ブックエンド機能がついている書架もある。書架は棚板の高さを変えられるものがよい。絵本等横幅がある資料群を並べる場合には，奥行きのある書架にする。書架は，基本は低書架で，壁面書架は高い棚まで使うこととする。連はあまり長くないほうがよい。日本十進分類法（NDC）によって分類された本は，本の形状から０～８類・９類・絵本・児童文庫・紙芝居用等に書架を使い分け，書架配置をする。効率よく本を収納し，本を選びやすくするためである。絵本架は，面出しのできる部分があると表紙に誘われて，貸出に結びつきやすい。大型本をまとめて置くこともある。

閲覧机
椅子
ベンチ
ソファー

⑧閲覧机と椅子は，利用する年齢層に幅があり，「読み聞かせ」「読書」「調べ物」等異なった活動をするので，何種類か必要である。背もたれの有無，座れる人数があまり限定されないタイプのベンチやソファー等についても考える。ぶつかっても怪我をしないよう角落ちを施したものがよい。机と席数は適当か。前出のカーペット敷きの場所を設けるならば，こちらの使用可能人数も把握する。

授乳室

⑨授乳室。椅子とおむつ換えのベッドが必要。

展示架

⑩展示架。新着図書や季節と行事・設定したテーマ・トピックス等についての展示を行う。

サイン

⑪施設・利用・資料案内サイン。ピクトグラムとの併用。お知らせ・案内等の掲示板。チラシ・パンフレット架。

掛け時計
ゴミ箱
ステップ

⑫掛け時計・ゴミ箱・ステップ（踏み台）の置き場所。ステップを子どもが使用するときには，配慮が必要。

傘置き場

⑬傘置き場。一般と一緒に使うのか，児童室に独自に置くか。

観葉植物

⑭観葉植物・ぬいぐるみ・ポスター・絵など，雰囲気作りをし，和むものを置く。

オンライン閲覧目録

⑮オンライン閲覧目録（OPAC）。タッチパネル式とキーボード式があり。

インターネット端末機

⑯利用者用（子ども用）インターネット端末機。

⑰CD・ビデオテープ・DVD等の視聴覚資料は何を所蔵し，貸出はどこで行うか。視聴は行うか。

⑱コピー機の置き場。

⑲ブックポスト，ブック・ディテクション・システムの位置。

⑳誘導灯，消火器，AEDの設置。危機事案発生時の避難経路の確保など。

おとなと共用の場合もある。児童室で聞かれ案内する設備を中心に挙げた。利用者の動線を想定し，設備についてまず平面でレイアウトしてみる。同種の本を置いた書架列はゾーンで意識する。そして空間（立体）で考える。さまざまな色が氾濫しないよう児童室の色調を統一する。子どもたちがお目当ての本やコーナーにたどり着けるよう，ゾーンによってサインの色を変えるのも効果的である。

コピー機
ブックポスト
ブック・ディテクション・システム
動線
レイアウト

●…………スタッフや運営上の設備

①登録と貸出（ICタグ自動貸出機の導入も検討）・返却は，どこで行うのかを決め，カウンターまたは司書デスクを設置。声をかけやすいよう入口近くにする。椅子，コンピュータ端末機，キャビネット等も必要。

②ワークスペースの確保。作業的な事柄は事務室で主に行うが，子どもたちとのやりとりを損なわない範囲での作業は行える。そのためのスペース。

③返本用ブックトラックの動線，置き場。

④児童室のオープン時間が一般より短く，クローズする場合の仕切りや看板等。

●…………まとめ

施設は一度作ってしまうと，なかなか変更できないので，各自治体の振興計画や図書館整備網，住民の将来推計人口などを見越して作りたい。児童サービスを展開する上で，施設による制約をあまり受けないことが望ましい。サービス内容に見合う機能を付けたい。しかし，建築予算や建設用地の広さなどの兼ね合いで，必ずしも理想どおりとはいかないこともある。公共施設である図書館は，安心・安全な場所で，①怪我をしない，②死角をなるべく作らない（痴漢対策），③館外へ避難しやすい，④災害時に避難所となる，⑤耐震・耐久性にすぐれていることが大事である。その他，ユニバーサルデザインや環境負荷低減に配慮し，メンテナンスが簡単であること等も設計コンセプトの条件として挙げたい。

どんなにすばらしい施設と設備が整ったとしても，それを機能させるのは司書である。図書館は子どもがお話や本と，知らなかった情報と出会う場である。司書はその出会いのときに，演出をすることができ，子どもたちの成長にかかわることができる。図書館は子どもにとって，自分が行きたいときに行き，無料で利用できる居場所である。インターネットでは手に入らない，生身の人と人のつながりが図書館にはある。子どもの時期から読書習慣を身につけ，おとなになってもリピーターとして来館し続けてほしい。

振興計画
図書館整備網
建築予算
建設用地
災害時
耐震・耐久性
ユニバーサルデザイン

新しい施設と設備も，年数を重ねると古くなる。社会情勢や利用状況も変化する。「心の健康問題により休業した労働者の職場復帰支援の手引き」（厚生労働省　中央労働災害防止協会　2009年３月　改訂版）では，試し出勤制度の模擬出勤の例として図書館などで時間を過ごすとしている。また熱中症対策の一環としてクールスポット施設となっている図書館もある。居場所としての図書館の利用は増加しており，図書館内でのおとなと子どもの住み分けが自然とできることが望ましい。

そして，“人生100年時代”が来ることが，『LIFE SHIFT』（リンダ・グラットン，アンドリュー・スコット共著　池村千秋訳　東洋経済新報社　2016）で提唱された。2017年12月にまとめられた「人生100年時代構想会議　中間報告」では，人生100年時代には，「幼児教育から小・中・高等学校教育，大学教育，更には社会人の学び直しに至るまで，生涯にわたる学習が」必要とされている。寿命の長期化とともに少子化による未曾有の労働人口の減少についても考慮したい。

居心地がよく，楽しい空間になるようレイアウト変更や改築・改修・修繕を実施していかなければならない。

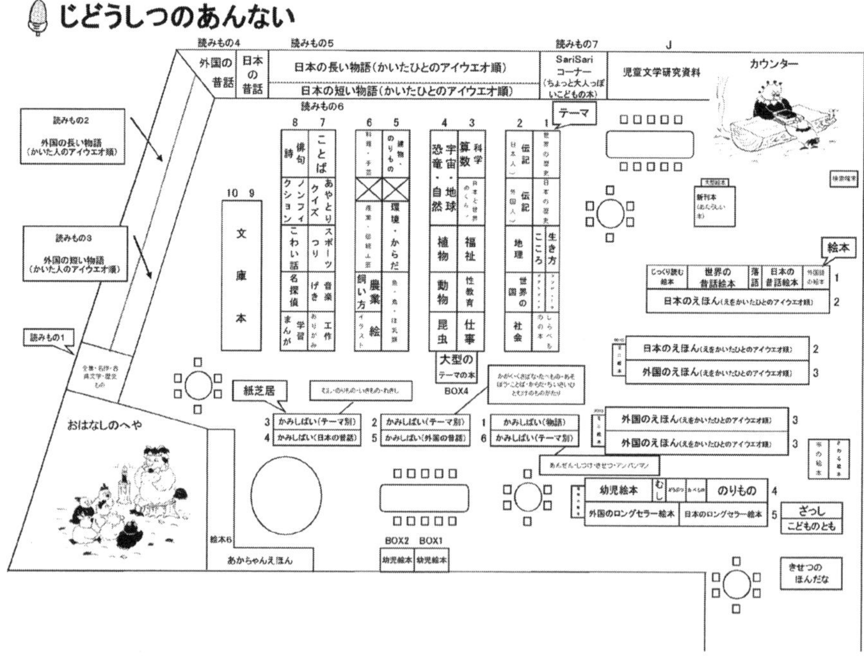

熊取町立熊取図書館児童室の案内図（『図書館活動報告：平成24年度』より）

UNIT 29

◉児童サービスの運営

市民との協働

●…………協働という言葉

「協働」という言葉はもともと日本語にはなく，コプロダクション（Coproduction）を日本語に訳したことで生まれた。このコプロダクションという言葉の概念については，荒木昭次郎が自著『参加と協働』（ぎょうせい　1990　p.6）で解説している。「コプロダクション（Coproduction）という用語は，1977年，インディアナ大学の政治学者ヴィンセント・オストロム教授が『地域住民と自治体職員とが協働して自治体政府の役割を果たしてゆくこと』の意味を一語で表現するために造語したものである。」コプロダクション（Coproduction）は，「Co-」と「production」を結合した用語であり，「production（生産，産出，成果）」に，「共同の，共通の…」という意味を表す接頭辞「Co-」をプラスして，新たな意味をもたせた。 コプロダクション

日本において「協働」という言葉が一般的に認識されるにはしばらくの時を要した。「協働」という言葉が『現代用語の基礎知識』（自由国民社）に登場するのは，2003年版（2003年1月1日発行）である。しかも，市民と行政の「協働」という視点での掲載は，2005年版からである。『新自治用語辞典』改訂版（新自治用語辞典編纂会編集　ぎょうせい　2012　p.183）の「協働」の項目には，「住民やNPO等と行政が，対等な関係で，相互の立場や特性を認識・尊重しながら，共通の目的を達成するために協力して活動することをいい，その活動を通じて，相乗効果や住民自治力の向上が期待できるとされる（以下略）」とある。協働を行う際には，公平・公正・透明で，相互に補完的な関係性をもち，生産性（成果）があり，これを次回の活動に反映できるとよい。 協働

●…………図書館と市民

1970年代，住民運動による図書館づくりが活発だった。子ども文庫活動を行う市民や，図書館があることの意味を知る市民が組織的な活動を展開し，図書館の設置や充実を求め陳情や請願を行った。これらを支える図書館職員の活動もあった。 住民運動

子ども文庫活動や子どもの読書活動をすすめる活動をしてきた人々により，図書館でのおはなし会が開催されている。

そして，「図書館友の会」など，図書館を利用するという立場からさらに踏み込

んで，図書館のサポーターとして，図書館活動を応援する有志の会も誕生している。すべての年齢層が自由に何度でも利用できる図書館は，市民にとって身近な場所である。図書館は，図書館サービスを通して，利用者に向きあい，「協働」という言葉が使われる以前から，市民とのかかわりを築いてきている。今までのかかわり方に，「協働」という概念を照らし合わせて，捉え直すことが必要である。

●…………協働の背景

次に，なぜ協働をするに至ったのか，その要因を以下に挙げる。

①住民運動→市民参加→行政と市民がともに･･･「官」のみの行政から，「民」の参加。そして，住民自らのまちづくり。

地方分権

②財政悪化→行政改革→地方分権･･･1995年に地方分権推進法が，1999年に地方分権推進一括法が制定された。現在は，第９次地方分権一括法により地方分権改革が進められている。

公共サービス

③公共サービスの増加･･･サービス内容の増加（児童サービスでは，学校図書館支援サービス，乳幼児サービス，新たに読書ボランティアを始めようとする人への支援サービスなど）と，市町村合併よるサービス対象地域の拡大。

市民ニーズ

④社会状況の変化による市民ニーズと地域問題の増加・多様化･･･少子高齢化，無縁社会，格差社会，情報化社会など。

ボランティア活動

NPO

⑤ボランティア活動とNPO･･･1995年１月17日，阪神・淡路大震災が発生。数多くのボランティアが救済や復興に尽力した。そのため，1995年は「ボランティア元年」と呼ばれる。ボランティア活動が定着して民間非営利団体（NPO）が誕生する。1998年特定非営利活動促進法（NPO法）が成立し，NPOは法人格を取得可能となった。

⑥自己実現。

⑦2010年６月「新しい公共」宣言（内閣府「新しい公共円卓会議」）。

⑧「第６期中央教育審議会生涯学習分科会における議論の整理」（2013年１月）で，今後の社会教育行政の方向性として，「小中学校等への支援や社会教育施設間の連携の強化のみならず，首長部局や大学等・民間団体・企業等とも自ら積極的に効果的な連携を仕掛け，地域住民も一体となって協働して取組を進め」，「社会教育行政の再構築」を行っていくことが求められた。

●…………さいたま市図書館での協働・連携例

さいたま市では，「さいたま市子ども読書活動推進計画（第三次）」の図書館の取り組みとして，①本や図書館に親しむイベントの開催，②障害のある子どもへのサービスの充実，③多文化・多言語サービスへの取組，等を提唱している。これらの実現のために，市民活動団体との協働や公民連携（PPP）や関係機関による連携を行っている。判明しないこともあるが，所属ではなく個人の立場で見ると，往々にして市民である場合も多い。情報を有する図書館はさまざまな主体とつながることができ，ここでは協働と連携の事例を挙げる。以下は，相手先と内容である。

(1) 図書館友の会

図書館友の会

①図書館まつり工作教室の開催。

②布絵本製作。

③中・高生のボランティア体験事業「さいたま・ライブラリー・サポーターズ」のプログラムの一部を担当（写真１）。

④友の会所属の「石井桃子の会」がパンフレット「石井桃子 in 浦和」を発行。

(2) ボランティア団体（写真２）

ボランティア団体

①おはなし会ほか，子ども向けの催し物の演じ手。図書館職員のみで行う会も開催しているが，図書館職員と読書ボランティア団体が一緒に，またボランティア団体のみで行う催し物がある。23団体が活動中。また，ボランティア団体のメンバーが図書館協議会の委員として参画している。図書館は，読書ボランティアの初心者向けの養成講座やスキルアップ講座を実施したり，ボランティア向けの読み聞かせブックリストの作成をしたりしている。

②点訳絵本の作成。

③多言語によるおはなし会の開催。

ネイティブスピーカーが，同じ本を日本語，中国語，フィリピン語などで読んで楽しんでいる。英語など単独の言語のみの場合もある。

(3) 事業者

事業者との協働

社会貢献活動を行う事業者と本や読書をテーマに協働。

①コミュニティ放送局 City FM さいたま株式会社の，図書館職員による本の紹介や催し物の案内。

②望月印刷株式会社が運営する埼玉県の家族を応援するホームページのコンテンツ「本を読むチカラどうやって育てるの？」で，図書館職員がインタビュー形式により説明。「WEB でブックトーク」では，対談形式で本の情報を提供。

③プロサッカークラブ浦和レッドダイヤモンズ（浦和レッズ）の選手・コーチによるおすすめ本のリストの作成など。大宮アルディージャのホームスタジアムで図書館職員による「スタジアムでおはなし会」の開催など（写真３）。

④株式会社イオンや生活協同組合コープみらいで催し物の開催。

⑤埼玉大学教育学部家庭科教育学研究室の学生による「食育おはなし会」開催（写真４）。

⑥行政改革の一環として，カウンター業務などの業務委託，PFI 事業，指定管理

者による図書館運営。

(4) 市立高校

「さいたま市立高等学校との交換展示」で高校生と図書館職員（1校1館）がおすすめする本の展示を交換しあう。また「市立高校4校 POP バトル」では市立高校4校の生徒が選んだおすすめの本を，高校生のオリジナル POP とともに展示。高校生によるおはなし会の開催など（写真5）。

(5) 関連機関

市の他部署との連携事業を実施。図書館内の場所の使用や関連資料の展示やブックリストの作成，催し物での演じ手や講師として参加する。逆の場合もある。社会教育機関である公民館・生涯学習総合センター・博物館・美術館や子育て支援センター，キャンペーンを実施したい課，市や区の催し物を開催する実行委員会，埼玉県教育委員会などと行っている。

パートナーシップ

児童サービスを拡大深化していくのに，携わる人や読書推進活動の回数が多いに越したことはない。ある分野に特化した活動をしていたり，図書館とは接点のなかった団体や個人と，コラボレーションをすると，児童サービスに幅と多様性が出てくる。パートナーシップを結び，定期的な話し合いにより，双方の目的を確認し，今後の方向性を決めるとよい。そして，協働をしようという話がいつ持ち上がるかはわからない。ある程度の基準と受け入れ態勢をとっておくことも大事である。

写真1

写真2　おはなしボランティア団体「さくらんぼ」によるおはなし会

写真3　東浦和図書館作成

写真4

写真5

◉——option I

災害と児童サービス

地震，台風，豪雨など，日本列島は毎年のように大規模な災害に見舞われている。2011年3月11日の東北地方太平洋沖地震はマグニチュード（Mw）9.0，最大震度7を宮城県で観測した。地震とそれに伴う津波により，東北から関東にかけての東日本一帯が受けた甚大な被害は，「東日本大震災」とよばれ，戦後最悪の自然災害とも言われている。さらに，東京電力福島第一原子力発電所の事故により，周辺自治体に避難指示が出され，住民も自治体職員も長い避難生活を余儀なくされた。

ひとたび災害が起きれば，自治体職員である図書館員は，避難所の設営や運営，給水活動など住民の生命を守る業務に従事する。さらに，インフラの復旧，り災証明の発行など，業務は枚挙にいとまがない。もともと人数に余裕のない自治体職員は，待ったなしの業務に忙殺される日々が続く。職員自身が被災している場合もある。

そのような状況下で図書館業務をすぐに再開するのは難しい。建物や資料の被害，図書館が避難所となる場合もある。しかし，混乱がやや落ち着くと，情報・活字・心身の安定を求めて等の理由から，図書館サービスの再開が望まれていく。

避難所への本の配布，読み聞かせの実施，仮設住宅に移動図書館車で本の貸出をした図書館もある。また，多くの寄贈資料を活用した図書館もある。宮城県東松島市図書館は絵本の無料配布を行った。福島県富岡町図書館は，町民が避難した郡山市の避難所で支援資料約2,000冊をもとに図書室を設けた。福島県双葉町図書館の司書は埼玉県加須市の避難所で支援資料の児童書で子ども図書室をつくった。図書の整理や扱いに慣れている図書館員ならではの仕事である。災害で家や家族を失い，傷ついた子どもたちに，読書は別の世界を見せてくれる。また，読み聞かせを楽しむ子どもたちの姿に，周囲の大人たちも励まされた。

子どもと本にかかわる団体・民間企業・NPOなどと連携することも必要だ。日本ユニセフ，日本国際児童図書評議会（JBBY），東京子ども図書館など多くの団体が資金，資料，人材，建物，移動図書館車などを支援した。被災地以外の図書館員にもできる支援がある。日本図書館協会は企業から寄贈された児童書を，東京でフィルムコーティングしてグレード別に分けるボランティアを募って被災地の図書館に届けた。また，図書館員のボランティアを被災地の図書館に派遣した。

災害からの復旧，復興には長い時間がかかる。しかし，子どもたちは日々成長していく。困難な時にこそ，図書館員は本が子どもの成長にもたらす意義を再確認し，柔軟な発想と周囲との連携で図書館サービスを続けてほしい。

◉——option J

IFLA 0歳から18歳の子ども向け図書館サービス・ガイドライン（抄）

(IFLA Guidelines for Library Services to Children aged 0-18)

国際図書館連盟（IFLA）児童青少年委員会では，2003年に児童サービスのガイドラインを，2007年に乳幼児サービスのガイドラインを，2009年にYAサービスのガイドライン（改訂版）を発表してきたが，2018年6月にこれらを統合した0歳〜18歳の子ども向け図書館サービスのガイドラインを発表した。ここでは，「IFLA 0歳から18歳の子ども向け図書館サービス・ガイドライン（仮訳）」(IFLA児童青少年委員会著，沼尻直美，山際史子，井上靖代編訳『同志社図書館情報学』第29号 2019）から目次と冒頭の部分を抜粋して紹介する。

はじめに 　このガイドラインでの年齢層 **パートA　児童図書館の使命と目的** 　児童図書館の使命 　目的 　到達目標 　政策（方針）決定 **パートB　人的資源** 　人事 　児童図書館司書の教育と育成，訓練 　倫理的基準と価値 　資金と予算の運営と財源 　財源 　協力と共同援助 **パートC　資料構築と管理** 　資料種別 　資料構築と資料構築方針 　物理的・電子的情報源 　児童図書館での技術	**パートD　集会行事の企画と地域社会への広報活動** **パートE　場としての設計と歓迎される場所の創造** 　年齢層の範囲 　家具および設備 　照明 　サインと動線の発見 　図書館の場へのアクセスの容易性 　健康と安全 　利用者との協議 **パートF　マーケティングとプロモーション** **パートG　評価と影響** 参考文献

パートA　児童図書館の使命と目的

児童図書館の使命

児童図書館の使命は，情報，学習，文化を中心として貢献し，多言語文化地域でも十分な情報，プログラムなどを提供していくことである。能力や学習，読書などを助けることがこの使命達成の中心であると普遍的に考えられている。

目的

児童図書館の目的は，あらゆる年齢の子ども達のニーズとその能力や教育，個人の発達環境にあわせ，多様な媒体で，図書館資料や図書館サービスを提供することである。これにはレクリエーション活動や娯楽も含まれ，子どもの健康や福祉の支援までも含まれる。図書館がこのサービスを子どもに提供することで，子どもに幅広くさまざまな知識，考え，意見に接することができるようになり，民主的な社会の発展と持続において重要な役割を果たすことになる。

子どもの権利に関する国際連合条約（UNCRC）では，子どもと若者に関連した図書館の方針と実践を発展させるための支援を示している。条約は子どもの生活のあらゆる側面を網羅した54の条項からなり，あらゆる場所で，すべての子どもがもつ市民的，政治的，経済的，社会的および文化的権利が定められている。子どもたちは図書館の情報や教育や司書などに信頼を置くべきであり，児童図書館員は識字率向上に重要な役割を果たし，識字と読書の重要性に関する情報を広めるために，子どもの権利を促進する最前線にいる。普遍的な識字能力は「持続可能な開発のための国連2030アジェンダの変革」のビジョンの中で認識されている。すべての人々が言語，識字能力，読書力を発達させる機会は重要である。これらを発達させるため，有意義な資源へのアクセスを子どもとその保護者に提供することは児童図書館の重要な役割である。

到達目標

・すべての子どもが情報，識字能力，文化の発展，生涯学習，創造的なプログラムを余暇に利用する権利を促進する。
・さまざまな適切な資源とメディアへのアクセスを提供する。
・デジタルスキルを評価・判断できる能力をつける。
・文化的余暇活動のプログラムを提供することで，読書能力向上を助ける。
・子ども，親，および保護者にさまざまな活動を提供する。
・子どもの障害に取り組み，自由と安全を擁護する。
・子どもが自信を持ち，個人と市民として確立する手助けをする。
・地域社会とのパートナーシップを円滑に進めるために，経済的に不利な立場にある可能性がある支配的な集団の端にいる人々も含め，地域社会のすべての子どもたちとその家族にプログラムとサービスを提供する。

政策（方針）決定

管理とは，方針とその実施を確立し，注視していくことである。児童図書館設立の趣旨が適切であるか否かを明確にし，児童図書館の目的についての方向性を明確にすることが重要である。（後略）

パートB　人的資源

人事

児童図書館司書は，さまざまな資質と能力が必要となる。対人関係能力，社会的配慮，チームワーク，リーダーシップ，実務に求められる専門的技能と，実際の実施過程での適正性などである。専門的知識や発達心理学知識などをもった専門的スタッフをそろえることが重要である。効果的に，かつ専門的に活動する児童図書館司書は，計画の策定，計画，組織化，実行，運営，評価などを行い，さらに地域社会に貢献しているか否かが問われる。加えて，社会的経済的状況，文化，階級，言語，性別，性的指向，能力，その他の多様性によってもたらされる障害を取り除く支援をすることも必要である。

IFLA 児童青少年委員会では，効果的で有能な児童図書館の司書とは，以下のような力をもつ者と考えている。

・子どもの発達や心理の理論，コミュニケーション，言語，識字能力などを理解する。
・地域社会での子どもと家族のニーズを理解する。
・地域社会のすべての子どもたちのニーズに合わせるために，楽しく魅力的なさまざまなプログラムや活動を設計し，効果的に提供し，評価する。
・現代の子どもたちの文化，ゲーム，音楽，映画，デジタルコンテンツなど子どものコレクションに関連するすべてを包括的に，また，多様性に貢献する。
・材料など，児童図書館司書は子どもの資料に反映する，現代の子どもの文化に関する支援と知識を示し，実践するようにしている。
・新しく登場した技術，電子資料の世界（デジタルワールド），ソーシャルメディアの動向，およびそれらが子どもの図書館サービスに与える影響について常に情報を提供する。
・図書館の情報資源，プログラム，活動への参加に簡単にアクセスできるようにするために，子どもと家族を歓迎して入りやすく活動しやすい環境を支援する。
・地域社会の関与と協力体制の構築を促進する。
・共通の目標を達成するために，地域社会の子どもたちとその家族にサービスする他の組織と連携してコミュニケーションをとり，協力する。
・子どもとその家族と共に効果的にコミュニケーションをとる。
・児童図書館サービスにとって目標を設定し，計画をたてて，優先順位を決める。
・児童図書館司書にとって優先する目標を伝え，同僚と共に効果的に創造性を持って活動する。
・計画，運営，統括を行い，児童図書館のサービス目標に合致するように予算源を評価する。
・自己評価を実践し，自分も継続的な専門能力開発の機会に参加する。

◉——option K

子どもへの多文化サービス

多文化サービスは，さまざまな目的のために来日している外国人を対象に展開するサービスである。同時に多文化共生社会における民族間の相互理解を促進する意味で，未来を担っていく子どもたちにとってその意義は大きい。

自治体や地域によって在日外国人の数も国籍の構成も異なるが，図書館ではまず，地域の在日外国人等の構成を知りニーズを把握することから始まる。住民の母語による資料の収集・提供が必要となるのは言うまでもない。「多文化コーナー」などとして，国際交流イベントの情報提供やテーマ展示を行っているところもある。資料収集方針には外国語資料に関する方針を明記し，印刷物やWebによる利用案内，館内のサイン等も多言語のものが必要となる。

特に児童サービスでは，多言語の絵本をはじめとする児童資料の収集・提供が必要であるが，金沢市立玉川子ども図書館のように「世界の絵本コーナー」として独立した部屋を設けているところもある。多文化共生課や国際交流協会などの他部署と共催で，多言語のおはなし会や外国人親子参加型の日本語教室（読み聞かせやおはなし）や外国人親子の交流会などを開催している図書館もある。こうした読み聞かせやおはなし会，手遊びや物づくりなどをとおして，日本人の子どもも外国人の子どもも互いに多文化に触れ，異文化を背景にもつ子どもたち・親たち同士の交流が図られることが大切である。大阪市立図書館では，下記のように偶数月に1回「いろんなことばのおはなし会」を開催している。

<いろんなことばのおはなし会>

中国語・英語・韓国朝鮮語で絵本の読み聞かせや歌を歌ったり，手遊びなどをします。ボランティアのみなさんによる楽しい子ども向けの行事です。偶数月の第1日曜日に行っています。

【日時】 2・4・6・8・10月の第1日曜日
　　　午後1時30分から2時
【場所】中央図書館　1階　おはなしのへや
【定員】20名（当日先着順）
【問い合わせ】利用サービス担当
　　　　電話番号：06-6539-3301

（大阪市立図書館　https://www.oml.city.osaka.lg.jp/index.php?key=joo70wmen-6714）

UNIT 30

◎子どもと本をつなぐ方法・技術

読み聞かせ

●…………子どもと本をつなぐこと

読書力

児童図書館員の役割は，子どもと本の橋渡しをし，子どもの中に本やお話を楽しむ力（＝読書力）を育てることである。そのためには入念に本を選び，それらを魅力的に排架することが基本だが，子どもと本を結ぶためには，さらに積極的な働きかけが必要になる。

子どもは，（宿題の調べものなどは別にして）おとなのようにはっきりした目的意識をもって図書館に来ることは少ない。「何かおもしろい本ないかな」と，漠然とした期待を抱いてやって来る。また，子どもの利用者の中には，まだ字の読めない幼い子や，本についてはっきりした概念をもっていない子も多い。小学生になっても活字を読むのは苦手という子もいるだろう。こうした“本の世界の入り口に立っている子ども”と図書館の棚にある本をつなぐために，児童室ではさまざまな方法で子どもたちに働きかける。その代表的なものが，読み聞かせやストーリーテリング，ブックトークである。

読み聞かせ

ストーリーテリング

ブックトーク

直接体験

このうち読み聞かせやストーリーテリングは，子どもに本を読んで聞かせたり，お話を語ったりして，その面白さを直接体験させるものである。そして，これをきっかけに子どもが図書館の蔵書に触れて，自由で豊かな読書の喜びを知ることを目的とする。自分ひとりでは本の世界に入っていけない子どもたちに，本の中身と魅力を具体的に伝え，文学を味わう楽しみを教える，最も効果的な方法といえるだろう。

また，読み聞かせやストーリーテリングには，文学を耳で楽しむこと，その楽しみを人と分かち合うことなど，ひとりで楽しむ読書とは違った魅力がある。これは，聞き手だけでなく語り手にも，大きな楽しみと満足を与えてくれるものである。それなりの準備は必要だが，図書館員にとっては，子どもの反応をじかに見ることで，子どもや子どものための文学についてより深く知ることができる，実り多い仕事となるはずである。

このUNITでは，まず，誰もが気軽に始められる読み聞かせについての方法と技術について，述べることにする。

●…………読み聞かせとは

一般に読み聞かせとは，声に出して人に本を読むことをいう。“人”は子どもだけではなくおとなの場合もあるし，また人数も複数とは限らない。したがって“本”も，絵本からおとなの小説，ノンフィクションまで幅広い。子どもを対象にした読み聞かせで，最も素朴な形のものは，昔から家庭で行われている，親や祖父母などが，まだ字の読めない幼い子や孫に対してする読み聞かせであろう。図書館が児童室に幼児を受け入れるようになると，これが児童サービスの一つとして取り入れられるようになった。

図書館で行う読み聞かせには，フロアサービスの一環として一人ひとりの子どもの要求に応えて読む場合と，〈おはなし会〉などで複数の子どもを相手に読む場合とがある。一人ひとりの子どもへの読み聞かせは，現状では難しいかもしれないが，集団への読み聞かせより読む本の幅も広く，また本と子どもの結びつきもきめ細かく観察できるので，事情が許せばもっと積極的に行いたい。

フロア

おはなし会

集団への読み聞かせ

集団を相手にする読み聞かせには，絵本や昔話，短編のお話など，耳で聞いて楽しめるものを取り上げる。ノンフィクションでも絵本形式の作品の中には，使えるものがある。小学生も中学年以上になると，本から遠ざかることも多いので，この年頃の子どもにも積極的にいろいろな本を読み聞かせて，子どもの体験するお話や本の世界をバラエティ豊かなものにするよう心を配りたい。

なお，2001年の「子どもの読書活動の推進に関する法律」公布以後，学校をはじめとする機関や施設，その他子どもが集まるさまざまな場所で読み聞かせが行われるようになった。一般のボランティアだけでなく，プロの女優や俳優なども，この“読み聞かせ運動”に参入しているのが現状である。一種のイベントのような形で行われることも多いようだ。しかし，図書館での読み聞かせは，あくまでも子どもと本をつなぐための，恒常的な図書館サービスの一つであること，図書館の蔵書があってこその活動であることを，児童図書館員は忘れないようにしたい。

複数の子どもを対象にした読み聞かせは，一般に絵本を使って行うことが多いので，次にその留意点を述べる。

●…………絵本を選ぶ

読み聞かせで肝心なのは，読み手の技術ではなく，何を読むか，どんな絵本を選ぶかである（選び方の基本については，UNIT 8（絵本）を参照）。

読み手

集団での読み聞かせのときには，大勢の子どもをひきつける普遍的な力をもった作品を選ぶこと，自分が面白いと思った本，子どもにぜひ読んでやりたいと思った本を選ぶことを大前提とする。加えて以下の点にも注意したい。

本の大きさ

①本の大きさ……複数の子どもに見せるのに無理のない大きさの本を選ぶこと。いくら内容がよくても『ピーターラビットのおはなし』シリーズのような小型本を，大勢の子どもの読み聞かせに使うことはできない。

読み聞かせ
大型絵本

今日のように読み聞かせが盛んになると，自社の既刊絵本を拡大して大型絵本として出す出版者が増えてくる。しかし，何でも大型にして見せればよいというものではない。絵本は絵や文だけでなく，その判型も含めて一つの世界を創り出している。やたらに引き伸ばした絵本を見せることが，その作品の本当の魅力を伝えることになるか，考えてほしい。

絵の種類

②絵の種類……遠くからよく見える絵であること。判が大きいからといって必ずしも遠くからよく見えるとは限らない。前もって，本を離れたところから見て確認しておく必要がある。また，遠くから見た方が効果的な本があることも知っておくとよい。

絵と文のバランス

③絵と文のバランス……一場面の絵に対して文章の分量が多いと，子どもは同じ絵を長々と見せられることになり，あきてしまうだろう。絵と文のバランスがよく，お話の展開と場面の展開が一致しているかどうかにも気をつけること。

●…………読み方

下読み

絵本を選んだら，あらかじめ声に出してよく下読みをしておく。話全体の構成や流れをつかんでおけば，お話の流れに合わせてタイミングよくページを繰ることができる。また，言いにくい言葉を練習することもできる。このようにして十分準備をしておけば，子どもの反応を見ながら余裕をもって読むことができるだろう。

本は，ぐらぐらしないように安定した持ち方をし，読む前に，どの子にもちゃんと絵が見えているかどうか確認して始めること。

読み方

読み方は，ゆっくり，はっきり，ていねいに。そして，全体が一つのまとまりのあるお話として子どもに届くよう，途中で気を抜かずに読むこと。これだけ気をつければ，あとは難しい工夫はいらない。子どもとともにお話を楽しむ気持ちを大切に，読むとよいだろう。

えほんのじかん（浦安市立図書館）

UNIT 31

◉子どもと本をつなぐ方法・技術

ストーリーテリング

●…………ストーリーテリングとは

ストーリーテリング（“お話”あるいは“素話”ともいう）とは，昔話集や短編集の中からお話を選び，それを覚えて語ること。今では，日常生活の中でおとなが子どもに昔話などを語る習慣は，ほとんどすたれてしまった。しかし本が今日のように普及するまでは，どこの国でもごく普通に行われ，おとなも子どもも〈語り〉によって，文芸的な楽しみを享受していたのである。この昔ながらの〈語り〉が，図書館の児童サービスに取り入れられたのは，19世紀末から20世紀初頭にかけてのアメリカにおいてであった。

ストーリーテリング

語り

日本では明治期に，巖谷小波らが口演童話を始め，この活動は，昭和初期にかけて学校を中心に盛んに行われた。一方で，英米のストーリーテリングを紹介する試みもあった。やがて戦後になって，アメリカで図書館学を学んできた人たちにより，児童サービスの一環としてのストーリーテリングが本格的に紹介された。そして，1960年代末ごろから文庫活動が盛んになり，子どもの本や読書への関心が高まってきたことと並行して，ストーリーテリングも広く普及した。今日では，専用の“おはなしの部屋”をもつ図書館も多く，児童サービスの一つとして定着している。

口演童話

おはなしの部屋

本来，昔ながらの〈語り〉も，図書館で行われる〈ストーリーテリング〉も，文学を耳から楽しむという点では同じである。しかし，昔は語り手が耳で聞いた話を自分のものにして語ったのに対して，今日の語り手の多くは，本からお話を選び，それを覚えて語っている。

●…………お話を選ぶ

お話を語るためには，上手な語り方，つまり語りの技術を勉強しなければならないと考える人が多い。しかし，図書館でのお話は，落語や講談のように語りの芸を聞かせるのではなく，お話そのものの面白さを伝えるもの。ここでは，技術的なことよりお話の選び方が大切となる。図書館員は，語り手としては素人でもよいが，お話を選ぶという点では，“子どもの本と読書の専門家”としての手腕を発揮しなければならない。

お話を選ぶためには，まず，子どもに紹介したい楽しい本やお話をたくさん知っ

昔話

ていること，自分もそういうお話を楽しめること。その上で，語りたいお話を覚えて語ればよいのだが，初心者には，昔話からはじめることを勧めたい。

もともと口承されてきた昔話は，語るにふさわしい形式をもった文学である。それは，目で読むより声に出して語られたときに，一番魅力を発揮する。子どもをひきつける力も強く，語り手にとっても覚えやすく語りやすい。ただし，昔話なら何でもよいというわけでもない。本によっては，子どもには残酷だからなどの理由で，話の内容まで変えているものもある。UNIT 10（児童文学 2）を参考に，できるだけ昔話の本質に忠実な，よい再話のテキストを選ぶようにしたい。

再話

昔話は，ただ目で読んだだけでは，なかなかその面白さがわからないので，声に出して読んだり，仲間で互いに読みあって聞くことをお勧めする。また，折りに触れて，子どもたちに昔話を読み聞かせることで，どんな話が子どもを楽しませるか，どの再話がよいかなどを自然に学ぶことができる。何よりも，おとなの感覚だけではわからない昔話の魅力に気づかされるだろう。こうして，覚える前にまず子どもに読み聞かせる経験を積み，自分が面白いと思い，ぜひ子どもに語ってやりたいと思ったものの中から，語る話を選ぶとよい。

●…………お話を覚える

語るお話が決まったら，次に覚える作業に入る。あらすじさえわかっていれば語れると思う人がいるかもしれない。しかし，無駄なく的確な表現を使ってお話を進めるというのは，ふつう誰にでも簡単にできることではない。適当な言葉が見つからなくて何度もつっかえたり，言い直したりしているうちに，話の筋が混乱するといったことにもなりかねない。初心者はよい再話のテキストを選んだら，それをできるだけ忠実に覚えたほうがよい。そうすれば，自信をもって語ることができるだろう。

お話の覚え方は人によって違うので，次の点を参考に自分にあったやり方を見つけてほしい。まず最初に全体をていねいに読み，どんな雰囲気の話か，どんな構成になっているかをつかむ。それから，自分自身が最初の聞き手となるつもりでテキストを声に出して読み，それを聞きながら，言葉を覚える。

聞き手

しかし，お話を覚えることは，言葉を機械的に丸暗記することではない。言葉の意味するもの（場面や状況や人物の行動など）をきちんと押さえ，それがどのような表現で語られているかを確認しながら覚えることが大切である。そして，練習のときから，ゆっくりしたテンポ，しっかりした声で語ること。初心者によくあるのが，登場人物の会話の部分だけを強調して，すじを叙述している地の文が弱くなる語り方である。会話には感情移入がしやすいためこうなるのだが，お話で肝心なのはむしろ，誰が何をしたか，事件がどう進展したかを述べた地の文である。地の文に気持ちを集中して語るようにすること。そうすれば，語り手自身にも，よりくっきりお話の世界が見えてくる。こうして何度も声に出して練習し，お話を自分のものにしたら，いよいよ子どもを前にして語る。

語り手

●…………子どもに語る

慣れないうちはどうしても，あがって早口になったり，小さな声になったりするので気をつけたい。お話の冒頭には，主人公や設定など大切なことが述べられているので，聞き手の頭にきちんと入るように，特にゆっくりていねいに語る。そして，自分が面白いと思った気持ちを前に出して自信をもって語ると，声もしっかり出るし，子どもの視線を受けとめて，反応を見る余裕もできてくる。

子どもの視線

お話は，語り手が一方的に差し出すものでなく，聞き手があってはじめて成り立つものである。聞き手の反応をよく見て，それに応えながらお話を進めること。

聞き手の反応

子どもの反応は，お話によっていろいろ違う。声をたてて笑うなど，目に見える反応がないと，不安に思う人もいるようだが，表面的な反応に一喜一憂しないほうがよい。素朴な語りでも，語り手が自分の語るお話を信頼してそれを誠実に差し出せば，子どもはまっすぐその世界に飛び込んでくる。このようなお話の世界を子どもと共有する体験を積み重ねることで，語り手は育てられるのである。

◉——option L

〈おはなし会〉のもち方

図書館では，児童サービスのプログラムの一つとして〈おはなし会〉を催す。これには，名称どおり“お話”を語る会，つまりストーリーテリングのみの会もあれば，参加する子どもの年齢や担当者の事情に応じて，読み聞かせや詩，わらべうたや手遊び，なぞなぞなどを組み合わせて行う会もある。ここでは，ストーリーテリングを行う〈おはなし会〉のもち方について述べる。

〈おはなし会〉を，いつ，誰が，どのような場所で行うかは，各図書館の事情によって異なるが，基本的な考えは次のようなものである。

いつ行うか

公共図書館では，〈おはなし会〉あるいは〈おはなしの時間〉と名づけてストーリーテリングを行っている。恒常的なサービスとして行う場合もあれば，特別なイベントにする場合もある。子どもの立場に立って考えると，定期的に決まった曜日で行われるほうが覚えやすく，参加もしやすい。また子どもは聞く体験を重ねることで，お話を楽しむ力をつけていくので，なるべく恒常的，定期的に行うことが望ましい。

しかし，職員が少ない，部屋を確保できないなど，図書館によっては恒常的に会をもつことが難しい場合もある。そのような館では，年間を通してではなく，期間を限って，その間は毎週行うなど，それぞれの事情や条件にあったやり方を工夫するとよい。いずれの場合も，必ず事前に，ポスターなどで子どもに知らせておく必要がある。

どんな場所で

専用のお話の部屋があればよいが，なくても次の点さえ考慮すれば，どんな場所でも行うことができる。

お話は，聞き手にも語り手にも相当な集中力を要求する。そのため，ガサガサした落ち着かない場所，外の物音や人の話し声が聞こえる場所，外の景色がまともに子どもの目に飛び込んでくる場所など，気を散らす要素の多いところは，お話を聞くのにふさわしい環境とはいえない。会議室や集会室のようにふだん子どもが出入りしない場所であっても，子どもが落ち着いてお話に集中できるような条件を満たしていれば，そのような部屋を確保したい。

誰が語るか

語り手は原則として児童室の担当者。また，お話を聞いたり語ったりするのが好きな人であること。平等主義で職員全員にお話の当番を割りあてる図書館もあるようだが，人前で話すことは苦手という人もいる。いやいや義務で語られたのでは，お話は楽しくも面白くもないだろう。

〈おはなし会〉は，児童室の大切なサービスの一つなので，他の部署の職員やボランティアの協力をあおぐ場合も，その意図などをよく理解してもらい，児童室の担当者が全体の責任をもつようにしたい。

聞き手

保育園や幼稚園，小学校と違って不特定多数の子どもを相手にする図書館では，〈おはなし会〉に参加する子どもの年齢も幅広い。子どもが親から離れて，ひとりで参加できるようになるのは３歳前後，絵本を見ないでお話だけを楽しめるようになるのは，だいたい３，４歳以上と考えてよいだろう。

人数は多すぎても少なすぎても語りにくい。20人前後が，聞き手にも語り手にもよい人数。聞き手の年齢の幅が広いときには，幼児対象と小学生対象に分け，時間帯やプログラムを変えて行うとやりやすい。分けられない場合は，先に幼児向けのお話を語り，幼児たちを出した後，大きい子向けに語るなど工夫したい。

なお，最近は児童室の利用者が低年齢化して，母親に連れられてくる乳児が多くなってきた。この乳児と母親を対象にしたプログラムは，〈おはなし会〉とは別に行われる（UNIT 36参照）。

プログラム

〈おはなし会〉の長さは，2，3のお話を組み合わせて30分程度。それ以上になると，子どもの集中力を持続させるのが難しくなる。幼児のグループでは，絵本の読み聞かせも入れて20～30分弱に収めたい。

プログラムは，聞きごたえのあるお話には軽いお話を組み合わせるなど，同じような内容，タイプ，長さの話がかちあわないように組む。季節に合わせたり，聞き手の状態（お話を聞きなれているか，初めて聞くか等）を考えることも大切である。

お話の間に，詩を読んだり指遊びを入れたりすると，聞き手の気分を変えることができる。また，複数の語り手が語る場合は，事前によく打ち合わせて，バランスのよいプログラムを作るよう気をつけたい。準備したお話が，その日集まった子どもの年齢や精神状態（気分が落ち着かない，長く集中できない等）に合わないこともある。常に子どもの様子を見て，プログラムを変えたり削ったりする臨機応変さも必要である。

会の最後に，その日語ったお話の載っている本を子どもたちに紹介し，児童室のどのあたりにあるかを教える。そうすれば，借りて帰って家の人に読んでもらったり，自分で読んだりして，繰り返しその話を楽しむことができる。

〈おはなし会〉が終了したら，事務的な仕事として簡単な記録をつける。お話の題名，出典，聞き手の人数や年齢構成，反応などをカード等に書いて残せば，〈おはなし会〉だけでなく，児童室全体のサービスを考える上で参考になるだろう。

おはなし会
（浦安市立図書館）

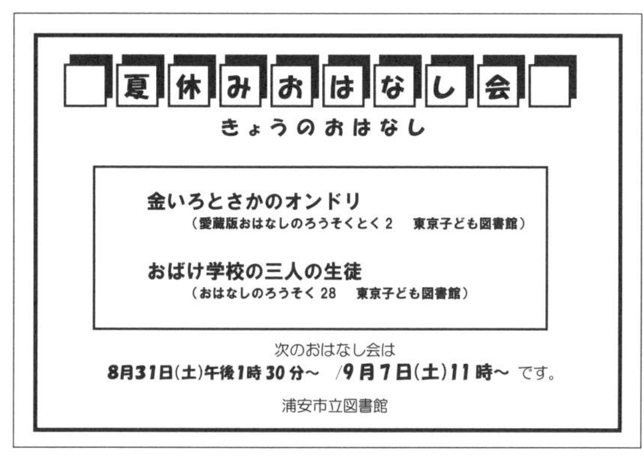

夏休みおはなし会

きょうのおはなし

金いろとさかのオンドリ
（愛蔵版おはなしのろうそくとく 2　東京子ども図書館）

おばけ学校の三人の生徒
（おはなしのろうそく 28　東京子ども図書館）

次のおはなし会は
8月31日(土)午後1時30分～　/9月7日(土)11時～ です。

浦安市立図書館

夏休みおはなし会プログラム
（浦安市立図書館）

UNIT 32

◉子どもと本をつなぐ方法・技術

ブックトーク，ブックリスト

●…………意義と目的

図書館の棚に並んでいる本を，折に触れ，子どもに紹介することも，図書館員の大切な仕事である。内容がどんなに面白い本でも，装丁が地味だったり，厚みがあったり，活字が小さかったりすると，子どもはなかなか自分から手にとろうとしない。また，今日のように，児童室の蔵書が２万冊以上の規模の図書館が増えてくると，子どもが自分だけの力で，長く読み継がれてきた面白い本，知的興味を満足させる本を見つけ出すのは難しい。そこで，口頭によるもの，印刷物によるもの，そして展示によるものなど，いろいろな形で紹介して，子どもが自分に合った本を見つけられるよう手助けする必要がある。

ここでは，まず最初にブックトーク（口頭による本の紹介）について，次にブックリスト（印刷物による紹介）について，基本的な考えと方法を述べる。

●…………ブックトーク

ブックトーク

口頭で本を紹介することをブックトークという。ストーリーテリングと同じく，アメリカで，本と子どもを結びつけるための児童サービスの一つとして発展したものである。

フロア

ブックトークには，フロアで一人ひとりの子どもに本を勧めるときにする簡単なものと，あらかじめあるテーマのもとに複数の本を集め，グループの子どもの前でそれらを順序よく紹介するものとがある。いずれも，聞き手に紹介された本を読んでみたいという気持ちをおこさせるだけでなく，本にはさまざまな種類があることに気づかせ，図書館員の本に対する生き生きした興味を通して，読書の楽しさを知らせることを目的とする。

読書の楽しさ

ブックトークは，近年，学校図書館を中心に盛んになったが，公共図書館でも，学校訪問などのときに行われることが多い。テーマを決めて行うブックトークは次のような方法で行う。

●…………テーマを決めて行うブックトーク

テーマを先に決めて本を選ぶ場合もあれば，紹介したい本があってそれに合わせてテーマを決める場合もある。

①テーマ……テーマとしては，どんな事柄でも取り上げることができる。たとえば，ある特定の作家や時代，主人公，題材，季節，行事などのほか，戦争や愛，そのときのタイムリーな話題，子どもに身近なペットや暮らしの中の出来事など。学校訪問の場合は，教科と関連したテーマを依頼されることもある。

テーマ

教科と関連したテーマ

②本の選び方……紹介する本は，大勢の子どもに勧める価値があり，自分も面白いと思う本であること。紹介者が面白いと思っていなければ，聞き手の心を動かして，読みたいという気持ちにさせることはできない。また，ふだんあまり借りられないが，ぜひ読んでもらいたいという本も入れるとよい。

聞き手

取り上げる本の冊数は対象や持ち時間によって違うが，一つのテーマに，物語の本，伝記，エッセイ，詩，知識の本など，さまざまな種類の本をそろえるようにする。子どもによって好みは違うし，また，いろいろ紹介することで本の世界の広がりをみせることになる。読書力にも差があるので，内容も，やさしいものから難しいものまで幅をもたせるようにしたい。

読書力

③対象……年齢や性別，人数はもちろん，できれば読書の傾向，興味など知っておくとやりやすい。学校訪問の場合も，事前に調べておくようにしたい。

テーマを決めて行うブックトークは，どちらかというと，年齢の高い子どもを対象にしたもの。低学年の場合は，一度にたくさんの本を紹介すると混乱してしまうこともある。お話を語ったり，読み聞かせをしたあとで，1，2冊程度の本を，短い時間で紹介する方法をとるとよいだろう。語るお話や絵本と，紹介する本を，同じテーマで統一することもできる。

④紹介のしかた……一冊ずつ均等にあらすじや内容を説明したのでは，それぞれの本も際立たないし，聞いていても面白くない。せっかくのテーマも生きてこない。本によって，あらすじを語ったり，面白いエピソードを読んだり，また著者や本の書かれた経緯を説明するなど，紹介のしかたを変える必要がある。個々の本の特徴をよくつかんで，それぞれに合った方法を工夫したい。また，どの順番で紹介すると流れがよいか，本から本へ，どのような言葉を入れてつないでいくと，テーマを中心に全体がまとまるかも考えたい。現場ではさまざまなことが起こるので，完璧な原稿作りにはこだわらないほうがよい。

時間は，ふつう30分程度といわれているが，取り上げる本の冊数，対象，どのような状況で行うかによって違うので，臨機応変に考えること。

全部の本の紹介を終えたら，子どもがあとで本を探せるように，そのとき取り上げた本のリストを，請求記号をつけて，子どもに渡すとよい。

本のリスト

請求記号

●…………ブックトークをするために

ふだんからできるだけたくさんの本を読み，面白い本のストックを自分の中に蓄えておくこと。そして，本を読むときには常に，どういう子どもに勧められるか，どういう場合にどういうテーマで使えるかなどを考えるようにする。使えそうな本は，書誌データのほか，あらすじ，主人公や主な登場人物，面白いエピソード（そのページ数も）などの簡単なメモをとっておくとよい。

書誌データ
あらすじ
主人公
登場人物
エピソード
本の姿

ブックトークでは，聞き手に本の姿を正確に見せると同時に，自分の面白いという気持ちを伝えることも大切である。テーマに合わせて主題書誌で本を探して集めたり，紹介する必要もない本を並べたり，事例集の紹介文を丸暗記して行ったりすることは意味がない。

公共図書館の場合，テーマを決めての正式なブックトークより，おはなし会の最後につけ足したり，さまざまな集会の中に組み入れるなど，簡単な形で行うことが多い。新着図書を紹介する目的で行うこともある。また，子どもを対象にするだけでなく，母親や保育者，学校の先生の集まりなどで，子どもの本を紹介することも考えられる。既成の枠にとらわれず，それぞれの図書館の事情と必要性，そして対象に合わせて，自分で工夫して行うようにしたい。

●…………ブックトークの基礎

本の姿や魅力

ブックトークというと，テーマを何にするか，本の紹介の間にどんなコメントを入れるかなどにこだわる人が多いようだが，肝心なのは本の姿や魅力を正確に伝えることである。そのために紹介者は，まず第一に，本を正確に読むこと，図書館員の目で客観的に評価することを心がけるべきだろう。これは，ブックリストや書評など，本を紹介する仕事すべてに共通する基礎である。

・本を正確に読む

図書館員は，ふだんからさまざまな本をたくさん読んでいなければならない。児童室の担当者だからと子どもの本ばかり読むのではなく，書物全般への興味と好奇心を絶やさないこと。そして，読むときにはどんな本でも先入観をもたず，１冊１冊と真摯に向き合うようにしたい。これが，正確に本を把握する第一歩となる。

おとなが子どもの本を読むときには，さまざまな思い込みがあって，虚心に読むことが難しい。おとなは本の内容そのものよりも，あとがきや書評などを鵜呑みにして本を判断しがちである。また，著者の意図やテーマを先取りしたりといった読み方をするが，これでは本を正確に他の人に伝えることはできない。本は，ジャンルやテーマが同じでも，お話の描き方，情報の切り取り方など，１冊１冊が違っている。同じテーマの本を集めて読むと，この違いがよくわかるだろう。たくさんの本を読んで自分の中にストックし，それらを比較しながらそれぞれの本の特徴や個性を正確につかむこと。それができていれば，どういう場合にどんな本を，どういう子どもに紹介すればよいかという判断もしやすい。ブックトークの本の組み合わせを考えるときにも，本のポイントを押さえて紹介するときにも役立つはずである。

●…………ブックリスト

ブックリストもブックトークも本の紹介を目的とする点では同じだが，ブックトークは，そのときその場に参加した人だけを対象とするのに対して，ブックリストは，時と場所を選ばず，より広い範囲の人々に働きかけることができる。 ブックリスト

図書館員の作るブックリストには，子どもを対象にしたものと，おとな（親，保育者，教師，ボランティアなど）を対象にしたものとがある。子ども向けブックリストは，児童室の利用者やその周辺の子どもが本に手を伸ばすように働きかけ，おとな向けの場合は，子どもに勧めたい本を紹介して，子どもと本のよき結び手となるようアドバイスするという目的をもつ。

●…………子ども向けブックリスト

子ども向けのリストは，新着図書を紹介するものや，ブックトークのようにあるテーマ（動物，海，魔法）でそろえた本を紹介するもの，お勧めの本を対象年齢別に紹介するものなどがある。本の選び方は基本的にはブックトークと同じである。図書館の本の中から，勧める価値のあるもの，子どもが自分では手にとろうとしないが読んでみれば面白いものなどを取り上げたい。 新着図書 テーマ お勧めの本

形態は，1枚の紙をただ2枚に畳んだり四つ折にしただけのもの，簡単なパンフレット状のもの，またしおりにしたものなどいろいろである。子どもには，ページ数の多い字の詰まったものより，簡便な形のもののほうが気軽に読めて，手にとりやすい。簡単なリストを，あまり間をあけずに（新着図書の紹介は月1回など），定期的に発行するのが望ましい。 パンフレット しおり

紹介する本には，書誌的事項だけでなく簡単な内容紹介文をつける。子どもにその本を読みたいと思わせるような，ポイントを押さえた魅力的でわかりやすい文章を書くようにしたい。本の挿絵をカットに使ったり（著作権に触れる場合もあるので注意が必要），本のクイズやなぞなぞを入れるなど，子どもの興味をひく楽しい工夫も考えたい。子どもが本を探しやすいように，分類ごとに分け，請求記号をつけることも忘れないようにすること。 請求記号

ブックリストは，図書館の利用案内と一緒に，学校や子どもの集まるほかの施設で配れば，図書館へ誘うきっかけ作りとしても効果的である。

『よむよむ』（浦安市立図書館）

ブックトークのプログラム（浦安市立図書館）

●…………おとな向けブックリスト

新刊

テーマ別

推薦図書リスト

おとなに向けてのリストは，子ども向けのリストと同じように，新刊やテーマ別に紹介した簡単なものから，冊子形式の「子どもの本推薦図書リスト」といったものまである。後者の場合は，長い間子どもに読み継がれてきた，普遍的な価値のある本を取り上げる。

紹介文

おとなに向けての紹介文では，本の内容だけでなく，どんな点が子どもに喜ばれるか，どんな子どもに向くかなど，子どもと本との関係に触れて書く必要がある。また，本の紹介文以外にも，子どもの要求があったらできるだけ読んでやってほしいなど，子どもの読書についての基本的なアドバイスを載せるとよい。

推薦図書リストは，子どもの本への一般の理解を促す啓蒙的な意味をもち，館外で広く利用されることがある。

UNIT 33

◎子どもと本をつなぐ方法・技術

子どもと本をつなぐ工夫

●…………本やお話を伝えるときに

本の楽しみを子どもに伝えるためには，本そのもの，お話そのものの質が高く，魅力的であることが一番大切である。その上で，いくつかの手法は子どもが本に近づく手助けになる。お話に慣れていない子，少し気分を変えたいときなどに使いたい。著作物を元にする場合は，著作権法を順守することを忘れてはいけない。制作と上演の両方の許可が必要である（UNIT 27参照）。

●…………詩・言葉あそび・なぞなぞ

おはなし会などで，お話に入る前やお話とお話の合間に，詩を読んだり，言葉あそびを紹介したりする。子どもたちは詩の言葉を耳から聞き，言葉あそびや早口言葉を声に出して楽しむのが好きである。なぞなぞも楽しいが，夢中になって興奮してしまう子もいるので，長くなりすぎないよう注意する。　おはなし会　詩　言葉あそび

例：『ことばあそびうた』谷川俊太郎詩　福音館書店
『のはらうた』工藤直子詩　童話屋
『まどさん』まどみちお詩　童話屋
『孔雀のパイ』ウオルター・デ・ラ・メア詩　瑞雲舎
『なぞなぞあそびうた』角野栄子作　のら書店
『なぞなぞの本』福音館書店編集部編　福音館書店

おはなし会とは別に，「詩を楽しむ会」をしてもよい。おとなは詩というと難しく考えがちだが，子どもは好きである。子どもたちと一緒に声を出して詩を読んだり，簡単なゲームにして遊んだりすると，親も詩の楽しさに気づき，子どもたちに詩の本を読んでくれるようになる。　ゲーム

例：『だだずんじゃん』川崎洋詩　いそっぷ社
『おどる詩　あそぶ詩　きこえる詩』はせみつこ編　冨山房インターナショナル

●…………手遊び　手遊び

体をあまり動かさずにできる手遊びや体遊びは，おはなし会の途中で疲れてし　体遊び

気分転換
わらべうた

まった子の気分転換をはかり，次のお話に向かう気持ちをもたらす。ただし，あまりメロディに起伏があり，長いと，お話より印象が強くなってしまうので，わらべうたのような短いものがよい。

例：手遊び「はちべえさんとじゅうべえさん」「こどもとこどもがけんかして」
「なかなかほい」
体遊び「あたまかたひざぽん」「木がゆれる」

●…………小さな人形を使って本や詩を紹介する

人形
軍手人形
指人形
ハンカチ人形

人形を使うと，子どもたちは興味をもって集中するが，人形そのものが個性をもったものは，人形だけが目立ってしまい，お話や詩より強くなってしまう。市販のキャラクター色が強いものも避けたい。使用する人形は品があり，柔らかく，あたたかな手作り感のあるものがよい。軍手人形・指人形・ハンカチ人形を使う方法が挙げられる。

例：『のはらうた』（工藤直子作）の詩を，詩に登場するありんこたくじ，こりすすみえなどの小さな人形を動かしながら読む。
『ぼくにげちゃうよ』（マーガレット・W・ブラウン作　評論社）を，お母さんうさぎと子どものうさぎ人形を動かしながら語る。
『くまさんのおでかけ』（中川李枝子詩　おはなしのろうそく1　東京子ども図書館）を，ミトンくま人形を動かしながら語る。
『にんじんだいこんごぼう』のおはなしを指人形で演じる。
『ねーずみねーずみどーこいきゃ』（わらべうた）をハンカチで折ったねずみの人形を動かしながら唄う。

●…………テーブル人形劇

テーブルの上で手のひらにのるほどの小さな人形を動かしながらお話を語る。少人数の幼い子どもたちに親しみやすい。

●…………お話組み木

一枚の板から切り抜いたお話の登場人物の木製の人形を動かして演じる。並べたり，重ねたり，テーブル上で演じる劇として使える。劇が終われば，パズルのように収納でき，子ども自身が演じることもできる。

●…………お話の小道具

小道具
工作会

紙やストローなど簡単な材料で作った小道具を動かしながら語る。工作会で子どもたちと一緒に作ってからおはなし会をし，一緒に動かして楽しむこともある。

紙芝居架
（熊取町立熊取図書館）

●…………紙芝居

紙芝居
ペープサート
舞台枠
芝居的要素

もともとはペープサートのような紙製の人形を動かして演じていたものが，1枚の紙に1場面を描き，演じるようになった日本独自の文化である。紙芝居を舞台枠に入れて演じる。場面を引く速度に変化をつけたり，途中で止めたり，一気に引いたり，動かし方で変化をつけるなど，市販の紙芝居には，演じ方も指示されている。声色を使う，拍子木や音楽を使うなど，もともとの芝居的要素は強い。子どもたちは紙芝居を自分で演じることも好きである。しかし，市販の紙芝居は，4枚，8枚，12枚，16枚と，全紙を裁断してできた枚数で場面割をしているため，なかには無理な場面割になっているものもある。もともと紙芝居用に作られたお話で，演じ方も無理のないものを選ぶとよい。おはなし会で使うときは，ストーリーテリングや絵本とは違う，演じるメディアとして考えたほうがよい。

●…………ペープサート

人形劇

紙に動物や人物など登場人物の絵を描き，切り抜いたものに，棒をつけて演じる。人形劇の一部として使うこともある。

●…………パネルシアター

パネルシアター
演じ手
ブラックシアター

フランネル布を貼ったボードに，不織布等に絵を描いたものを貼って動かしながら演じる。ふわりと貼ったり，剥がしたり，自由に動かせる。演じ手は子どもたちの反応を見ながらお話を進めることができる。筆者の経験では，特別支援学級の子どもたちにとても喜ばれた。黒いボードとブラックライトを使うと，ブラックシアターを演じることができる。

●…………エプロンシアター

エプロンシアター

演じ手が身につけた布製のエプロンをお話の舞台にし，登場人物や道具をエプロンの上で動かしながらお話を語る。道具がポケットから現れたり，隠れたり，半立体的だが，演じ手自身の動きや声，表情など演じ方によって，演技性の高いものになる。パネルシアター同様，布の素材には，柔らかさ，親しみやすさがある。

◉――option M

児童サービスの方法・技術に関する参考資料

読み聞かせやストーリーテリング，ブックトークに関する資料は多く，特に近年は，事例集や実践報告的なものが目につく。しかし，子どもと本を結ぶ活動は，各図書館抱える条件によって具体的なやり方は異なる。そこでここでは，出版年は古いが，初心者にもわかりやすい，基本的な考え方を示しているものを紹介する。

読み聞かせ

◆松岡享子『えほんのせかい　こどものせかい』日本エディタスクール出版部，1987，211p.

前半では子どもにとって絵本はどういう意味をもつか，また子どもが絵本を楽しむとはどういうことかを，著者の文庫での経験をもとに，具体的にわかりやすく解説。後半は，集団に読み聞かせをするときの，絵本の条件や選び方，実際に読むときの注意点を述べ，読み聞かせに向く絵本のリストも付す。

◆松岡享子『たのしいお話　お話を子どもに』日本エディタスクール出版部，1994，174p.

松岡享子『たのしいお話　お話を語る』日本エディタスクール出版部，1994，226p.

理論編と実際編の２冊セット。お話とは何か，なぜ子どもにお話を語るのかなど，お話についての概論から，語るに向くお話の条件，選び方，子どもに語るときの注意など，実際的なことまで詳しく解説したストーリーテリングの手引書。

◆コルウェル，E.『子どもと本の世界に生きて：一児童図書館員の歩んだ道』石井桃子訳，こぐま社，1994，261p.

イギリスの児童サービスの開拓者である著者が，自らの半生と，児童図書館員の仕事についてわかりやすく語ったもの。後半に，著者が特に力を注いだストーリーテリングについて，その意義，方法などが述べられている。児童サービスの入門書としても広く勧められる。

ブックトーク

◆松岡享子「ブックトークの意義とその効果的方法」『こどもとしょかん』No.73，東京子ども図書館，1997，p.11-19

アメリカの図書館学校で著者が学んだ知識や考え方をもとに，ブックトークの意義や目的，実際にどのように行うかを述べる。初心者に勧めたい。

◉——option N

書　評

児童図書館員の仕事は，子どもに直接サービスするだけではない。図書館員としての知識と経験を生かして，子どもの本や子どもの読書への理解を促すように広く一般に働きかけること，また，子どもがよき読書体験を得られる本が出版されるよう，本の作り手に助言することなどの役割も負っている。そのための手段の一つに書評を書くことが挙げられる。

図書館員の書評は，文学者や文芸評論家のものとは異なる。一冊の本についての個人的な見解や，独創的な解釈を披瀝するのではなく，その本を知らない人にどういう本であるかを見せ，作品の質を客観的に判断し，どういう読者に向くかを述べるのが，図書館員の書評である。

図書館員の書く書評には２種類ある。一つは，子どもの本の書評誌などに掲載される，本を選ぶ立場にある人（図書館員仲間やボランティア）に向けてのもの。この場合は，子どもに勧めたい本ばかりでなく，評価の分かれるもの，問題のあるものなどさまざまな本を取り上げる。書き方も，本の長所だけでなく短所にも踏み込んで，選ぶときの参考になる情報を，的確に差し出すようにしなければならない。

もう一つは，新聞などに掲載される一般向けのものである。これには，評者が読む価値があると判断した本を取り上げる。そして，勧めたいポイントを前面に出して読み手の興味を喚起し，面白そう，本を手にとってみたいと思わせるように書く必要がある。

図書館員の書評は，読んでいない人にその本の姿を正確に見せることを大切にしなければならない。次に述べるレビュースリップをもとに，要点を押さえたできるだけわかりやすい文章で書くことを心がけたい。そして，論理的で読みやすく，それでいて魅力的な文章が書けるように，子どもの本だけでなくさまざまな本の書評を読んだり，同じ本の書評を読み比べたりして勉強するとよい。

レビュースリップ

レビュースリップとは，１枚のカードに一冊の本についての情報や評価を簡単に記したメモのこと。主に選書のときに，判断の拠りどころとするために作る。

本を評価するときには，全体を一読したときの印象も大切だが，細かいポイントも見ていかなければならない。そこでレビュースリップでは，あらかじめいくつかのチェックポイントを挙げておいて，どういう点に注意すればよいかの目安にする。

書誌データ（タイトル，著者・画家・訳者，出版者・出版年など）を正しく記載した上で，たとえば，フィクションの場合は，ジャンルやテーマ，あらすじ，書き方（文体や表現），文学的な質などを，ノンフィクションの場合は，扱っている主題と範囲，表現の形式，著者の観点，著者についての情報，書き方はわかりやすいかなどを，チェックする項目として立てる。さらに，その本の対象年齢や，自館に必要か不要かを明記してその理由を述べる。また備考欄に，その本を判断する上で必要な情報（著者の履歴，受賞作かどうか，また翻訳なら原著国や原著出版年など）も書いておくとよい。

A，B，C，Dなどで評価をする場合は，本の質的な面だけでなく，読者のニーズも考慮した評価規準にすること。そして，短評欄に評価を決定した理由を書くようにする。

レビュースリップは，図書館員同士が情報を交換するときに使ったり，本につけて選書の参考にするものなので，類書との比較や，長所短所を的確につかんで記載する必要がある。

このレビュースリップは，ブックトークやブックリスト，書評など本を紹介するときだけでなく，読み聞かせの本選び，ストーリーテリングのお話選びなど，広く子どもと本を結ぶ仕事にも役立つことを，覚えておきたい。

＜絵本＞　分類番号　EF　書誌番号　212026380　マーク登録日　2012/4/6
書名　はまべにはいしがいっぱい
著者(1)　レオ＝レオニ／作　著者(3)
著者(2)　谷川俊太郎／訳　著者(4)
出版社　好学社　叢書名1
発行 2012.4　頁数　1冊(ページ付なし)　本体価格　1500円　叢書名2
原書名　On my beach there are many pebbles. ／の翻訳　原書発行国　記載なし(原著発行国記載なし)　(c1961年)
対象　乳児　●幼児　●小学低　●小学中　小学高　中学　高校　一般
タイプ
登場人物1　登場人物2　行事
概要　はまべにはいしがいっぱい。普通のいしが多いけど、見たこともない不思議ないしもある…。言葉はほんの少しだけ、色も少ないけれど、いつまで見ていても見飽きるということがない絵本。【図:魚の形、がちょうみたいな石。数字が見えるものや、素敵な顔のように見えてくる石。文字が浮き出た石を並べれば手紙も書ける。最後に「あなたもいろんな石をさがしに、はまべへ来ませんか？」と読者を想像の世界へ誘う絵本。】

テーマ設定	4	身近な素材	造本	3	
ストーリー・内容	4	想像が広がる	絵と文の関係	5	相互に響きあう
絵・挿絵・図・写真	4	ユーモアと温かさ	登場人物	4	個性的な石
文章	4	歯切れの良いリズム	目次・索引等		

特記事項　モノクロの静かな画面に、ぬくもりのある世界が広がる絵本。一見すると素朴なスケッチのような絵からは、ユーモアあふれる石の表情と、その質感まで伝わってくる。シンプルな文章がその画面を引き立て、読者の想像力を刺激する。1979年発行のペンギン社版を底本にし、版元を変えて再刊された。表紙タイトルの活字体や著者表示に若干の変更あり。巻末には著者紹介文が加えられているが、本文に変更はない。

チェック　●リスト　●学校　●地区センター
総合評価　A　図書館名　戸塚　調整会日付　2012/4/27　調整会評価　A

児童書選定票（横浜市立図書館）

UNIT 34

◉乳幼児サービス

乳幼児サービスの意義と現状

●…………乳幼児とは

乳幼児とは，乳児と幼児を合わせた呼び名である。児童福祉法では，生後０日から満１歳未満までを乳児，満１歳から小学校就学前までを幼児という。図書館における乳幼児サービスは，おおむね３歳以上の児童と区別して，０歳から３歳未満くらいまでの児童を対象としている。これは，ある程度長さのあるストーリー絵本を理解できる３歳以上の児童とそれ以下の年齢へのサービスを区別するためである。また，乳幼児は保護者や保育者との来館が一般的であるので，乳幼児サービスは乳幼児にかかわるおとなも対象に含む。

乳幼児

乳幼児サービス

保護者

保育者

●…………サービスの歴史と現在

乳幼児サービスは，現場では早くからその必要性が指摘され，乳幼児と保護者を対象としたわらべうたの会や保健所での読み聞かせなどがいくつかの自治体で行われていた。しかし，全国的な関心の対象となり始めたのは2000年以降である。

1980年代後半から，各出版者で乳幼児向けの絵本の出版が増え，図書館もこれらを収集し，提供するようになっていた。その後，子ども読書年の2000年前後から，子どもの読書への社会的関心が高まり，2001年，「子どもの読書活動の推進に関する法律」施行により，2002年，「子どもの読書活動の推進に関する基本的な計画」の中で，2001年から本格実施されたブックスタート事業が紹介された。また，2001年には，厚生労働省が，「健やか親子21」という母子保健行政の10年計画を立て，保健行政の側からも子育て支援の新たな取り組みの一つとして，乳幼児健診における絵本の活用やブックスタートに関心がよせられるようになった。ブックスタートの広がりは市町村の図書館に乳幼児サービスへの取り組みを促した。それまで０歳から登録できるとPRしていた図書館も，実際の利用開始年齢は２歳くらいであったのが，ブックスタート開始後は，生後半年以内の乳児を連れて利用する母親が増加し，乳幼児向けのコーナーの設置や行事の開催に踏み出した2015年には乳幼児サービスの実施館は全体の８割を超え（全国公立図書館児童サービス実態調査『日本の図書館2015』付帯調査），2003年の同調査より増加している。

わらべうたの会

保健所での読み聞かせ

乳幼児向けの絵本

子どもの読書活動の推進に関する法律

子どもの読書活動の推進に関する基本的な計画

ブックスタート事業

子育て支援

乳幼児健診

●…………ブックスタート

ブックスタート
保健センター
子育て支援センター
ブックスタートパック

ブックスタートは，1992年に英国で始まり，日本ではブックスタート支援センター（後にNPOブックスタートと組織変更）が，2001年4月に12市町村で実施を開始した。ブックスタートの目的は，絵本を通して赤ちゃんとの楽しいひとときをもつというもので，図書館，保健センター，子育て支援センター等の組織や，地域のボランティアが協力して実施する。主に新生児や乳幼児の健診会場で絵本やブックスタートパックをひとりひとりに手渡し，絵本を読むケースが多い。

各自治体は，絵本のタイトルや冊数を決め，アドバイスブックレット，バッグ，各地域で作成した子育て関連資料や図書館案内などをセットにして配布する。絵本は3年に一度図書館員を含めた専門家により30冊選定され，出版者は特別支援価格で提供する。

NPOブックスタートは，この事業が早期教育や単なる絵本プレゼントで終わらないよう，以下の五つのポイントを掲げている。

①目的：赤ちゃんと保護者が，絵本を介して心ふれあうひとときを持つきっかけをつくります
②対象：事業を行う市区町村に生まれた，すべての赤ちゃんとその保護者が対象です
③機会：すべての赤ちゃんと出会える，0歳児集団健診などで行われます
④方法：絵本をひらく楽しい体験と一緒にあたたかなメッセージを伝え，絵本を手渡します
⑤体制：市区町村の事業として，さまざまな分野の人たちが連携して実施します特定の個人や団体の宣伝・営利・政治活動が目的ではありません

ブックスタートは，自治体の子どもの読書活動推進計画とも関係し，2012年度同計画策定済みの753自治体のすべてがブックスタートを実施している（文部科学省子どもの読書普及啓発事業（調査事業）報告書　平成23年2月）。

開始直後から，またたく間に全国に広がったブックスタートだが，財政難や，市町村合併によってサービスをすりあわせた結果，中止した自治体もある。2019年7月末現在，ブックスタートの実施自治体は1,050で，全国の市町村数（1,741）の60.3％である（NPOブックスタートホームページより）。

●…………乳幼児サービスの必要性

社会的に核家族化・少子化が進む中で，それまで多世代家族や地域の中でされていた乳幼児の育児は，親子単位でされるようになってきた。若い母親は孤立し，育

児情報や育児仲間を求めて，進化した育児用品や車を使い，親子で自治体の講座やサークルに参加する機会が増えた。国や自治体も少子化対策として，子育て支援事業を展開，自治体の講座は子どもの対象年齢の低いものから満員になり，サークルからサークルへ友人を求めて参加する親子もいる。図書館は，乳児がいて遠くへ出かけられない母親が，親子で無料で利用できる身近な施設であり，そこで行われる行事は誰にも公平に開かれており，図書館員という本の専門家がいる。図書館のもつこうした特性が乳児と母親にとって利用しやすい要因になっている。

子育て支援事業

乳児のうちからの本の読み聞かせは，児童期の読書習慣形成に効果をあげる。また，ブックスタートの目標の一つでもある，絵本を通しての親子のふれあいは，親子間の精神的絆を強める。子どもの数は減っても，ひとりの子どもへの教育を手厚くしようとする風潮や，折から，自治体の子育て支援業の一環として，少子化対策の補助金を活用して講座を開いたり，本を購入したりする図書館が増加した。乳幼児のうちから，図書館に来ることにより，図書館利用が習慣化することは，生涯学習の第一歩となる。

読書習慣形成

親子のふれあい

少子化対策

●…………乳幼児の発達と絵本

乳幼児に本が必要だという認識が一般的になった一つの理由は，脳科学の進歩により，赤ちゃんが従来認識されていた時点より早く，言葉や物語を理解し，周りの状況を認知する能力をもっていることがわかってきたことにある。2001年には，医療，工学，心理学，社会学など多面的な視点から赤ちゃんを研究する「日本赤ちゃん学会」も設立されている。

脳科学

日本赤ちゃん学会

赤ちゃんは生後約３か月で音を聴くことに注意し出し，約４か月で首を動かして興味の対象を注視する。赤ちゃんの周りでおとなが赤ちゃんのことを話しているとじっと聞いていて手を動かしたり，絵本を見せるとじっと見入る。約５か月では色や細かいものの輪郭もわかり，興味をひかれたものに手をのばす（リーチング）。絵本のいちごの絵に手を伸ばし，おとなが，「いちごおいしそうね」と声をかけると，いちごの絵をつかもうとする。

手をのばす（リーチング）

約６か月では記憶力がつき，指差し行動（ポインティング）ができるようになる。ごく短いストーリー絵本を理解し，興味のある絵を指さしておとなに教える。周囲とコミュニケーションしようとする人間的な意識の芽生えである。従来，言葉がわからないから絵本をみせてもしようがないと思われていた年齢の子どもたちにこうした能力があり，図書館サービスができることが明らかになってきた。しかし，図書館だから絵本を提供すればよいというのは短絡的な発想である。乳幼児サービスには，絵本よりもっと大切なことがある。

指差し行動（ポインティング）

●…………親子の関係を育てる

親と子の愛着関係

絵本は，親と子の愛着関係を土台にしてこそ，そのよさを発揮できる。信頼できる関係の中で，子どもは安心して目と耳と心を開き，絵本を楽しむ。赤ちゃんにも言語や絵を理解する能力があるという認識が広まり，早期教育に走ろうとする親もいるが，まず親子間の愛着関係を育て，その上で，ただひたすら絵本の世界を楽しむことが物語の楽しさを理解することにつながっていく。

絵本の世界

物語の楽しさ

わらべうた

親子の関係を育てるために，わらべうたは有効である。乳幼児の情緒は身近な人たちの雰囲気や生活環境に左右される。落ち着いた雰囲気で情緒が安定しているとき，子どもは筋肉をゆるませ，耳をすまし，自ら体を動かし，声を出す。「母親が子どもがまだ物心がつかないうちから歌う童唄のたぐい，子守唄のようなものが，いちばん大切で，児童文学の第一歩，その基本じゃないか」と，瀬田貞二は言っている（『幼い子の文学』瀬田貞二著　中公新書　p.58-59）。

あそばせうた

わらべうたは，子どもたちが集団で遊ぶ，「かごめかごめ」「はないちもんめ」などのほかに，おとなが赤ちゃんを遊ばせるあそばせうたがある。ここでいうわらべうたは後者である。核家族化した現代，これまで祖父母や近所の老人などから伝えられてきたあそばせうたが伝わっていない。

赤ちゃんに顔を近づけて，「あっぷー」とあやしたり，顔をなぞってつつきながら，「ここはとうちゃん　にんどころ」と唱えたり，だっこしてゆすりながら，「このこどこのこ　かっちんこ」と歌う。赤ちゃんは，おとなにしてもらう「あそばせあそび」を通して，人とのかかわり方，言葉，身体機能を学ぶとともに，無条件の愛情，安心，安定，心地よさを感じる。皮膚からの触覚刺激が，脳の発達に関係することもわかってきた。

脳の発達

母語

聴覚機能

わらべうたは母語を育てる。赤ちゃんは胎内で８か月ごろから聴覚機能が動き始め，母親の言葉をメロディとして聞いている。誕生後に聞くわらべうたは言葉の区切りがメロディにのっているので，単語を切り出しやすい。さらに，体を動かしながら単語を口に出し，おとなに答えてもらって言葉を体得していく。

言語生活の基礎

実際，乳幼児はわらべうたでたっぷり遊ぶと，絵本にもすっと馴染んでくれる。母語は子どもの生涯にわたる言語生活の基礎を築く。図書館の乳幼児サービスには，わらべうたが欠かせない。

赤ちゃんと楽しむ
わらべうたの会
（浦安市立図書館）

UNIT 35

◉乳幼児サービス

乳幼児向け資料

●…………乳幼児向け資料の種類と特性

発達段階

乳幼児は，０歳でも月齢により，また個人により発達段階に差がある。乳幼児向けの資料は子どもが人生で最初に出会う本であり，急激に出版点数の増加したジャンルなので，注意して選書しなければならない。

乳幼児絵本
認識絵本

乳幼児向け絵本は，ものに名前があることを伝える認識絵本，短いストーリーのある絵本，言葉の響きやリズムの楽しさを伝える絵本などの種類がある。

認識絵本は，食べ物や動物，日用品，車などを題材にし，絵も写実的な絵，イラスト的な絵，写真による絵本などの種類がある。食べ物の絵はそのおいしさ，動物の絵はその命が伝わってくる絵がよい。写真は写実的に対象を伝えるが，背景が映り込んで対象物の形が不鮮明になったり，背景を消すことによって大きさがわからなくなったりすることもある。

やりもらい遊び
ごっこ遊び

４か月以上の赤ちゃんに手渡したい，『くだもの』（平山和子作　福音館書店）は，背景が白く，対象物の形がはっきりわかり，くだもののみずみずしさが伝わってくる美しい絵である。また，それぞれのくだものの食べ方―すいかは切る，ぶどうは洗う，りんごは皮をむいて切る―もわかる。そして，そのくだものを，「さあ，どうぞ」という言葉で読者に差し出してくるしくみに，自然と手をのばしたくなる。９か月以上の乳幼児が始める「やりもらい遊び」，２歳近くになってからの「ごっこ遊び」につながる絵本である。

ストーリー絵本

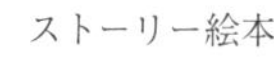

短いストーリー絵本では，『おつきさまこんばんは』（林明子作　福音館書店）が１歳から２歳児にたいへん人気のある絵本である。夜，家の上に月が出て，雲が月

『くだもの』

をおおい，また月があらわれる，というだけの単純なストーリーだが，子どもたちは繰り返し読んでもらいたがる。お月さまによびかける言葉はわかりやすく，暗い夜空にはっきりと浮かぶあかるい月も目をとらえる。見えていたものが一旦隠れて，また見えるようになるのは，「いないいないばあ」遊びと同じである。この本を喜ぶ年齢の子どもたちは，実際におとなが手や布で顔を隠して行ういないいないばあ遊びも繰り返しやってもらいたがる。

言葉が話せない赤ちゃんも母親のお腹の中にいるときから，周囲のおとなの会話を聞いている。乳幼児はとても耳がよい。言葉のひびきやリズムを楽しむ絵本は，おとなにとっては意味のない音の繰り返しのようでも，とても喜ばれる。『ごぶごぶ　ごぼごぼ』（駒形克己作　福音館書店），『ころころころ』（元永定正作　福音館書店）など，はっきりとした色と形と動きがあり，耳に心地よい絵本をおとなも楽しんでほしい。

乳幼児向け絵本は多く出版されているが，ただかわいらしいだけで内容がなかったり，赤ちゃんにはこの程度の理解力しかないだろうと安易に作られた絵本もある。生活経験や言語経験のごく少ない乳幼児が理解でき，かつ集中できる短さの中で楽しめるストーリーを考えるのは難しい。よいストーリーとそれを生かす美しい絵，簡潔な言葉で表現された絵本を選びたい。子どもの読書は耳から始まる。言葉のリズムを楽しむ本以外でも，耳に心地よく，美しい日本語の本を選びたい。

生活経験
言語経験
読書は耳から

●…………乳幼児の絵本の読み方

赤ちゃんに絵本を読んであげたいと思っている親は多いが，いざ絵本を読み始めると，すぐあきてしまう，なめたりかじったり放り投げたりしてしまうから，と読み聞かせをあきらめてしまう親もいる。こうした親に，図書館員は，乳幼児の発達と絵本の読み方についてアドバイスするとよい。

乳幼児の発達
絵本の読み方

赤ちゃんは最初から絵本の楽しさを知っているわけではない。親が膝にのせて読んであげ，赤ちゃんが指差す絵に注目してこたえてあげることが大事である。最初はその１ページで終わっても，毎日読んであげれば，赤ちゃんは絵本とは楽しいものだということがわかってくる。この時期の絵本は，最後まで読むものではなく，絵を見ながら会話することで，愛着関係を育てるツールと考えてほしい。

最初は放り投げたり破ったりしても，絵本が楽しいものとわかると子どもは自然に絵本を破らなくなる。破らないようにと本棚にしまいこむのは，泳げるようになってからプールに連れて行くのと同じである。絵本は赤ちゃんが自分で手にとれるような場所に置いておく。もし，破ってしまったら赤ちゃんと一緒に直してあげるとよい。親が絵本を大切に扱っている様子を見せることで，紙は乱暴に扱えば破れることを知り，大切に扱うようになる。図書館にとって，本を破られるのは困ることだが，破ることを恐れて借りられないより，借りてもらって絵本の楽しさを知ってもらうほうがよい。弁償には柔軟に対処したい。

●…………形態・材質

乳幼児向け絵本は，通常の絵本より小さく，赤ちゃんが手にしてちょうどよい大きさで，形として最も安定した正方形の絵本が多い。細かい指の動きがまだできないため，厚紙のボードブックもある。お風呂で読める材質の絵本などもあるが，図書館の収集に向くものではない。絵は見開きに1場面で描かれているものがよい。

正方形の絵本
ボードブック

●…………ブックリスト

年々増加する赤ちゃん絵本から何をわが子に読んでやればよいのか迷う親が多い。育児雑誌や育児産業が作成したブックリストも氾濫している。Web 上の絵本紹介サイトでは，我が子に読んで反応がよかった本の紹介や，ジャンル別おすすめ本紹介があり，個人のブログでも絵本の紹介は多い。しかし，図書館は子どもたちに実践した経験と，乳幼児以上を対象とした児童書の知識を踏まえて，子どもの成長に即した公平なブックリストを作ることができる。これは，児童コーナーに置くだけでなく，図書館の利用案内とともに，保育園や保健所，さらには，産婦人科や小児科の医院にも置いてもらうなど，地域全体に配布し，PR したい。図書館のホームページから，ブックリストが見られるようにするのも有効である。

赤ちゃん絵本
ブックリスト
児童コーナー
利用案内
保育園
保健所
医院
地域全体に配布
図書館の HP

●…………乳幼児向け絵本の排架

乳幼児向け絵本は，ほかの絵本と混ぜて排架すると小さくて埋もれてしまい，見つけにくく取り出しにくい。ラベルを替え，データでも別置がわかるようにして赤ちゃん絵本コーナーなどを作り，別置するとよい。小型の本，赤ちゃん向けとして出されている本，シリーズ本だからといって，安易に受け入れてしまうのはよくない。むしろ，子どもが初めて出会う芸術として，絵も言葉も表現もよく注意して1冊ずつ選ぶ必要がある。たくさんのタイトルをそろえるより，よりぬきの絵本を複本でそろえたい。

別置
赤ちゃん絵本コーナー

おすすめリストに載せた本は複本で用意して，親子がいつでも手にとれるようにし，お気に入りの本を見つけて繰り返し読んであげることをすすめたい。ブックスタートでプレゼントした絵本は，その自治体の子どもがみな親しんでいる。赤ちゃん絵本コーナーでも，見知った絵本として手にとられることが多いので，なるべく表紙を見せて置きたい。

ブックスタート

赤ちゃんの絵本コーナーの近くに，育児関係の本や教育関係の成人書，育児雑誌，産後体操や赤ちゃん体操の DVD を置くと，親子で利用しやすくなる。

●…………コーナーの設置

赤ちゃん絵本を置く，清潔で安全なコーナーがあると，親子で利用しやすい。はいはいをしたり，つたい歩きをしだしたころの赤ちゃんと，動きの激しい幼児や小学生の動線が交錯するような場所，図書館員の目が届かない場所はよくない。コーナーに赤ちゃんを寝かせたまま，自分の本を探しに行ってしまう親もいて，眠りから覚めた赤ちゃんが泣き出したり，転んでけがをすることもあるので注意したい。

ベビーベッド

ベビーベッド・おむつ替えや授乳ができる場所・ベビーカー置き場も近くにあるとなおよい。ベビーベッドはレンタルでマットを替えることもできる。柵やねじにゆるみがないか，確認しておく。赤ちゃんへの読み聞かせは，親子が一対一ですることが多い。親子が安心して利用できるあたたかな空間づくりを心がけたい。

●…………一般の利用者の理解を得る

泣き声

乳幼児の親が図書館利用をためらう理由の一つとして，泣き声が迷惑がられるのではないかという心配がある。　般の利用者にも，了どもの声をうるさく感じる人もいる。赤ちゃん絵本コーナーはできれば，一般の閲覧席から離れた場所にして，双方気兼ねなく利用できるようにするとよい。また，ある程度の声は一般の利用者の理解を得られるように，図書館の入口に乳幼児と親向けの行事案内を出す，ポスターを貼るなど，図書館が乳幼児を積極的に受け入れていることを市民に示していくことも必要だ。

決まった時間帯に「赤ちゃんタイム」を設け，館内に掲示し，おはなし会をしている図書館，ショート託児サービスを実施している図書館もある。

●…………展示

赤ちゃん絵本コーナーの近くに，自治体の乳児相談，乳幼児健診などのお知らせや，遊びのグループの紹介などの情報が展示されているとよい。赤ちゃん絵本コーナーだからとかわいらしく飾り立てる必要はない。ぬいぐるみや人形は清潔に保つのが難しく，置くのであれば，定期的な消毒・洗濯が必要だろう。あたたかでシンプルな展示で絵本を引き立たせよう。

あかちゃんえほんコーナー
（熊取町立熊取図書館）

UNIT 36

◉乳幼児サービス

乳幼児サービスの展開

●…………乳幼児サービスの準備

乳幼児は体の機能，脳の機能も日進月歩の発達を遂げていく。月齢による発達の差も大きく，個人差も大きい。また，言葉で要求を伝えられない年齢でもある。乳幼児をサービス対象とする上で図書館員は，育児経験の有無にかかわらず，館内全員で，その発達の過程を学ぶ研修を行うとよい。発達の専門家や地域の保育士・保健師などの話を聞いたり，関連図書を読んで学習するのもよいだろう。育児不安を抱えた親から相談を受けることもある。その際，無責任な対応をしないよう，館内で共通認識をもつことが必要である。

施設内の点検も欠かさず行いたい。書架の角，コンセント，口に入れられそうな展示物など，乳幼児の目の高さになって見渡すと，危険なものが見えてくる。おとなの予測しない行動をとる乳幼児が，安全に図書館を利用できるようにしたい。

施設内の点検
乳幼児の目の高さ

乳幼児向け絵本を読み合って推薦できる絵本を探す，わらべうたの研修をして，同じメロディ，同じリズムで歌えるようにしておくことも大切だ。その上で，図書館としてどんなサービスができるか計画を立て，実施するとよい。

わらべうたの研修

●…………乳幼児の登録

赤ちゃんの絵本を母親の利用券で借りてもらうのではなく，子ども自身の利用券を作り，別に借りてもらう。わらべうたの会・絵本の読み聞かせ・ブックスタートなどの機会に登録を促すとよい。

利用券
登録

●…………館内の行事

(1) わらべうたの会

歩き出す前の赤ちゃんとお母さんを対象にした行事では，絵本よりわらべうたの時間を多く取るとよい。わらべうたは短く，音程差が小さく，誰でも繰り返し歌うことができる。言葉にメロディがついていることで，生活のさまざまな場面で自然に楽しめる。わらべうたは親子の情緒を安定させ，愛着関係を育て，絵本への導入もスムーズになる。日本人は昔から，わらべうたをたくさん歌って子育てをしてきたが，核家族化や地域社会のかかわりが薄くなっていく中で忘れられてきた。だが，

わらべうた

図書館のわらべうたの会などに参加した親は，子どもがわらべうたを楽しむ様子を見，自分自身も楽しんで歌い継いでいく。四季の移り変わりや行事にちなむわらべうたも日本人の豊かな感性を伝える。CD も出ているが，ぜひ肉声で歌い，愛情と言葉を伝えることをすすめたい。

赤ちゃんに適したわらべうたは，一曲が短く，言葉と動きが拍に合い，音程差が小さく，繰り返し歌える歌である。自然な声，聞き取りやすい発音，よいリズムと音程，相手の目を見て，美しい動きで歌う。場所と時間は，図書館内の静かで落ち着いた環境で，時間は30分以内（正味20分）くらいがよい。

プログラムを作るときは，顔にさわる，だっこしてゆらす，膝にのせる，布を使うなど，種類の違うわらべうたをうまく組み合わせるが，もりだくさんすぎないようにしたい。また，無理やり絵本につなげようとせず，一つ聞ければいいというくらいに考えることである。前回のわらべうたも繰り返し，新しい歌を足していく。事前に必ず声を出して体を動かし，復習しておきたい。

大切なのは，子ども一人ひとりではなく，ひとりに対して歌うこと。なれない場所で緊張している子には無理に話しかけず，子どもが騒いでも，いつもの声の大きさで歌う。赤ちゃんはその日の体調，その場の雰囲気などに左右されやすい。事前に組んだプログラムや時間配分にとらわれすぎず，その日の子どもの様子をよく見て子どもにあわせた内容にする。

お母さんには，絵本やわらべうたの効用など，さりげないアドバイスもする。お父さんにやってもらうわらべうたや絵本も紹介する。おとなはすぐわらべうたを忘れてしまうので，最後に復習する時間をとることと，絵本やわらべうたなどについて，いつでも図書館に相談してほしいというとよい。親子をなごませ，また来たいと思うように楽しくゆったり安心できる雰囲気で行う。

(2) 絵本の読み聞かせ

絵本の読み聞かせ

絵本の読み聞かせはわらべうたの会と合わせて行う図書館も多い。赤ちゃんは言葉のひびきにとても敏感で，自分の意思を言葉で表現できるようになる１歳半くらいまでの間に，周囲の言葉をたっぷり体にためこんでいる。この時期の絵本は，耳に心地よく，美しい言葉の絵本を読んであげたい。３歳くらいまでは，会話も読み聞かせも一対一で行うのが基本なので，複数の親子に読み聞かせをする際にも，それを頭のすみにおくとよい。赤ちゃんは時にぐずったり，落ち着かなかったりする。そんなときはお母さんが委縮して次から来なくなってしまうことがないよう，声をかけたり，家でできるよう，わらべうたのプリントを渡すなどしたい。

２歳児

絵本を読む職員

走ることができるようになった２歳児は，読み聞かせの最中も走り回ることがある。そういう場合も，叱ったり無理やり座らせたりするのではなく，気分が向いたときに参加できるようにしておく。会場は安全性に配慮し，絵本を読む職員のほかに子どもたちを見守る職員を配置したい。

見守る職員

●…………保育園での読み聞かせ

図書館は不特定多数の子どもたちが対象だが，保育園では年齢がそろっているので，反応をつかみやすい。繰り返し行くと，子どもの成長ぶりに驚く。以前歌ったわらべうたを歌ってほしい，読んだ絵本をまた読んでほしいとせがまれたり，子どもたちの中にわらべうたや絵本が根づいていることに喜びを感じるだろう。保育士の子どもたちへの接し方にも学ぶところは多い。園児にとって，保育園は第二の家庭である。保育の中でも絵本を読んでもらえるよう，団体貸出をしたり，保育室に置くのにふさわしい本のアドバイスもできる。家庭でもわらべうたや本に興味をもってもらえるような印刷物を持参し，配布してもらうとよい。

絵本の読み聞かせ
わらべうた
団体貸出

●…………ブックスタートと図書館

ブックスタートは，地方自治体の長や行政担当者，子育て世代以外の市民にも，乳幼児への本の必要性を認識させた。また，図書館が保健センター，子育て支援センター，地域のボランティアと協力して事業を行うことで，地域全体で子育てを応援する枠組みの中にあることも印象づけた。

ブックスタート
保健センター
子育て支援センター

ブックスタートも自治体の実態に合わせた展開が行われている。浦安市では，1歳6か月まで自治体の一斉健診がないため，絵本のプレゼントは出生届時に市民課窓口で絵本をプレゼントし，その後，母子保健課母子保健推進員が全家庭を回る際に主旨を説明し，4か月時に図書館で図書館員がブックスタート絵本講座を行い，6か月から参加できる「赤ちゃんと楽しむわらべうたの会」につなげている。茅野市では，行政と市民の協同体「読りーむ in ちの」が，出生届時に絵本をプレゼント，4か月健診でのファーストブックプレゼント，小学校入学時のセカンドブックプレゼントを行っている。富士吉田市ではさらに中学入学時にサードブックをプレゼントしている。図書館に求められているのは，ブックスタートをきっかけにして絵本に興味をもった親子を，図書館利用に結びつけ，末永くフォローしていくことである。

ブックスタート絵本講座
ファーストブックプレゼント
セカンドブックプレゼント

「ブックスタートパック」（小牧市立図書館）

●…………セット貸出

セット貸出

大分県立図書館では，小さな子どもがいてなかなか外出できない人に，「乳幼児向けおすすめ絵本・育児書」のセット貸出を行っている。貸出期間は30日間，１回４セット（計20冊）までで，送料は申込者負担か直接貸出・返却。インターネットなどで申し込める。絵本はグレード別，育児書は妊婦用，パパの子育てセットなどの種類がある。横浜市緑図書館では，『ママ・パパに贈るはじめての絵本解説講座DVD』や絵本セットの貸出をしている。

絵本セットの貸出

●…………記録をとる

乳幼児サービスはハプニングがつきものである。天気の影響を受けやすく，集まった子どもや保護者同士の親密度などで様子が変わることもある。臨機応変に対応し，必ず記録をつけて，館内で情報を共有し，次回に活かせるようにする。

●…………ボランティアについて

乳幼児サービスは，ブックスタートをはじめ，地域のボランティアがかかわることもあるが，継続的に行う図書館サービスの一環として，ボランティア任せにせず，図書館員が計画し，主導権をもって一緒に行いたい。ボランティアには研修を行い，双方が共通認識をもってサービスにあたりたい。

●…………乳幼児サービスをするときに

乳幼児サービスをする図書館員は，一人ひとりをあるがままに受け入れた上で，読書の喜びを伝えることを，あせらず地道にやり続けることである。子どもが指さした絵を見て応答的に読むことにとまどいを感じるかもしれない。しかし，乳幼児の正直で敏感な反応は，ともすればおとなの視点から本を見るようになっている自分を軌道修正し，人間の成長の根元的な喜びを教えてくれることだろう。

●…………保護者へのサービス

乳幼児は保護者や周囲のおとなの助けなしに図書館を利用することはできない。図書館はそのサービスの目的や内容を保護者にPRし，子どもと一緒に参加してもらうようにしなくてはいけない。図書館でお母さんたちは，子どもとともに子どもの本を楽しむだけでなく，子育て中の悩みを本によって解決することもできるだろう。また，図書館は子育てをしているほかのお母さんとの出会いの場ともなる。お父さんや祖父母，さらに妊娠中の女性やパートナーも参加できるよう，事業の対象枠を広げておくとよい。孤立した育児をなくし，子どもを地域全体で育てていくために，図書館サービスが果たす役割は大きい。

●…………浦安市立図書館の乳幼児サービス

浦安市立図書館

浦安市立図書館では，以下のような乳幼児とその保護者を対象としたサービスを実施している。

事業名	内容・目的・テーマ	回数	参加対象（人）	延参加者数（人）
ブックスタート絵本講座	浦安市ブックスタート事業の一環として，乳児絵本の選び方やよみきかせ，わらべうたの指導を行う。	47	満４か月を迎えた乳児と保護者	624
赤ちゃんと楽しむわらべうたの会	わらべうたや絵本のよみきかせを通して，親子の信頼関係を築くことや，うたやリズムが乳幼児のことばの獲得のために必要であることを知ってもらう。	24	６か月～２歳の親子各15組	418
おひざのうえでえほんのじかん	絵本のよみきかせを子どもたちに楽しんでもらう。	5	６か月以上の児童とその保護者各15組	59
えほんのじかん	絵本のよみきかせを子どもたちに楽しんでもらう。	607	２歳～（おとな可）	5,693
お父さんもいっしょに絵本講座	親子を対象に，よみきかせの実演を行いながら，絵本の選び方・与え方を学んでもらう。	2	２歳以上の児童とその保護者　各12組	54
親子で楽しむ絵本講座	親子一緒にわらべうたや手遊びを楽しみ，絵本の選び方・与え方を学んでもらう。	6	Ａコース：３～４歳 Ｂコース：２歳 各親子15組30名	135
春休みえほんのじかん	絵本のよみきかせを楽しんでもらう。	2	２歳～（おとな可）	29

平成28年度集会事業実績報告（『URAYASU 概要 平成29年度』浦安市立図書館　Vol.35　2017　p.41-42）
０歳から２歳までを対象とした事業を抜粋。
講師・実施者はすべて図書館職員（司書）

ブックスタート絵本講座

浦安市立図書館『赤ちゃんと楽しむ絵本のリスト』から

UNIT 37

◉ヤングアダルトサービス

ヤングアダルトサービスの意義と現状

●…………ヤングアダルトサービスの定義と目的

図書館用語集

ヤングアダルトサービスの定義づけとして，『図書館用語集　四訂版』（日本図書館協会用語委員会編　日本図書館協会　2013）では，児童サービスの一部として説明されており，「〈自分では子どもだと思っていないが，周囲はまだ大人と考えていない〉13歳から18歳頃までを〈ヤング・アダルト（young adult）〉と呼び，ヤング・アダルト・サービス，または青少年サービスとして独自のサービスを展開しようとする動きもみられるが，十分には普及しておらず，両者を〈児童青少年サービス〉と一括して扱う例もある」として独自の図書館用語として認識していない。

図書館情報学用語辞典

一方，『図書館情報学用語辞典　第４版』（日本図書館情報学会用語辞典編集委員会編　丸善　2013）ではヤングアダルトサービスについて別項目をあげ，「おおむね12歳から18歳までの青年期利用者に対して主として公共図書館が行うサービス」としている。さらに，「児童サービスとの混同や包含を避けるために」としている。その内容については「専用の資料や施設よりも，むしろアプローチの仕方や力点の置き方に留意した，専門的知識と経験に基づく方法に重点が置かれる」としている。

ヤングアダルトサービスの目的としては，『図書館情報学用語辞典　第４版』では「ヤングアダルトの個人的関心，学習課題，娯楽などの総体的要求に応えて図書館資源を最大限に提供する」ことであるとしている。国際図書館連盟（IFLA）ではユネスコ公共図書館宣言に基づき，「ヤングアダルト向け図書館サービスのガイドライン」を公表している。その中でヤングアダルトサービスの目的は「児童サービスから成人サービスへの移行，図書館および読書運動を通じて生涯学習を積極的におこなう，情報と娯楽のための生涯にわたる読書の原動力をもたせる，情報リテラシーのための技術習得を促進する，教育・情報・文化・娯楽の要求にあわせるため，コミュニティのすべてのヤングアダルト向けの図書館資料とサービスを提供する」こととしている。

ヤングアダルト向け図書館サービスのガイドライン

情報リテラシー

さらに2018年には，「０歳から18歳の子ども向け図書館サービス・ガイドライン」を策定・公表しており，乳児から10代へと成長段階をふまえての図書館における資料やサービスについての指針を示している（option J）。

●…………ヤングアダルトサービスの誕生

(1) アメリカの場合

図書館用語としてのヤングアダルトサービスは1920年代からアメリカの公共図書館で使われ始めている。子どもから若者の世代を広くとらえる表現であるYouthやYoung Peopleという対象者を，さらに児童とおとなの中間に位置する世代という意味で，Young Adultという表現が使われるようになってきたのである。1920年代というのは東欧やロシアからの移民がニューヨーク市にやってきた時代である。移民の若者たちは，就職に必要な知識や技術を得るため高校に通学するのだが，その数が多く，学校では朝・昼・夜の三交代制で授業を行っていたという。予習や復習，課題のため公共図書館に押し寄せてきた若者たちへのクレームが従来からの成人利用者から起こり，その対応として図書館側ではこの世代向けの担当者を決めサービスを始めたという。児童図書館員のパイオニアであるアン・キャロル・ムアに見出されたメイベル・ウィリアムズやアメリア・ムンソン，マーガレット・スコッギンらが初期の担当者となり，ニューヨーク市立図書館のヤングアダルトサービスを発展させていった。高校や学校図書館との連携を主体としながらの活動から始まっていった。

アン・キャロル・ムア

メイベル・ウィリアムズ

アメリア・ムンソン

マーガレット・スコッギン

ニューヨーク市立図書館

アメリカ図書館協会では1960年に「公共図書館におけるYAサービスのガイドライン」を作成・公表し，現在ではこれをさらに改訂したガイドラインを基本にして担当司書の養成や図書館サービスを実施している。

公共図書館におけるYAサービスのガイドライン

(2) 日本の場合

日本では〈青少年奉仕〉という表現が長らく使われてきた。戦前・戦中には軍国主義的な青少年への読書指導運動があり，戦後の公共図書館での〈青少年奉仕〉活動に疑問の声がないこともなかった。1970年代以降，日本の図書館界でもヤングアダルトという表現が使われだした背景には，こういった歴史的な経緯を再検討するとともに，現代的な10代向けの図書館活動の定義づけを行うこともあったかと考えられる。

戦前，すでに10代の若者に対する図書館活動は行われていた。大正から昭和にかけ自由主義教育が広まってくると，義務教育修了後，上級学校へ進学するという発想のなかった若者の間にもさらに学びたいと思うようになったためか，中学や高等女学校受験が盛んとなり，当時の新聞記事にも“受験地獄”という言葉がみられるようになり社会問題化している。そういった若者たちによる公共図書館での受験勉強が増加し，それは図書館側に何らかの対応を求めることとなる。

自由主義教育

受験勉強

戦後になりさまざまな試みが行われた。1956（昭和31）年に東京都教育委員会が青少年出版物対策協議会を設置し，10代の若者向け出版物についての施策に対応す

青少年出版物対策協議会

る形で，10代向け読物目録等が作成されるようになった。これは戦後，盛んに出版された漫画（赤本）に対する社会的批判が強くなったことが背景にある。この協議会はさらに勤労青少年の実態調査を行い，青少年への読書指導を推進していった。

1962（昭和37）年に江東区立城東図書館が“若い人の本棚”を，1963（昭和38）年には東京都立日比谷図書館でも青少年室を設置している。1974（昭和49）年には大阪市立中央図書館に“あっぷるコーナー”が開設されるなど，主に，勤労青少年が集まってきていた都市部の図書館で10代向け資料コーナーが設置されていく。1970年代から80年代にかけては，都市部に限らず各地の図書館現場では爆発的に増加してきた10代利用者への対応をせざるをなくなっていく。

戦後のヤングアダルトサービスは，10代向けの出版物取締の動きと読書指導，そして10代への場と資料提供との葛藤の歴史といってもいいだろう。では，現在，ヤングアダルトサービスはどのように捉えられているのだろうか。次に現在の到達点を整理していく。

●…………公共図書館サービスとしてのヤングアダルトサービス

図書館を構成する四つの要件は，(1)図書館資料，(2)利用者，(3)図書館員，(4)場である。ではヤングアダルトサービスという視点から図書館サービスの要件を考えてみよう。

(1) ヤングアダルト向け図書館資料

ヤングアダルト向け資料の範囲を定義づけることは困難である。アメリカの図書館でのヤングアダルト向け資料構成としては，たとえばミネアポリス図書館の場合，所蔵資料全体のうちの30%となっている。つまり，30%児童向け資料・30%ヤングアダルト向け資料・40%成人向け資料としている。また，その30%のうち狭義のヤングアダルト向け資料が20%，児童向け資料が20%，残りの60%が成人向け資料という構成である。詳細についてはUNIT 38（ヤングアダルト向け資料）で述べる。

(2) 利用者

利用者については上記のような年齢層を対象としているが，それだけではない。子どもとおとなの中間層の年齢層というだけではなく，日本を含めた先進諸国では成人儀礼が形骸化し，身体的・知的にはおとなと変わらないのに社会的に認知されず，地域社会の一員としての責任と義務を自覚した存在となりにくい世代を，対象者と捉えられる。この世代の中心ともいえる中高生は幼児期や小学生時期に比べ読書しないといわれる。図書館がこの世代を利用者として考える場合，読書活動も含めての社会参加の場として図書館活動を提示するべきである。

社会参加の場

幼い子どもからの延長としてのサービス対象者と捉えるのではなく，「子どもの権利条約」で未成年者を保護の対象のみならず権利の主体として捉えているように，年齢で差別することなく独立したサービス対象者として捉えるべきである。「図書館の自由に関する宣言」や「図書館員の倫理綱領」でも，年齢で差別することを許していない。情報ニーズを主張できるサービス対象者として，ヤングアダルトを把握していくことが肝要である。

子どもの権利条約

図書館の自由に関する宣言

図書館員の倫理綱領

(3) 図書館員

図書館員は司書として資料選択管理，利用者の把握，図書館内外での協力活動体制の管理運営を行う一方，ヤングアダルトにとってのメンターとなりうる資質が要求される。日本の図書館では，専任／兼任担当者の配置は40%程度で，多くは兼任である。兼任であれば，ヤングアダルトの要求や自己認識を考えると成人資料担当との兼任のほうが望ましい。ヤングアダルトとのコミュニケーションをよどみなく成立できることが必須であり，そのやりとりの中で利用者の情報ニーズを把握していくことが担当者に求められる。成長していくヤングアダルトの生活を考えれば，成人向け資料情報への移行を促すことが多々起こることから，成人向け資料を把握していることが，ヤングアダルト利用者の次段階への図書館利用につなげていくことになる。生涯にわたっての図書館利用者となり，図書館サポーターとなってくれる可能性の高いヤングアダルト利用者に対応できることが担当者に求められる。

メンター

成人資料担当

図書館サポーター

(4) 図書館という場

図書館に，利用対象者の利用利便を配慮し，児童室あるいはコーナーがあるように，ヤングアダルトコーナーとよばれる10代の利用者を主な対象者と想定した場を設定する。自分の求める資料や情報の探索方法に熟知しているわけではないヤングアダルトに，そのニーズを想定して資料を別置しておくことで情報へのアクセスの迅速化をはかり，かつ知的好奇心を刺激して読書欲や知識欲を喚起していく。また，単独での利用も多いが，群れて行動することの多いヤングアダルトが利用しやすい環境を整えることも重要である。こういったエリアを設定することで，図書館があえて声に出さなくてもヤングアダルトを利用者として歓迎していることを示すことになる。学習室や自習室などに囲い込みするのではなく，図書館本来の利用を促進することにつながる。図書館は資料と利用者とのコミュニケーションの場であり，この場において利用者同士や図書館員との交流を通して，地域社会の一員となるゲートウェイとしての場であると認識してもらうのである。そのために図書館のなかにあえて異空間としてのヤングアダルトコーナーというエリアを設定する。

ヤングアダルトコーナー

ゲートウェイとしての場

キャリア教育
読書活動

●…………ヤングアダルトサービスと政策

現在の政策の中で，キャリア教育と読書活動に関するものは公共図書館でのヤングアダルトサービスと関連している。財政的支援とともにこれらの分野での図書館活動を考えることが求められるだろう。中学・高校ぐらいから将来を見据えてキャリアを考えるためにも，幅広い読書を通じて情報や知識などを獲得し，自分の生活を基盤にしての選択ができるようにする支援が図書館側に求められている。

◉——option O

ヤングアダルトサービスの全国調査

日本図書館研究会の児童・YA 図書館サービスグループが，2014年度に全国の図書館を対象にヤングアダルトサービスの実態を調査している。その報告（「YA サービスの現状：全国調査報告(2)」『図書館界』68巻２号　2016　p.134-140）をもとに2014年当時の状況を紹介しよう。

調査対象は以下のとおりである。同グループは1993年にも同様の調査をしており，1993年は悉皆調査，2014年は中央館対象としたために調査対象館数は減少したが，YA サービスの実施は増加したと言える。

YA サービス実施の有無について（1993年／2014年調査）

	調査対象館数	回答館数	YA サービス実施館数	未実施館数
1993年調査	1,992	1,752	450（22.6%）	1,275
2014年調査	1,309	1,013	800（78.9%）	209

YA サービスの位置づけは，児童サービスと成人サービスの「中間」という意識が最も多い。また，担当者がいる館は408館（40.3%），担当者がいない館は558館（55.1%）であり，担当者がいる館のうち YA サービス担当者が専任として１人配置されているのが35館，２人が４館，３人が３館，図書館システム全体で４人以上という回答が３館あった。兼任で配置されている図書館では，１人が

YA サービスの位置づけ

2014年調査選択項目	回答数
(1)児童サービスの延長	164
(2)成人サービスの一環	53
(3)中間	846
(4)10代の社会参加・たまり場・仲間づくり	201
(5)学校教育・学習活動の支援	304
(6)学校図書館活動の支援	189
(7)趣味・娯楽支援	320
(8)ほか	22
(0)無回答	48

（複数回答可．YA サービスを実施していない館の回答も含む）

144館，２人が115館，３人が65館，４人が19館，５人が19館，図書館システム全体で６人以上が８館であった。

YA向け資料を別置しているのは，2,000〜5,000冊程度が185館と最も多く，1,000〜2,000冊程度（157館），100〜500冊程度（140館）という状況であった。

別置されている資料のジャンルは表のように「ティーンズ向け文庫本・BL・TL」が最も多く，「キャリア資料」，「マンガ・ノベライズ本」，「学校・留学案内書」，「学校関連本・課題図書」，「小論文対策ブックレット・新書」と続く。

資料提供だけではなく，何らかの積極的活動を実施しているかどうかについては，「図書館員体験・インターンシップ」が多く，ついで「POP作成」「講演会・WS・講座・講習」が続く。

YAサービスを実施していない理由は，複数回答で「スペースに余裕がない（161館）」，「職員数に余裕がない（89館）」，「予算に余裕がない（62館）」が上位３つである。ちなみに，1,013館のうち別枠予算があるのは88館（8.7%）で，別枠予算がないのは874館（86.3%）である。予算の平均額は657,374円であった。

同グループは，課題として以下の３点を挙げている。①YAサービスの自己評価・他者評価，②都道府県立図書館の支援体制，③伝統的資料種別にとらわれない資料構築や図書館行事を変革する試み。

YA向け資料ジャンル（複数回答可）

2014年調査選択項目	回答数
(1)学校・留学案内書	311
(2)学参・受験問題集	53
(3)小論文探索ブックレット・新書	306
(4)キャリア資料	550
(5)ティーンズ向け文庫本・BL・TL	615
(6)マンガ・ノベライズ本	349
(7)アメコミ・BD（バンド・テシネ）	15
(8)イラスト・マンガ研究書	194
(9)タレント本	129
(10)バイク・自動車関連本	79
(11)学校関連本・課題図書	309
(12)読書振興団体や出版社・書店推薦図書	235
(13)楽譜	62
(14)視聴覚資料	19
(15)ティーンズ向雑誌	143
(16)ゲームソフト・碁・将棋	64
(17)ほか	146
(0)無回答	207

図書館行事（複数回答可）

2014年調査項目	回答数
(1)ノート	34
(2)伝言板	40
(3)講演会・WS・講座・講習	74
(4)読書会・おすすめ本選考会	27
(5)人気投票	9
(6)ポスター・栞区政	34
(7)POP作成	227
(8)ブックトーク・ビブリオバトル・書評漫才	48
(9)図書委員会・図書部	16
(10)図書館員体験・インターンシップ	445
(11)お茶会・パーティ	9
(12)雑誌・新聞・ミニコミ誌発行	19
(13)ほか	130
(0)無回答	340

UNIT 38

◎ヤングアダルトサービス

ヤングアダルト向け資料

●…………ヤングアダルト向け資料と読書

情報リテラシー

コミュニケーション・スキル

メディア・リテラシー

読書は本を読むことだけではない。読むことと書くことである。リテラシーという表現は「読・書」を指す。情報リテラシーは印刷媒体から電子情報などをどのように受け取り（読む），どのように他者に伝達する（書く）か，というコミュニケーション・スキルを意味する。さらにメディア・リテラシーは視聴覚メディアを「読み」「書く」ことを指す。

ヤングアダルト向け図書館資料は，この世代が「読・書」する資料を収集し提供するものである。ヤングアダルトは図書館で借りるよりも，個人で購入したり，友だちから借りたりするほうが多い。しかし，図書館は図書だけではなく，多様な資料情報を提供する。また，資料を提供することによって「書く」，つまりコミュニケーションできる〈場〉を同時に提供する。そのための資料を選択し収集し提供することが求められる。

●…………資料種別

学校読書調査

新書や文庫

活字離れ

ヤングアダルト専用ページ

リンク集

児童向け以上にマルチメディア化しているのがヤングアダルト向け資料である。中学生あたりになると読書量が激減する。毎年10月に公表される「学校読書調査」をみると，10代の年齢層が上がるにしたがい読む図書数が減り，不読者数は増加する。

学校での授業科目が増え，部活動に参加し，通学距離が延びる中学生・高校生向けにはハードカバーの重量ある図書よりも，軽く持ち運びできる新書や文庫サイズの本がふさわしい。すでに所蔵しているタイトルの場合でも，文庫・新書版で再出版されたなら複本として購入しておく。また，雑誌はコミュニケーションの重要な情報源である。ヤングアダルトが関心をもつ分野（たとえばファッションやアニメ，映画，音楽など）を中心とする雑誌が，ヤングアダルト向けコレクションへの誘い水となる。活字離れが激しい現在，印刷媒体以外の視聴覚資料をヤングアダルト向けコレクションとするのは当然といってよいだろう。また，インターネットのWebが登場してきた時期に生まれたこの世代にとっては，電子情報は不可欠のものである。図書館サイトの中に，ヤングアダルト専用ページを作成し，ここにリンク集な

どを掲載し，電子情報アクセスのゲートウェイにしておくことは必要である。　ゲートウェイ

●…………選択基準

ヤングアダルト世代の情報ニーズを常に把握しておき資料を選択することが重要なカギとなる。ヤングアダルト利用者による友の会や助言委員会を組織化しておき，意見を求めるのは一つの方法となる。

中学生以上では学校の宿題（課題）が多くなり，その対応で時間をとられる中で自分の読みたい本を読む。また，思春期の特徴としての身体的・精神的な急激な変化に伴う悩みや疑問，また社会への関心の高まりから学校や家庭で聞けないことへの好奇心が起こる。そういった情報ニーズに対応する資料を選択する。　宿題（課題）

まず，宿題や課題への対応が可能な資料情報を選択する。地域の中学・高校での教科書を基本にして，学校との連絡調整の上，資料を選択する。通信制単位制の高校や外国人学校などとの協力も必要である。将来の生活や職業への具体的な道を歩み始めるヤングアダルトのため，キャリアプラン策定支援として，職業や生活についての具体的な情報内容の資料を多様な形態で収集しておく。　教科書を基本　キャリアプラン

また，限られた生活時間の中で読書するヤングアダルトのために，古典を文庫化・新書化した作品や人気根強いファンタジー作品，映画やTVドラマ，アニメ化した作品の原作，ベストセラーなど話題になった作品を中心に収集する。話題性の高い作品は成人のみならずヤングアダルト世代も読みたがるからである。　話題になった作品

さらに，偏読症といってもよいくらい作者やシリーズなど限定的な読書をする傾向がある一方で，ほとんど読まないヤングアダルトがいる。そういった本を読まない中学生・高校生でも携帯電話やスマートフォンは利用する。Webから始まった物語を読む。生活のテンポが速くなるにしたがい，各章が短く刺激の多い作品を読みたがる。読む習慣に乏しいヤングアダルト向けにはこういった傾向をふまえて選択収集する。　偏読症

文学作品の場合，読者であるヤングアダルトたちに想像力・創造力を豊かにし，思考力を熟成してもらうことを期待して，娯楽性の高い中でもオープンエンドの作品を半数くらいは選択しておきたい。それらは成人向け資料でもある。一方，年齢にふさわしいと期待される思索的な内容の作品を読めないヤングアダルトもいるので，小学生向けと思われる内容でも文庫や新書サイズ化したものはヤングアダルト向けとして収集しておく。逆に思春期としての関心は高いが，読書レベルが低い読者のために，本来は小学生向けにやさしく書かれた社会科学系や自然科学系の資料も選択しておきたい。　想像力　創造力　思考力

小学校高学年から中学生あたりだとセミ・オープンエンドの作品群がふさわしいだろう。個々の読者のレベルをみながらオープンエンドの作品へといざなえる工夫　セミ・オープンエンド

クローズドエンド

が求められる。セミ・オープンエンドの作品とは，一度読むとクローズドエンド（ハッピーエンドが多い）であり結末があるが，面白くて二度・三度と読み直すと，実は結末がついていないことに読者が気づくものを指す。こういった作品群は多くはシリーズ化する傾向にある。

現実として，年齢が上がるにしたがい，自分で自分の生き方（進路や進学，人間関係など）に決断をせざるをえなくなることが多くなる。そのための思考・判断ができるようになるためにオープンエンドの作品，つまり結末がつけられていない作品を読んで，読者が自分で結末を想像し創造できるようになるようにすることが求められる。考える読書は自分自身について考えることにつながる。つまり，図書館は，適切な資料を選択・提供することで，ヤングアダルトが自分で自分の生き方を考えられるようになる援助活動をするのである。

読書理解レベル

年齢が上がるにしたがい，個々のヤングアダルトの興味が多様化し，また読書理解レベルの差が大きくなる。したがって，出版社が判断したヤングアダルト向けというラベリングにとらわれず，資料を選択収集する必要がある。

●…………資料の展示・排架

図書館資料に関心をあまりもたず，図書館を学習室や自習室としか認識していないヤングアダルトに，資料を書架上でメディア・ミックス化することで利用を促進することは重要である。テーマは近いが，資料種別としては異なる図書館資料を同じ書架上に並べて，視覚的に探しやすくするのである。

メディア・ミックス

あえて，ヤングアダルト向け資料費を計上するのではなく，すでに図書館で所蔵されているが，分類上・資料種別上別々に排架されている資料を図書館内で選択し収集してくる。

ヤングアダルト向け資料割合

UNIT 37で，ヤングアダルト向け資料割合について述べた。短期的な展示やコーナーだけでなく，全体のヤングアダルト向け資料コレクションを構築する場合，成人向け資料の複本を購入し，ヤングアダルト向けとして構成していくべきだろう。軽めの読書傾向が成人にある現状では，同じタイトルの本を成人もヤングアダルトも読みたがる。成人は予約しても待てるが，ヤングアダルトは待てない。読みたい時が読み時なのである。読まないヤングアダルトを批判するよりも読める・読みたくなる読書環境の整備が図書館の役割であり，使命である。

●…………ヤングアダルト向け資料をめぐる課題

ヤングアダルトは読まないのか，読めないのか，読みたくないのか。ヤングアダルトの資料情報アクセス環境を考えて判断すべきことである。多様なテーマに関心が高まるとともに，刺激的な内容に関心をもつヤングアダルトを対象とする資料の中には，世代の異なる図書館員からすると眉をひそめたくなる内容のものが含まれる。また，電子情報を提供したり，図書館サイトにヤングアダルト向けページを作成したりすることで，有害情報へのアクセスやその影響を懸念せざるをえない。

しかし，ヤングアダルトが「読む・書く」ことを援助し，その成長を支援する図書館の使命や果たすべき役割と，ヤングアダルトが図書館で資料・情報へのアクセスを阻害されることを考えれば，ヤングアダルト向け図書館資料の構築はバランスよく対応することが求められる。ブラックリストを作りあげ魔女狩りのようなことを行うよりも，ホワイトリスト（おすすめ資料・情報リスト）を作成しておとなになる階段をのぼるゲートウェイあるいはゲートオープナーとして，図書館は存在したほうがよい。また，図書館員はメンターとしての役割を果たしたほうがよい。

ホワイトリスト

ゲートウェイ

メンター

どの資料を選択する場合でも，「図書館の自由に関する宣言」や「図書館員の倫理綱領」をふまえ，年齢による差別を行わないようにする。できるだけヤングアダルトのニーズを中心にして選択していくことが肝要であり，偏った視点を一方的に押しつけるような選択は避ける。ヤングアダルトが多様な視点をもち，異なることを寛容的に受け入れられるような資料を選択収集していくのが図書館である。本を読まないというより，読めない状況を図書館が作りだしてはならないのである。

図書館の自由に関する宣言

図書館員の倫理綱領

UNIT 39

◉ヤングアダルトサービス

ヤングアダルトサービスの展開

●…………ヤングアダルトサービス活動

図書館行事

乳幼児や小学校低学年児童は受動的に図書館側からの資料提供を受けたり，図書館行事（プログラム）を楽しんだりする。10代後半の中学生・高校生の年代へは，能動的に自ら考え参加する形で，図書館活動にかかわることができるようにしていくプログラムを提供していく。

第三次反抗期

自己形成

この世代は発達心理面から考えると，第三次反抗期であり，内省による自覚・思考を繰り返しながら，自らの生活や将来のキャリアなど人生を選択していく自己認知の時期にあたる。他人との人間関係や多様な経験等を繰り返すことで，この時期に自己形成が行われていく。しかし，生活行動範囲に限界のあるこの年代にとって，家族や学校・塾にいる同世代とは異なる人々と出会え，コミュニケーションをとることのできる公共図書館は，数少ない自己形成のための学習や経験のできる場である。図書館でのヤングアダルトサービスはこれらを認識した上で，読書を通じて，この年代が成長する支援活動をする。そのためには積極的に考え，創造し，他者とコミュニケーションをとる“お試しの場”“チャレンジできる場”を提供するプログラムを行うべきである。「読んだ」（観た・聴いた）ことを「書く」（表現する・伝達する）ことを能動的に行えるように仕掛けていくのが図書館の役割である。

お試しの場

チャレンジできる場

したがって，この世代向けには読書のための資料や情報を提供していくことと，この世代が主体となって行うプログラムとが同じ比重で行われることが望ましい。

次に実際に行われている10代向けの図書館活動を挙げていく。

●…………資料・情報提供

携帯電話やスマートフォン所持が一般化しているこのデジタル世代の図書館利用者向けの資料は，印刷媒体と非印刷媒体が同じくらいの情報価値をもっている。伝統的な図書館感覚での印刷媒体の資料提供を考えていると利用されない。図書も雑誌も，非印刷媒体資料もWebも資料としては同等と考えている利用者群である。文学作品を読むのが好きだという利用者だけを対象としないことが肝要である。この年代の多くは，NDCのような体系的知識構造よりも，感性イメージからくる単語で提供される資料群を利用する傾向が強い。軽くとっつきやすい資料から深い思

感性イメージ

索を求める読書資料への橋渡しをするのが図書館の役割であるので，キーワードによる資料群を作成し提供するべきである。視覚的に訴える資料リストや，ポップ，チラシ，ポスター，栞，Web上でのリンク集などや，排架や展示の工夫などで対応する。内容は高校生や大学生に作成してもらったものや担当図書館員が作成したものなどがよいだろう。

キーワードによる資料群
ポップ
チラシ
ポスター
栞
リンク集

物語や小説であれば「ミステリー」「恋愛」「ホラー」「小論文対策」といったオーソドックスなものから，「ラクして金もうけ」（キャリアに関する資料群），「彼/彼女の関心をひくコツ」（ファッションや美容，人間関係，心理学，哲学等）など関心をひくジャンルなどにまとめて，できれば排架や展示など別置し，目録担当者と打ち合わせておいてシールを貼るなどしてわかりやすい手段をとっておく。資料選定に10代利用者の積極的な意見を受け入れると利用効果が上がる。学校の図書委員会のような組織を公共図書館で形成し活動の一つとして，資料選定・資料提供を行ってもらうのがよいだろう。詳細はUNIT 38で述べているので参照してほしい。

では，実際に資料や情報を手にとって利用してもらうために，どうすればよいだろうか。

●…………フロアワークとレファレンスワーク

ヤングアダルトは常に背伸びをしたがる割には不安を抱えて毎日を過ごしている。成人部門の図書館員は冷たいと思うし，児童部門の図書館員は子ども扱いすると反発する。ヤングアダルトのプライドを尊重して対応するフロアワークやレファレンス・インタビューが求められる。レファレンスとして質問に来る場合もあるが，フロアワークの中でレファレンスとして対応することになることも多い。

フロアワーク

声をかける際には，通常のレファレンス・インタビューとは異なる表現から始めたほうが会話は続く。とにかく図書館員側が理解できるような会話をしてもらわないと，読書案内もレファレンスもできない。図書館員側の精神的安定のためにも，論理的に会話が成立する10代は少ないと想定しておいたほうがよい。

レファレンス・インタビュー
読書案内

レファレンス・インタビューでは相手に話をさせるような設問形式で行うが，10代に対しては「はい」「いいえ」が答えやすいので，そこから始めて会話につなげる。「何かお探しですか？」ではなく，「探しているものは見つかりましたか？」から声をかけていく。文章ではなく単語だけを話すことも多いので，こちらから三択設問形式で問いかけると，利用者はどう説明すればよいのかと考え始めることも多い。

書架の間でうろうろしている利用者が探しているのは，学校の課題か，小論文のテーマ，親や教師に聞けないこと（性や薬・病気等に関すること）などが多い。困るのは，課題そのものをまったく理解していない場合や，自分で考えようとせず図書館員に代わりに考えさせようとする場合である。あらかじめパスファインダーや

パスファインダー

資料リスト

テーマ展示

資料リスト，テーマ展示などを作成して準備しておくと，探索の手間が節約できる。

地域の中学校や高校等と連絡をとる，あるいは採択している教科書等を検討しておくことも必要である。中学・高校や専門学校，大学等では，すでに小学校でやっているものとみなして調べ学習の方法を教えないことも多いので，図書館でのワークショップとして企画し実施してみるとか，教師や生徒向けに調べるためのマニュアルを作成し準備しておくことも必要である。学校等から入手した情報は図書館内のほかの職員にも周知しておく。

フロアワーク

3（スリー）ストライク・ルール

10（テン）ウルトラマン・ルール

また，フロアワークとして騒がしくしている10代に注意することも必要である。しかし，いきなり「静かにしなさい!」とか，「中学生だから（高校生だから，ここは図書館なのだから）静かにしなさい」といっても反発が大きくなることも多い。「もう少し静かになりませんか？」と声をかけるところから始めていって，説得する。たとえば，“3（スリー）ストライク・ルール”などのルールをあらかじめ作成し，PRしておく方法もある。つまり，3回注意を受けたら図書館から出ていくことを求めるというルールである。あるいは，“10（テン）ウルトラマン・ルール”は3分×10，つまり30分間カバンだけおいて席を利用しないのなら，カウンターの中へひきあげるというルールなどを考えて周知しておく。

●…………参加型のプログラム

参加型のプログラム

中高生ボランティア

10代図書館友の会活動

10代図書館委員会

社会参加

ヤングアダルト利用者には参加型のプログラムが望ましい。公共図書館が地域社会の公共空間の場である以上，そこで学校や家庭とは違う行動規範や考え方が求められる。ヤングアダルトがそういったコミュニティに参加し，一員となるために求められる義務と責任などを試してみる場が図書館であり，図書館活動である。したがって，インターンシップや一日図書館員などのプログラムで図書館活動に参加してもらうだけでなく，長期にわたり〈中高生ボランティア〉が〈10代図書館友の会活動〉や〈10代図書館委員会〉などを組織して，図書館案内やおすすめ本リストの作成，あるいは絵本の読み聞かせを乳幼児向けにやってもらうなど，多様な図書館活動の企画実施などを行うことで，社会参加を促す。たとえば，岡山県立図書館などでは地元の中学あるいは高校の図書委員会に館内にコーナーを作り展示してもらっている。広島県立図書館では中高生のボランティア講座を開催し，修了者に子どもむけのおはなし会など図書館活動に積極的に参加してもらっている。ほかに読書会や読書サークル，講演会やワークショップ，ライブなど多様なプログラムが行われている。

アメリカの例では，メイカースペース（Maker Space）を設け，ヤングアダルトたちの創造性を刺激し，実際に何かを作りだす場を提供している。それによって将来の職業などに結びつくかもしれない本人の夢や希望を実現化する支援を行っている。あるいはCoding Clubなどを作り，コンピュータのプログラミングのワークショップなどを行っている。また，貧困家庭や新移民家庭の児童・生徒を対象として，図書館で学生や教師のボランティアを募り，学習支援活動を行っている。居住地域の公用語による学力が高くないと職業の選択の幅が極端に狭くなってしまう。そのことで貧困の連鎖が起きている。図書館が少しでも子どもたちの将来の選択の幅を広げようとしているのである。日本でも塾や予備校，家庭教師に余分な費用を支払えない家庭が増加するなら，公共図書館が学習支援を行う状況になっているとも考えられる。少なくとも，識字学習や母語による学習資料といった資料提供は必要であろう。 学習支援活動

●…………アウトリーチ

学校に通うヤングアダルト利用者が多いことから，学校や学校図書館との協働は欠かせない。レファレンスワークを円滑に行うためにも必要である。東村山市立図書館では宿題援助のために小・中学校に対して，図書館利用に関する資料を提示し学校での学習と図書館での連携を行っている。北広島市図書館では高校との連携でパスファインダーを作成しホームページで公開している。 宿題援助 パスファインダー

通学していないヤングアダルトに対しても，資料情報提供や支援活動が必要である。通信や単位制の高校に通学するヤングアダルトにとって，身近な公共図書館は大事な学習資料入手の場である一方，中途退学者にとっても高校卒業程度認定試験や大学や専門学校等の入学情報は必要である。また，外国人の労働が法的に認められてくると，その子どもたちにとって，母語あるいはやさしい日本語での資料が必要だろう。少年院への資料提供や学習支援もヤングアダルトサービスである。非行・犯罪をおかしたヤングアダルトの社会復帰の支援活動としての図書館活動は低迷しているが，その役割と意義は大きい。 少年院

●…………広報，Web・Blog・Twitter・Facebookなど

最初に述べたように10代のデジタル世代への広報手段として，まず図書館サイト内に10代向けページを設定することが必要である。そこで資料・情報提供するだけでなく，利用者が参加できるような公共図書館版SNS（ソーシャル・ネットワーク・サービス）を立ち上げる。地域の中学・高校など，あるいはカフェや書店など10代が利用する組織・機関などのサイトに，公共図書館のヤングアダルト向けページをリンクしてもらう広報活動は必要である。 10代向けページ 公共図書館版SNS

広報する内容として，10代の情報要求に合わせた課題解決のためのパスファインダーや資料リスト，リンク集などを掲載し，教師や保護者向けの情報源，進学・就職（ヤングハローワークと協力）情報の提供などを行う。また，双方向のSNSを

設定し，10代の利用者同士がデジタル情報として読書の感想を述べ合うなどの場を設定することも考えられる。その場合，必ず担当者がプライバシーの侵害や差別表現などがないことをこまめにチェックしておく必要がある。

大阪府立中央図書館ヤングアダルトサービスのサイト
http://www.library.pref.osaka.jp/cgi-bin/benriyan/display_top.cgi

◉——option P

ブックトークの棚づくり——YA向け資料の書架

ブックトークは学校でよく行われる。テーマを決めて図書や多様な資料を薦めるのがブックトークである。中学レベルでは効果的である。“朝読” の短い時間内に小説などを薦めることもあれば，歴史や地理，数学や音楽の授業内で15分くらいのミニ・ブックトークを行うこともある。教科書に書かれている中のたった１行の内容に興味・関心をもち，さらに知りたいと思う児童・生徒たちに本を紹介することで，さらに個々の学習を発展させる。

では，公共図書館ではどうか。学校のようにグループとして利用者を集めブックトークをすることは図書館行事として効果的である。最近の流行ではビブリオバトルのように利用者自身がブックトークを行う参加型のものも登場している。

日常的には展示という形でブックトークを行うことで，図書館内に散開している対象年齢層の異なる資料や種別の異なる資料があることを示す。「ショーケース」として効果が期待できる。特に図書館での資料利用にこだわりがある10代は，自分の好みの分野の書架位置を把握すると，それ以外のエリアを探索することをやめてしまう傾向がある。できるだけ多様な資料，さらにレベルアップした資料にアクセスしてもらうために，書架上でブックトークすることで10代にその読書習慣や傾向を変化・発展させることになる。

20・20・60ルール（絵本や小学生向けといった児童向け20％・YA向けと出版がPRしている10代向け20％・成人向けだが読みやすい資料を60％）で，さらにフィクション50％・ノンフィクション50％で，書架１連を形成する。書架２段分サイズの表示（掲示，見出し）をつけ，さらにPOP（ポップ）をつけておく。書架全体にオレンジ色の紙や布を貼り，際立たせる。図書類は面だし（フェイスアウト）しておく。書架１連で30冊程度であろう。書架を確保できないのなら，児童と成人向けのエリアの中間あたりに，机を用意し，オレンジ色の布をテーブルかけとしてかぶせ，その上に表紙を見せて広げておく。POPを書いて机に貼り付けておくと貸出中でも関心をもって見てもらえる。掲示は必要である。

option Qで示したように，話題になっている，あるいは人気のある本を中心に形成する。図書館のWebで図書館おすすめリストを形成してもよいが，図書館内でできるし，その場で貸出等の利用をしてもらえる。

いかがでしょうか。あなたならどのようなブックトークの棚をつくりますか？

ブックトーク「数学の迷宮へ」

「人は考える葦である」と言ったパスカルは哲学者であるだけでなく，数学者でもありました。そのパスカルさんの三角形を高校数学で学んだのを覚えていますか？

これをむずかしいと思うか，美しいと思うかは人によって違います。でも，美しいと思う中学2年生の女の子が数学テロリスト集団「黒い三角定規」に立ち向かう推理小説，ライトノベルがあります。

『浜村渚の計算ノート』（青柳碧人著　講談社（文庫）　2011）

数学教育は情緒育成に役立たないとして，縮小・削除されたことに怒った数学教育者ドクター・ピタゴラスは数学教育を復活させるべく，テロリストとして事件を次々と起こしていきます。数学学習ソフトにひそかに組み込まれた催眠信号を受けて事件を起こす若者たち。事件を解決すべく警察が頼ったのが中学2年生の数学天才少女浜村渚。シリーズになっています。

特に，シリーズ4冊目（3・1/2だそうですが）では，このパスカルの三角形が事件解決の鍵となります。1作目に登場するのは四色問題。四色定理ともいう。いかなる地図も，隣接する領域が異なる色になるように塗るには四色あれば十分だという定理。この作品では名前に色が含まれる人々が殺されていく。それを阻止するためにはどうすればいいのか?!

ほかにも四色問題が登場する作品があります。**『容疑者Xの献身』**（東野圭吾著　文藝春秋　2008）です。ガリレオ・シリーズ3作目。天才数学者だが高校教師をしている石神と，主人公湯川との運命的な出会いは四色定理。物語を読んだら，出版社がつくった特設サイトであなたもチャレンジしてみませんか。

この数学の美しさに惹かれたのは古今東西たくさんいるようです。そういった数学者たちの姿を描いた作品や映画はたくさんあります。

『無限の天才　夭逝の数学者・ラマヌジャン』（ロバート・カニーゲル著　工作舎　1994　新装版2016）という作品を基に，映画**「奇跡がくれた数式」**が製作されています。インド人数学者ラマヌジャンとケンブリッジ大学の数学者G. H. ハーディの出会いと葛藤を描いています。時は第一次世界大戦前，植民地であったインドからやってきた若者ラマヌジャンと，定理を使わず証明することなどありえないとする大英帝国の数学者たちとの論争が見ものです。

今も，数学の美しさに惹かれた世界中の高校生たちが競う国際数学オリンピックがあります。

『青の数学』（王城夕紀著　新潮社（文庫）　2016）では，数学はできるが，ラマヌジャンのように感性だけで数学を解いてきた高校生・柏山（かやま）が主人公です。彼は，偶然出会った国際数学オリンピックで連勝している女子高校生に「数学って何？」と問われます。彼はそれをきっかけとして，数学の決闘Ｅ２に参加し，数学の公式定理等を頭に叩き込み，国際数学オリンピック出場候補生の合宿にも参加します。

しかし，彼は問い続けます。「数学って何？」と。「自分はなんで数学やっているんだろ？」続編も出版されています。

数学にすべてをかけたのは，現代の中高生だけではありません。江戸時代にもいました。江戸時代の数学では，アラビア数字はまだ使われていません。漢字を使っていました。それでもパスカルの三角形を知っていました。人々は解けた数学問題を算額として神社に掲げるなどして，数学問題を競いあって解いていたのでした。和算とよばれます。

その面白さに惹かれた少女がいました。彼女の力に気付いた久留米藩の殿様は，彼女を召し抱えようとしますが，彼女の身分が気に入らない有力商人の入れ知恵で，和算の勝負を求められてしまうのです。さて，その勝負の行方は？**『算法少女』**（遠藤寛子著　筑摩書房（学芸ちくま文庫）　2006）で，その結末を。

次は，映画にもなったので，読んだことのある人も多いかもしれません。**『博士の愛した数式』**（小川洋子著　新潮社（文庫）　2005）です。この作品では，交通事故の後遺症で80分しか記憶が持続しない数学者が主人公として登場します。その数学者と，その家政婦とその息子との交流が描かれている作品です。これはフィクション作品ですが，フィクションではなく，現実に生きていた数学者たちについてのノンフィクション作品もあります。

たとえば，すぐれたゲーム理論を生み出しながら統合失調症を発病し，30年もの間闘病生活を送ったのち，復活してノーベル経済学賞を受賞したジョン・ナッシュの伝記があります。**『ビューティフル・マインド：天才数学者の絶望と奇跡』**（シルビア・ナサー著　新潮社（文庫）　2013）です。映画になったこともあるので，ノンフィクションは苦手という人はDVDで観てから読むとわかりやすいかもしれません。

ちなみに，ゲーム理論って何？と思った人には，**『高校生からのゲーム理論』**（松井彰彦著　筑摩書房（ちくまプリマー新書）　2010）をどうぞ。恋愛にゲーム理論が応用できるかどうかはわかりませんが，一読の価値あり，です。

ほかにナチの暗号を解読した数学者，いま話題になっている人工知能＝AIの父ともいわれているアラン・チューリングがいます。**『エニグマ：アラン・チューリング伝』**（アンドルー・ホッジス著　勁草書房　2015）では彼の壮絶な人生を描いています。素晴らしい功績があったにもかかわらず，同性愛者として，世間で後ろ指をさされ，自殺に追い込まれてしまったのでした。彼の肖像は英国の新しいお札に採用予定だそうです。日本人数学者もいます。藤原正彦さんが書いた自伝，**『若き数学者のアメリカ』**（新潮社（文庫）　1981）はいかがでしょうか。彼の留学時代の話にはさまざまな数学者が登場してきます。

数学者とまでいかなくても，数学を楽しむための本，**『数学ガール』**（結城浩著　SBクリエイティブ　2007）はいかが。3人の高校生が，数学の問題に取り組む物語形式の本です。主人公「僕」の高校の学校図書館の先生も登場します。シリーズになっています。2作目には，あの，フェルマーの最終定理が登場します。

「なに？　フェルマーの最終定理ってなに？」と思った方はこれをどうぞ。**『フェルマーの最終定理』**（サイモン・シン著　新潮社（文庫）　2006）です。数学界最大の問題といわれたフェルマーの残した最終定理を解明しようと多くの人々が挑み，挫折し，というノンフィクション。フェルマーさんは法律家であるにもかかわらず，最高のアマチュア数学者であり，その死後残された彼のノートに“解明したが，このノートに書くには余白が少なすぎる”とした定理が「フェルマーの最終定理」。数学界の最大の難問であり，証明に挑戦し続けた人々のドラマかもしれません。興味のある方はぜひどうぞ。

UNIT 40

◉特別支援の必要な子どもたちへのサービス

特別支援の必要な子どもたちへのサービスの意義と現状

●…………サービスの認識

障害児・者へのサービス

図書館において障害児・者へのサービスとは図書館利用に障害のある人々や子どもたちへのサービスを意味しているが，それは図書館という場所の利用だけにとどまらず，「読む」ということに，障害のある人々や子どもたちへの図書館サービスも含んでいる。どの子どもでも，「読む」ことができる施設と資料を提供するのが図書館の使命である。

実際に図書館サービスを考える際には，

①サービス対象者の把握

②サービス対象者への施設・設備の妥当な充実

③サービスする資料・情報の理解と提供

④サービスするプログラムの工夫と実施

が求められる。ここでは「読む」ことに障害がある子どもたちへのサービスを考えるため，まず対象者を把握し現状を確認する。③の資料についてはUNIT 41で，④のプログラムについてはUNIT 42で取り上げる。

●…………「読む」ことへの障害

1970（昭和45）年に成立した「障害者基本法」（1970年5月21日法律第84号，最終改正：2013年6月26日法律第65号　https://elaws.e-gov.go.jp/search/elawsSearch/elaws_search/lsg0500/detail?lawId=345AC1000000084）では，障害者とは，「身体障害，知的障害，精神障害（発達障害を含む。）その他の心身の機能の障害（以下「障害」と総称する。）がある者であつて，障害及び社会的障壁により継続的に日常生活又は社会生活に相当な制限を受ける状態にあるものをいう」と定めている。この法律は一部改正され，2011（平成23）年7月に成立，8月に公布された。この改正では発達障害が含まれることになり，関連する法律群が改正となった。

発達障害

すでに，2005年に「発達障害者支援法」（2004年12月10日法律第167号，2005年4月1日から施行　https://elaws.e-gov.go.jp/search/elawsSearch/elaws_search/lsg0500/detail?lawId=416AC1000000167）が施行されており，これに関連して従来の盲・聾・養護学校制度を特別支援学校の制度に転換する特別支援教育等を内容とする「学校教育法

発達障害者支援法

特別支援学校の制度

等の一部を改正する法律」（2007年４月施行　http://www.mext.go.jp/b_menu/houan/kakutei/06040515/06061610/002.htm）も成立し，2007年４月から施行された。この法律によって，新たに発達障害を抱える子どもたちが特別支援学校や学級で学習するだけでなく，通級による教育指導も行われるようになった。

さらに2019年，いわゆる「読書バリアフリー法」（視覚障害者等の読書環境の整備の推進に関する法律）が成立したことから，図書館で特別支援を必要とする子どもたち向けの読書環境を充実することが求められる。では，実際に，支援を求めている子どもたちがどれだけいるのだろうか。

『厚生統計要覧』（平成30年版）によれば，18歳未満の在宅身体障害児数は6.8万人，在宅知的障害児数は21.4万人となっている。

身体障害
知的障害
学習障害
注意欠陥多動性障害
広汎性発達障害
書字障害

身体障害としては，視覚障害や聴覚・言語障害，肢体不自由，内部障害などがあり，知的障害やLD（学習障害），ADHD（注意欠陥多動性障害），PDD（広汎性発達障害（自閉症やアスペルガー症候群））などの発達障害といった課題を抱えている障害児もいる。特に「読む」ことに障害があるLDの中にはDyslexia（ディスレクシア，読書障害）やDysgraphia（書字障害）などが図書館としての支援対象として認識され，サービスとして注目されつつある。

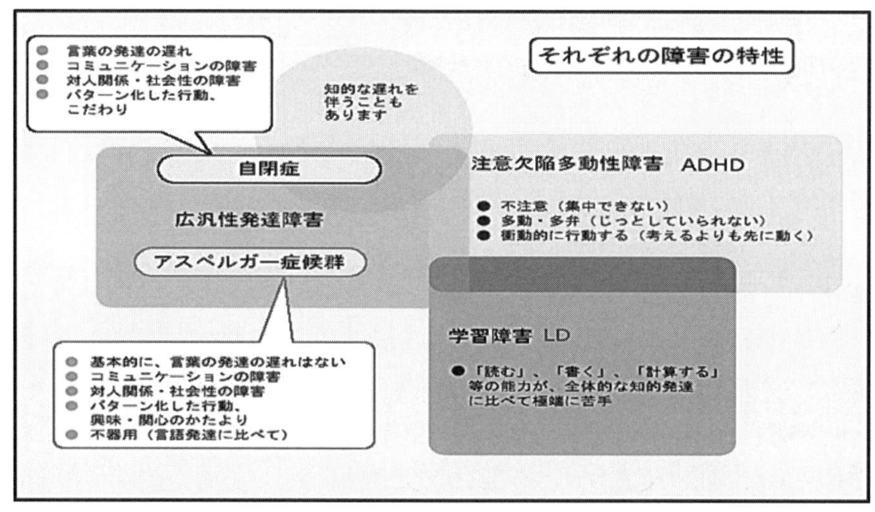

（出典：厚生労働省「発達障害の理解のために」　http://www.mhlw.go.jp/seisaku/17.html）

在宅の子どもたちや，特別支援学校や特別支援学級等に在籍している子どもたちがいるが，すべての子どもたちが支援を受けているわけではない。文部科学省が調査・公表した「特別支援教育資料（平成29年度）」によると，2017（平成29）年５月１日現在，特別支援学校に在籍しているのは，幼稚部1,140人，小学部41,107人，中学部30,695人，高等部68,702人で，合計141,944人である。ほかに特別支援学級在籍児童や通常の学級に在籍しつつ特別な教育支援を受けている児童・生徒もいる。

心身障害児（18歳未満）障害別・年齢別数（2016（平成28）年7月1日現在　単位：千人）

障害の原因等	身体障害（総数）	視覚障害	聴覚言語障害	肢体不自由	内部障害	重複障害（再掲）	知的障害（総数）
総数	4,287（100%）	312（7.3）	341（8.0）	1,983（45.0）	1,241（28.9）	761（17.7）	962（100%）
年齢階級別（抜粋）							
0－9歳	31（0.7）	1	4	21	5	8	97
10－17歳	37（0.9）	4	1	15	10	15	117

（出典：『厚生統計要覧　平成30年版』第3－28表　身体障害児・者（在宅）の全国推計数，障害の種類×年齢階級別，第3－32表　知的障害児・者（在宅）の全国推計数　性・障害の程度×年齢階級別から加工）

特別支援教育を受けている幼児児童生徒数

	義務教育段階（小・中）	幼児児童生徒全体（幼・小・中・高）
総数	9,874,138人（100%）	15,014,459人（100%）
特別支援学校在学者	71,802　（0.7%）	141,944　（0.9%）
特別支援学級在籍者	235,487　（2.4%）	235,487　（1.6%）
通級による指導を受けている者	108,946　（1.1%）	108,946　（0.7%）

文部科学省「特別支援教育資料」（平成29年度）から抜粋
※特別支援学校在学者および特別支援学級在籍者の数は，国・公・私立の合計。通級による指導を受けている者の数は，公立のみ

文部科学省による調査（「通常の学級に在籍する発達障害の可能性のある特別な教育的支援を必要とする児童生徒に関する調査結果について」2011（平成24）年5月公表）では，潜在的に小・中学校の各通常学級にLDやADHD等の発達障害である児童・生徒が約6.5％在籍している可能性があると報告されている。

つまり，身体障害や知的障害，発達障害といった課題を抱える子どもたちを対象として，特別支援学校／学級における読書支援も当然ながら，潜在的に発達障害等を抱える児童・生徒がおり，公共図書館での読書支援が求められていると考えられる。さらに，こういったさまざまな状況で「読む」ことに障害をもつ子どもたちが成長して社会で自立して生きていくための準備の支援も必要である。

●…………「読み」に障害のある環境

身体や知的・発達障害を抱える子どもたち自身に問題があるというより，それぞれの状況に応じての「読む」環境を整えていき，子どもたちが成長するにしたがい，社会で暮らしていく支援をすることが，図書館の社会的責任である。

施設と設備面からみてみると，視覚障害児に対しては，点字図書館や公共図書館，さらに「わんぱく文庫」（2016年活動停止，大阪府立図書館へ移動）や「ふれあい文庫」など民間団体の支援があるが，それ以外の障害児に対しては，どの子どもで

わんぱく文庫
ふれあい文庫

も資料を「読める」ように細やかな配慮をした図書館サービスが行われてきたとは言い難い。また，内部障害や聴覚・言語障害の場合，一見障害がないように見えるため資料の収集・製作・提供において充実したサービスを展開しようとする図書館側の意識が高まっていない。発達障害の中でもLDのように「読む」ことに障害をもつ子どもたちの存在自体の認識が始まったばかりといえよう。

学校教育現場では，エレベータやスロープの設置や障害者用トイレ，あるいは3Dプリンターや点字プリンター，FM等補聴設備，VOCA（音声表出コミュニケーション支援装置）等，障害に適応した教育を実施する上で必要とする設備の整備について国庫補助を行っているが，図書館のような公共施設では困難な状況にある。

成人向けと同じく施設・設備面では車いすや点字による指示などは利用できるが，点字などの学習段階あるいは学習段階以前にある障害をもつ子どもたちが，自分で読みたい本を探せる環境を整えておく配慮が求められる。たとえば，国土交通省が提示している「知的障害，発達障害，精神障害のある人のための施設整備のポイント」で示しているサイン・指示の具体例は，図書館内で参考になるだろう。障害をもっていてもいなくても，図書館の児童室エリアでは，鮮やかな原色などの色彩を使ってピクトグラムを多用し，サイン・指示を明らかにしておくことで，求められている資料への導入がスムーズに行われる工夫をするのは当然である。

ピクトグラム

絵本コーナーは靴を脱いであがって読めるように絨毯を敷いてあるが，車いすの子どもにとっては障害となる。

児童エリアにある机は車いすの子どもを配慮してあるだろうか。

OPACを含めた情報機器環境を，点字など文字を学び始めた子ども向けに整備する配慮も必要である。イラストによる選択や音声出力による確認などを工夫する。

点字絵本
布の絵本
電子絵本
貸出用タブレット端末

点字絵本や布の絵本，ディスレクシアの子ども向けの電子絵本や書籍を読める貸出用タブレット端末などは，印刷媒体図書とは資料形態が異なるが，電子書籍にアクセスしやすい環境にしておく。保護者や特別支援教育担当の教師らが参考資料を含めて，アクセスしやすい排架展示にしておく。

利用者のニーズにあわせて，施設・設備を整備することはもちろんだが，要望がでやすいようにあらかじめ図書館側が工夫をしておくことはもっと大事である。

UNIT 41

◉特別支援の必要な子どもたちへのサービス

特別支援の必要な子どもたち向けの資料

●…………障害児向け資料と著作権法の改正

どんな子どもでも「読む」楽しみを見出し，世界を広げていく支援をするのはおとなの役割であり，図書館の使命である。だが，すべての子どもたちが印刷媒体の図書を「読める」わけではない。子どもたちの発達段階や興味関心にあわせて，適切な内容の「読む」資料を選んで提供することと同時に，どんな子どもでも「読む」ことができるように多種多様な媒体を準備し，提供しておくことも図書館の仕事である。

しかし，子どものためなら資料形態を転換し提供することが，何でも自由に許されるかというと，そうではない。子どもたちが喜ぶからといって，『ぐりとぐら』の絵本を改ざんして，勝手にあらすじを加え布の絵本やさわる絵本に変更することは許されない。法治社会である限り，法的に適切な手段を講じてから，子どもたちが「読む」ことのできる資料にメディア転換していくべきである。 メディア転換

2009（平成21）年6月19日に「著作権法の一部を改正する法律」（法律第53号）が成立し，2010（平成22）年1月1日から施行された。第37条第3項に基づき著作物の複製等について，これまで「身体障害者福祉法」第5条第1項の視聴覚障害者情報提供施設（点字図書館など）に限定されていた視覚障害者等のための複製等が認められる者として，「図書館法」第2条第1項の図書館（司書等が置かれているものに限る）や，「学校図書館法」第2条の学校図書館，さらに大学図書館なども含まれることとなった。また，2019（平成31）年施行の改正著作権法により，①技術的能力及び経理的基礎を有し，②著作権法に関する知識を有する職員が配置され，③情報を提供する視覚障害者等の名簿を作成し，④団体の名称・代表者の氏名等を文化庁長官が定めるウェブサイトで公表することにより，対象が広く含められることとなった。

著作権法の一部を改正する法律
著作物の複製
身体障害者福祉法
図書館法
学校図書館法
著作権法

「著作権法」第37条において「点字による」複製等として点字資料にのみ対象にしていた表現を「視覚障害者等」と改めた。この改正により，対象となる資料については「公表された著作物であつて，視覚によりその表現が認識される方式（視覚及び他の知覚により認識される方式を含む。）により公衆に提供され，又は提示されているもの」を「専ら視覚障害者等で当該方式によつては当該視覚著作物を利用

点字資料

することが困難な者の用に供するために必要と認められる限度において，当該視覚著作物に係る文字を音声にすることその他当該視覚障害者等が利用するために必要な方式により，複製し，又は公衆送信を行うことができる」と認めたものとされる。したがって，点字資料や録音図書のみを図書館資料の対象とせず，幅広く多様な形態の資料が障害児・者向けに供されることが可能となっている。

図書館の障害者サービスにおける著作権法第37条第３項に基づく著作物の複製等に関するガイドライン

日本図書館協会など図書館関係団体では「図書館の障害者サービスにおける著作権法第37条第３項に基づく著作物の複製等に関するガイドライン」を2010年２月18日に公表している。このガイドラインで，著作権法第37条第３項により複製された資料を利用できる「視覚障害者その他視覚による表現の認識に障害のある者」を例示している。

マルチメディアデイジー

布の絵本

触図・触地図

ピクトグラム

リライト

例示している資料方式には以下のようなものがある。「録音，拡大文字，テキストデータ，マルチメディアデイジー，布の絵本，触図・触地図，ピクトグラム，リライト（録音に伴うもの，拡大に伴うもの），各種コード化（SP コードなど），映像資料のサウンドを映像の音声解説とともに録音すること等」，となっている。点字資料とあわせ，これらの方式で図書館利用に障害をもつ子どもたちへの資料提供を図書館が行うこととなる。

では，実際にどのような資料形態が障害をもつ子どもたち向けに製作されているのだろうか。

●…………点字図書・点字絵本

著作権法

点字図書

墨字

点字絵本

点字資料は著作権法第37条第１項で示されており，図書館等の施設以外でも作成し利用可能である。点字資料は，狭義では点字図書ということになるが，点字雑誌や点訳絵本なども含まれる。墨字（ふつうの文字の総称）の図書を点訳化したものを点字図書としている。子ども向けとしては点字絵本がある。点字絵本とは，「一般に市販されている絵本の文章や絵の説明等を透明の点訳シートに書き写し，それをもとの絵本に貼り付けて，健常者と視覚障害者が一緒に楽しめるように工夫したもの」（岩田美津子『点訳絵本のつくり方』）である。目の不自由な子どもには，絵本はまったく無縁のように思われがちだが，このような「点訳絵本」をつくれば，目の不自由な子どもでも晴眼者の子どもと一緒に楽しむことができる。お話を点訳し絵本に貼り付けて，目の不自由な親などが子どもに直接読み聞かせすることができる点字絵本と，絵の部分を透明な点訳シートで貼り付けて目の不自由な子どもが晴眼者の親などとともに触って楽しむ点字絵本（さわる絵本）とがある。

点訳絵本

さわる絵本

布の絵本

ほかに，「布の絵本」がある。布の絵本は，主として肢体不自由や情緒障害などの目のみえる子どもが対象となる資料である。

点字資料の出版社は少なく，それぞれで製作販売されているが，新刊書やベストセラーが晴眼者向けと同時に出版されるわけでは必ずしもない。基本的には利用者の要望に応じて製作されるので，選択の自由の幅が非常に狭いのが現状といえる。

これらの点字図書などの所蔵・所在情報については，2010年４月から「視覚障害者総合情報ネットワーク（サピエ）」が，さらに10月からは日本点字図書館と日本ライトハウスが共同運営していたDAISYデータの配信システム「びぶりおネット」と統合され，音声図書とともに日本最大のネット配信用データベースとなった。図書部門は「サピエ図書館」とよばれている。著作権法第37条第３項の改正により，各図書館では障害児・者向けに点字図書を製作し，利活用をさらに活発化できる可能性が拡大している。

視覚障害者総合情報ネットワーク（サピエ）

サピエ図書館

●…………拡大図書（大活字本，拡大写本）

一般の印刷文字が小さすぎて判読できない弱視者や高齢者のために大きな活字で印刷された本を大活字本という。拡大写本は，既存の図書や印刷物などを利用者の視野や障害の度合いなどにあわせて，文字を大きく書き写したり，字体を工夫したものをいう。弱視だけでなく，視野障害や学習障害（LD），ディスレクシアといった障害をもつ人々向けに，主にボランティアや公共図書館などで製作されている。

視野障害

学習障害（LD）

ディスレクシア

●…………点字教科書・拡大教科書等

2008（平成20）年６月18日「障害のある児童及び生徒のための教科用特定図書等の普及の促進等に関する法律」（法律第81号）が制定され，視覚障害のある児童および生徒のため，検定教科書等を拡大したり点字にしたり，あるいは電磁的記録（デジタルデータ）としての教科書を作成，頒布することが認められるようになった。これに伴い著作権法第33条の２が改正された。ただ，教科書のみならず，関連する副教材などの点字化・拡大化などが必要である。

障害のある児童及び生徒のための教科用特定図書等の普及の促進等に関する法律

著作権法

●…………録音図書

録音図書には，カセットテープによる図書とデイジー（DAISY）図書とよばれるCD図書がある。欧米の図書館では，20世紀半ば頃からトーキング・ブック（Talking Book）の利用が知られる。文字を読むのに困難な状況にある視覚障害児や学習障害児などを対象とする。こちらも点字図書と同じく，各図書館現場では障害児・者向けに製作を拡大化して選択の自由の幅を広げると同時に，インターネットが広まっている中，読み上げソフトの導入により，電子図書の音声化をはかるべきである。電子資料の読み上げにはテキストデータが必要であるだけでなく，利用者側である子どもたちの情報機器の操作技術が求められるため，その学習支援が求められる。

録音図書

デイジー（DAISY）図書

トーキング・ブック

●…………マルチメディアデイジー（DAISY: Multimedia Digital Accessible Information System）

デイジーとは，1986年の IFLA 大会で採択された視覚障害者のための標準録音図書製作システムであったが，最近では，活字のままで読むことのできない障害児・者のための国際的なデジタル資料製作システムとして脚光をあびている。

録音図書

カセットテープに代わり，CD 1 枚に長時間収録可能なデジタル化した録音図書だが，視聴にはコンピュータ機能がある装置が必要となる。録音図書に比べ，収録時間や音質も優れ，検索機能の面でも「項目や頁へのジャンプ」「しおり機能」まで付加できる利便性に優れている。現在では，音声情報とテキスト情報を同期させるとともに，イメージ画像や動画も組み込むマルチメディア対応システムとして，その用途と可能性を広げており，マルチメディアデイジーとして注目されている。

マルチメディアデイジー

●…………触図・触地図

図書館では入口あたりに図書館案内として館内図を設置するが，それにあわせて点字で位置を示す触図としているところは多い。地図以外にも学習教材として，多様な図面を触覚資料として所蔵している特別支援学校の学校図書館がある。ただ，公共図書館で触図や触地図を所蔵しているところは多くはない。

触図

触覚資料

●…………ピクトグラム（ピクトグラフ）・リライト資料（LL ブック）

発達障害や知的障害，あるいは何らかの理由で障害を負った人々に情報伝達するための資料として，絵文字で伝えるピクトグラムや文字で伝えるリライト資料がある。どれもボランティアにより製作されるが，資料として所蔵している図書館は少ない。主に発達障害者等を対象とした著作物であるピクトグラムや LL ブックとも称せられるリライト資料は，10代や成人向けにもやさしくわかりやすく読めるように絵や文字で情報を伝える資料である。特別支援学校等を卒業した後，障害者が社会生活を送る中で求められる資料・情報源としての LL ブック等リライト資料へのアクセスできる環境を整えることも必要である。

ピクトグラム

リライト資料

LL ブック

●…………各種コード化された資料

18ミリ角の中に日本語で約800文字のテキストデータを記録することが可能な SP コードなど音声コードは，紙媒体に掲載された印刷情報をデジタル情報に変更するための二次元バーコードである。音声情報化するための視覚障害者用活字文書読み上げ装置は厚生労働省の事業として市町村から障害者に給付されているが，それを利用して音声化・点字化や，テキストで出力できる。最近では携帯電話のカメラで音声コードを撮影・保存し，F-08C の読み上げ機能を使って音声化するものも開発

音声コード

されて実用化している。音声コードがつけられている資料の多くは行政情報などで，視覚障害者に広報・伝達するために用いられている。点字図書館などでは新着図書案内や図書館便りをふつうの文字で印刷した資料とともに音声コードやSPコード等を印刷・配布し障害者にも伝達できるように提供している。障害児だけでなく，障害をもつ保護者向けに公立図書館がおすすめ資料リストなど読書支援情報をコード化して提供する試みが待たれる。

音声コード

●…………字幕つき動画

著作権法第37条の２の改正は，聴覚障害児・者向け資料の製作・利活用を認めるものであり，たとえば，図書館資料としての映像資料への字幕あるいは手話通訳キャプション付加が考えられる。しかし，映像資料への補償金制度が確立していない現在においては，商業的な映像資料に図書館独自でキャプションをつけることは困難である。現状では市販の字幕つき映像資料で，子ども向けとして選択し提供する段階にとどまっているが，図書館と著作権者との交渉が制度的に確立し学習教材として活用できる映像資料に字幕をつけられるようになることが期待される。

字幕つき映像資料

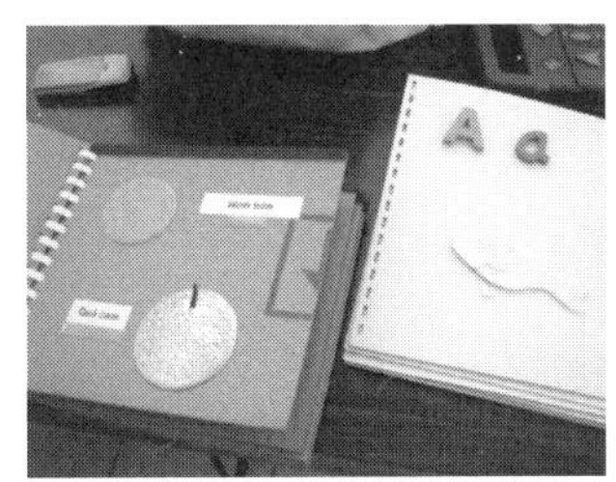

左：ディスレクシア向け資料の書架（イエテボリ市立図書館（スウェーデン））
中：おもちゃと絵本をセットで貸し出す。（イエテボリ市立図書館（スウェーデン））
右：さわる絵本（ホーチミン市立図書館（ベトナム））

●…………多様な資料

海外の図書館では，感覚過敏の子どもたち向けに知覚資料（sensory material）や言葉や知能発達に遅れのある子どもたち向けにマカトン・サインを取り入れた資料を提供しているところもある。「読書バリアフリー法」（視覚障害者等の読書環境の整備の推進に関する法律，2019年施行）が成立したことから，公共図書館では特別支援を必要とする子どもたち向けに多様な資料提供を準備することが求められる。

UNIT 42

◉特別支援の必要な子どもたちへのサービス

特別支援の必要な子どもたちへのサービスの展開

●…………「読む」ことに障害がある子どもたちへの対応

身体障害児・者に対応する施設・設備面での配慮は，新館建設や改築・増築の際に行われるようになってきているが，発達障害児・者向けの配慮はまだ少ない。大きくわかりやすいサイン表示や説明文などが求められている。

サイン表示

直接，対象利用者に対応する際にどうするかを各図書館で検討し，共通理解をし，図書館としてのルールを決めておく。心身障害児に対応することに加え，発達障害児への対応を考えておく必要がある。直接対面すればわかる身体障害児と異なり，発達障害児の場合，一見してわかりにくい。地域の病院図書館（特に子どもを対象としている病院）や特別支援学校と連絡を密にしておき，日常的に研修等を通じてどのように対応すべきかを把握し，利用者の状況に応じて対応を講じていく。

発達障害児への対応

2011年度全国図書館大会健康情報分科会（塚田薫代（静岡県立こども病院医学図書室）「公共図書館における発達障害児への対応―静岡県立こども病院からのアドバイス―」http://mis.umin.jp/28/program/oral-09p.pdf）で報告されたアンケートによる事例では，発達障害児などは「決まりを守れない」「落着きがない」「一方的に何度も同じ話をくりかえす」「嬌声をあげる」「絵本を読んでいるほかの子どもの邪魔をする」「暴れる」「走り回る」「特定の職員にまとわりつく」などの特徴があるという。それに対して作業療法士からのアドバイスとして，こういった子どもたちは図書館を居場所にしており，「友達ができにくいので相手にしてくれる司書さんをよりどころにしやすい」「不適切な行動をして叱られてでも相手にしてほしかったり気にとめてほしい思いがある」という。対応を図書館として決めておくことが大事である。

図書館を居場所に

たとえば，ヤングアダルトに対するルールと同じなのだが，スリー・ストライク・ルールを決めておく，などの対応が考えられる。ヤングアダルトの場合，騒がしくして注意をして３回以上になると退館を要求するというルールを決めておくように，しつこく同じ質問や同じ話を職員に繰り返す場合，３回までは対応するが，それ以上は無言になるというルールを紙に書いて示す，というものである。すべての子どもに対応できるとは限らないが，こういった対応をすべての職員で共有しておく。一方で，よい行為や何らかの作業参加行為に対してほめるという形で，社会参加を促すということもやってみるべきだろう。

UNIT 40で示したように，在宅の障害児数は多い。その子どもたちにとって，公共図書館は社会参加して，他者とのコミュニケーションをとれる場のひとつである。インクルージョンという考えは学校教育のみならず社会教育の場でも行われるべきであり，そのためのプログラムを図書館で企画し準備し，参加を促す努力が必要だろう。そのためには，障害児だけを対象とする図書館プログラムだけでなく，すべての子どもが参加できるプログラムを設定し，障害をもつ子どもたちも参加できるようにする努力が求められる。

インクルージョン

●…………「読む」ことに障害がある子どもたちへの図書館プログラム

障害をもつ子どもたちへのプログラム（図書館行事）の例は多くない。UNIT 40で述べたように「読む」ことに関する障害はさまざまであり，対象者の状況･環境･ニーズなどによって，適切な資料を選択し提供するのは個人別サービスになることが多いからである。公共図書館行事は複数の図書館利用者を前提とすることが一般的なため，対象者を限定した上で参加者を募りプログラムとするか，あるいは特別支援学校など図書館外へのアウトリーチ・サービスとして行われることになる。だが，図書館に要求される読書資料や情報・知識などは個人によって異なるため，個人あるいはごく少数集団を対象とすることが望ましい。

個人別サービス

アウトリーチ・サービス

枚方市立図書館（大阪府）では，ろうの子どもたちを対象とする図書館プログラム「手話でたのしむおはなし会」を行っている。これは，障害をもつ子どもだけでなく，すべての子どもたちが参加できるようにしている。

手話でたのしむおはなし会

特別支援学校の読書指導としては，ろうの子どもたちへの絵本の読み聞かせやブックトークを行っている。子どもたちがその言語をできるだけ自分で楽しめるように工夫している。たとえば，子どもたちは補聴器や人工内耳などをつけて，音声としてお話を楽しもうとするので，読み手は子どもたちが読話しやすいようにゆっくりと大きく口をあけて，お話を読むなどの訓練を受けて実演する。手話や指文字などを併用して絵本を読み聞かせするなども行っている。

特別支援学校の読書指導

手話や指文字

成人向けに対面朗読や代読サービスを行っている図書館は多いが，18歳以下の子ども向けにまで範囲を広げている図書館はまだ少ない。

対面朗読

代読サービス

さらにPCやタブレットPCなど情報機器を利用して，電子図書を読む支援をするためには，図書館で子どもたちやその保護者に最新の電子環境を整え，読むための電子資料やマルチメディアデイジー図書の利用講座や講習を開催することも，図書館プログラムとして考えるべきだろう。

タブレットPC

マルチメディアデイジー図書の利用講座

●…………障害をもつ子どもたち向けの資料製作

多様な状況にある子どもたち向けの図書館資料を市販している例はまだ多くはな

手話でたのしむ「おはなしかい」

- とき
  第4土曜日 午後2時～2時30分
- ところ
  2階 こどものフロア おはなししつ
- ないよう
  毎週土曜日の「おはなしかい」のうち、だい4土ようは、手話をいれた「おはなしかい」をします。手話を知っている人も知らない人も楽しめる「おはなしかい」です。

「枚方市　おはなしかいのおしらせ」から抜粋
https://www.city.hirakata.osaka.jp/0000020809.html

い。いくつかの児童書出版者が共同で点字つき絵本やさわる絵本を出版したり，点字絵本を継続出版している団体はあるが，資料製作はボランティアに頼っている場合が多い。図書館サービスを支えるためには，ボランティア養成講座などの図書館プログラムから始まる。

点訳絵本
布の絵本
バリアフリー絵本
LL ブック
朗読テープ
おもちゃ図書館

実際に行われているものとしては，点訳絵本（あるいは点訳つき絵本）や布の絵本（バリアフリー絵本）などや LL ブック製作，朗読テープなどの吹き込みや電子絵本や電子図書の作成など多彩である。民間団体ではおもちゃを製作し，「おもちゃ図書館」として発達障害の子どもなどを対象として活動が行われている。

拡大教科書
大活字教科書
電子教科書

学校で学ぶために，弱視の子ども向けにその子どもの視力や視野あるいは障害の度合いによって，拡大教科書や大活字教科書，電子教科書などの製作も求められる。さらに問題集や参考書といった副教材，電子資料などを製作する場合には，著作権法のルールを守りながら，子どもたちの状況にあわせた資料を製作する。

公共図書館の障害者サービスにおける資料の変換に係わる図書館協力者導入のためのガイドライン

こういった講座や講習，実際の活動は図書館プログラムとして位置づけられる。その際，ボランティアに図書館の使命を理解してもらうとともに，著作権法の内容認識とガイドラインなどの内容をわかってもらう。ガイドラインとしては，日本図書館協会障害者サービス委員会が「公共図書館の障害者サービスにおける資料の変換に係わる図書館協力者導入のためのガイドライン―図書館と対面朗読者，点訳・音訳等の資料製作者との関係」（2005年）を公表している。さらに，著作権法改正に伴って公表された「図書館の障害者サービスにおける著作権法第37条第３項に基づく著作物の複製等に関するガイドライン」（2010年）を遵守することも大事である。

●…………学校への支援

資料支援
出張プログラム

特別支援学校・学級への支援としては，まず図書館のある地域での状況を把握するところから始まる。アウトリーチ・プログラムとして行われるのは，資料支援やおはなし会などの出張プログラムなどである。

通常学級で学びながら支援を必要とする発達障害の子どもたちもいることから，

特別支援学校だけでなく，すべての小・中学校や学校図書館に対しても障害をもつ子どもたち向けの資料支援等ができることが望ましい。

また，心身障害や発達障害を理解してもらうため，教師や児童・生徒に関係資料のリストを配布し，要望があれば資料を団体貸出することも考えられる。

さらに，電子教科書や関連する電子図書・資料も学校での学習過程で利用されると，心身障害や発達障害の子どもたちにとっては利便性が期待できるが，教科書以外の資料にどれだけアクセスできるのか，学習に役立つ電子資料がどれだけあるのか，などを図書館があらかじめ調べて提供していくことも支援となるだろう。

電子教科書

●…………文庫や家庭への支援

心身障害児や発達障害児を対象として活動している「ふきのとう文庫」や「風の会文庫」などがある。「わんぱく文庫」（大阪府立図書館）のように図書館と連携をとっているものもあるが，図書館が把握していない場合も多い。資料製作のみならず，点字図書館などの資料や自館資料の相互貸借などを通じて，資料提供支援を行う。また，子どもたちや保護者についての情報を共有していくことで，地域社会参加の選択幅を広げる機会を増やすという活動支援が可能となる。

ふきのとう文庫
風の会文庫
わんぱく文庫

子どもだけでなく保護者も対象として，資料のみならず情報を届ける。在宅で過ごす身体障害の子どもたちの数は多い。障害者手帳が交付されていれば直接郵送という形でサービス可能だが，発達障害などの場合わかりにくく，そういったサービスは受けにくい。直接，子どもたち向けに資料を提供するためには，図書館から心身障害児向けの資料提供や支援体制があることを広報する必要がある。

●…………広報活動

チラシやビラなどを作成して，病院や社会福祉事務所など関連する施設に配布あるいは掲示してもらうことから始め，ホームページ上でも案内をしておく。学習・教育面での支援から，成長にあわせて自立支援のための資料情報提供も必要になってくるので，関連支援組織との連絡を密にしておくべきである。

まず，第一に障害をもった子どもたちと保護者向けに，図書館で障害児向け資料があることやサービスをしていることを知ってもらう。第二に，すべての人々に図書館で障害児向けにサービスを行っていることを知ってもらう。第三にボランティアを集めるための広報を行う。広報活動を行うことから，実際に求められる資料やサービスを改善していくことが可能となる。

◉——option R

横浜市立盲特別支援学校の図書館

1950年創立の横浜市立盲特別支援学校では，「目が見えにくかったり・見えないために専門的な指導を必要とする幼児・児童・生徒に対し，幼児教育・義務教育・高等学校普通教育及び職業教育（あん摩マッサージ指圧，はり，きゅう）」を実施している。その学校図書館について，同校のホームページから抜粋してその設備や活動を紹介する（http://www.edu.city.yokohama.jp/sch/ss/yokomou/school/tosho/index.html）。

はじめに

「横浜市立盲特別支援学校の図書館では，利用者が幼稚部から専攻科まで多岐にわたるため，絵本から専攻科の医学書関連の本まで多種多様の本を取りそろえています。利用対象者は，教育相談乳幼児や本校在学生とその保護者，教職員，卒業生，また横浜市周辺の弱視学級へもセンター機能として貸出しを行っています。

本校図書館では，一人ひとりにあった点訳本や拡大本，録音図書などの『読める資料作り』をすることが大きな役割になっています。一人ひとりにあった図書を作るために，点訳・拡大・音訳さまざまな分野の大勢の図書館ボランティアに支えられて，運営しています。今現在，29団体，500名を超える図書館ボランティアの皆様がいます。」

図書館の設備・機器

「本校の図書館では，視覚障害のある利用者に適した読書環境の整備が必要となります。設備・機器として，書見台や拡大読書機，DAISY 再生機，よみとも（自動点訳・音声読み上げ機能），音声対応パソコン，iPad，マルチメディア DAISY 図書専用パソコンなどを整備しています。

また，本の貸し借りには，音声対応の図書館蔵書管理ソフト（情報 BOX）を使用しているため，利用者が一人で本の借り受けや返却ができます。」

書見台

拡大読書器

本はともだちコンクール

「本校では，読書行事をきっかけとして，多くの本に親しめるように，校内で毎年『本はともだちコンクール』を開催しています。

このコンクールは，幼稚部から専攻科までの全児童生徒を対象に全員参加型の形で開催しています。感想文の部，創作の部，朗読の部，標語の部に分かれており，どの部門に応募するかは，個々の実態に合わせて，自由に選ぶことができます。

校内読書週間には，図書館内に特設コーナーを設置しています。中学部・普通科では，『読書発表会』を開催し，自分が好きな本を発表する機会を設けています。また，この読書コンクールで入賞者に表彰式で手渡される盾は，ボランティアグループによる手作りのものです。生徒図書委員会で毎年キャラクターを選定しています。12月に表彰式を校内で開催し，入賞作品はお昼休みに校内放送で放送しています。」

2013年 ボランティア手作りによる入賞盾

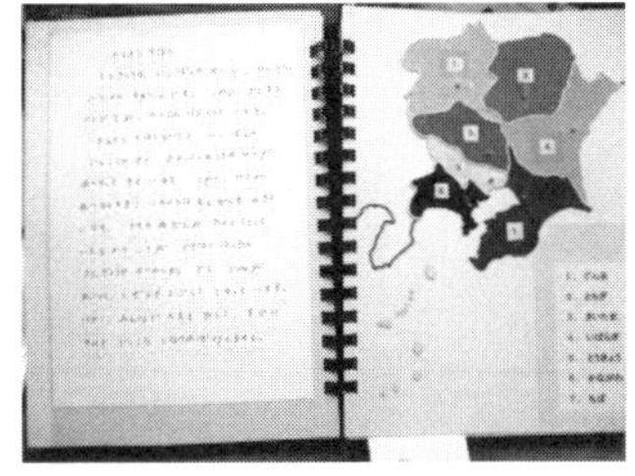

さわる日本地図

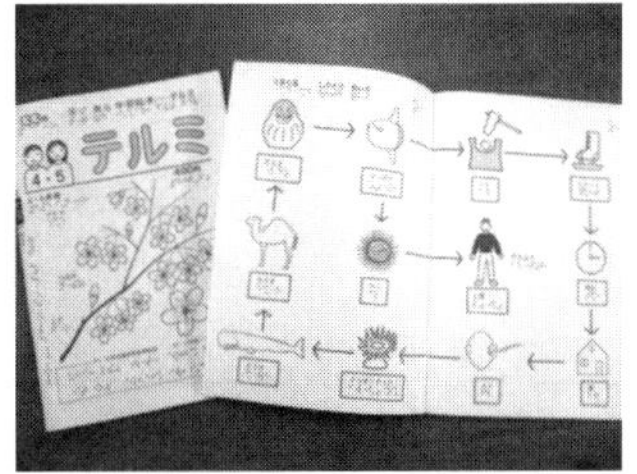

学習絵本～テルミ～

DAISY 図書

マルチメディア DAISY

点字付きさわる絵本

ぐりとぐら

点図付き点訳本

「option R 横浜市立盲特別支援学校の図書館」の記述および写真はすべて同校のホームページに掲載されているものを引用させていただいたものである。

◉――option S

ディスレクシアの子どもたち

日本障害者リハビリテーション協会では，DAISYの国内外の取り組みに関する講演会やシンポジウムなどを積極的に開催している。2008年11月に開催された「DAISYを中心としたディスレクシアキャンペーン事業『ディスレクシアの子どもたちへの読みの支援：DAISYを使ってみよう』」では，多くの講演や発表，討論が行われた。その中の岐阜県立特別支援学校教諭（当時）の神山忠氏の講演「ディスレクシアとマルチメディアDAISY：当事者そして教育者の立場から」にはご自身のディスレクシアとしての体験やディスレクシアの文字の見え方について詳細に述べられている。その講演記録から抜粋して以下に紹介させていただく（https://www.dinf.ne.jp/doc/japanese/access/daisy/event20081101/index.html）。

講演では，「私はどんなふうに文字が見えるかというと，白いキャンバスに黒ごまや黒大豆がばらまかれたように見えるんです」と冒頭に説明され，続けて小学生時代のさまざまな様子が述べられた。

○　小学校２年生のときのことです。２時間目と３時間目の間に長めの休み時間があり，その時，教室の黒板に，先生が縦書きで，「きょうはてんきがいいのでそとでたいいくをします」とひらがなで書きました。私はなんとか拾い読みをしたのですが，意味がわからずに，３時間目に外に出られませんでした。３時間目が始まって，しばらくして先生が探しに来られてしかられました。こういう話をすると，拾い読みをすれば，自分のいったことを耳で聞いて分かるのではないのかと，言われるのですが，それができないんです。目で追わなくてもいいくらい暗記できるとやっと頭で考えられるようになります。音声化するだけでいっぱいいっぱいだったのが，暗記して初めて頭で考えられるようになります。

○　未だに小学校時代のつらかったことを鮮明に覚えています。１時間，読み物を読んで，次の時間に感想文を書くというのが小学校２年のときにありました。40分近くかけて，私は一生懸命読んだのですが，でも４行目の上から３分の１ぐらいのところを一生懸命指でおさえていました。先生が授業の終わり頃，近づいてきて，「神山君，まだ，こんなところ？」と。その言葉を聞いた友だちは一斉に僕のほうを見て，「まだ神山くん，こんなところだ！お前バカやな」と言われてしまった。自分なりに一生懸命，意味のまとまりを見つけて読み進めていたのに，１時間頑張ったのにという思いがあって，やりきれない気持ちになってしまって。絶対，この指を離したらどこまで読んだか分からなくなってしまうので，離さないと思ったのですが，離してしまい，机の下でぐーっと握っていました。目でにらむように一生懸命読んだのですが，だんだんプールの底に書かれた文字のように揺れだして，最後には大粒の涙が出てしまいました。その瞬間，「もう絶対に本なんか読まへん！　文字なんかきらいだ！」と決め，努力することすらしなくなってしまいました。たったこれだけのことですが，つらかったです。

「ディスレクシアの子は，見え方がいろいろです」として，以下の５種類の文章が示されている。

思い出して下さい。あなたのクラスにこんな子は，いませんでしたか。黒板をノートに写し取るのに時間がかかる子。ノートのマスから文字がはみ出してしまう子。本読みがつまりつまりでしか読めない子。きっといたことと思います。彼らは，そうしたくてしていたのでしょうか。それとも，がんばっていたのだけれどそうなっていたのでしょうか。

そして神山氏はDAISYと出会いその有効性を次のように実感しているという。

- 苦労なしで書物を読めるようになった
- 本の面白さを知った
- 読みの困難さが軽減したことで勉強が好きになった
- 友だちとの話題についていけるようになった

思い出して下さい。あなたのクラスにこんな子は，いませんでしたか。黒板をノートに写し取るのに時間がかかる子。ノートのマスから文字がはみ出してしまう子。本読みがつまりつまりでしか読めない子。きっといたことと思います。彼らは，そうしたくてしていたのでしょうか。それとも，がんばっていたのだけれどそうなっていたのでしょうか。

思い出して下さい。あなたのクラスにこんな子は，いませんでしたか。黒板をノートに写し取るのに時間がかかる子。ノートのマスから文字がはみ出してしまう子。本読みがつまりつまりでしか読めない子。きっといたことと思います。彼らは，そうしたくてしていたのでしょうか。それとも，がんばっていたのだけれどそうなっていたのでしょうか。

UNIT 43

◉学校・学校図書館への支援と連携・協力

公共図書館と学校図書館

●…………公共図書館と図書館法

図書館法第３条

図書館法第３条には「図書館は，図書館奉仕のため，土地の事情及び一般公衆の希望に沿い，更に学校教育を援助し，及び家庭教育の向上に資することとなるように留意し，おおむね次に掲げる事項の実施に努めなければならない」と述べられている。さらにその下に「四　他の図書館，国立国会図書館，地方公共団体の議会に附置する図書室及び学校に附属する図書館又は図書室と緊密に連絡し，協力し，図書館資料の相互貸借を行うこと」と「九　学校，博物館，公民館，研究所等と緊密に連絡し，協力すること」の項目がある。公共図書館は，学校および学校図書館と協力することが当初から規定されているのである。

図書館の設置及び運営上の望ましい基準

さらに，「図書館の設置及び運営上の望ましい基準」（2012年12月19日文部科学省告示）においても，市町村立図書館の「3. 図書館サービス (4)利用者に対応したサービス」の「(児童・青少年に対するサービス)」に「児童・青少年用図書の整備・提供，児童・青少年の読書活動を促進するための読み聞かせ等の実施，その保護者等を対象とした講座・展示会の実施，学校等の教育施設等との連携」と明記されている。

●…………学校図書館と学校図書館法

児童・生徒にとっては，生活時間のうち学校の滞在時間が多くの割合を占める。つまり，子どもたちにとっての図書館は，公共図書館より学校図書館のほうがより身近に存在するわけである。その学校図書館は，「学校図書館法」（1953年）第３条によって「学校には，学校図書館を設けなければならない」と規定されており，第２条によって，次のように定義されている。

学校図書館法第３条

> この法律において「学校図書館」とは，小学校（義務教育諸学校の前期課程及び特別支援学校の小学部を含む。），中学校（義務教育諸学校の後期課程，中等教育学校の前期課程及び特別支援学校の中学部を含む。）及び高等学校（中等教育学校の後期課程及び特別支援学校の高等部を含む。）（以下「学校」という。）において，図書，視覚聴覚教育の資料その他学校教育に必要な資料（以下「図書館資料」という。）を収集し，整理し，及び保存し，これを児童又は

生徒及び教員の利用に供することによつて，学校の教育課程の展開に寄与するとともに，児童又は生徒の健全な教養を育成することを目的として設けられる学校の設備をいう。

また，同法第４条（学校図書館の運営）には，次の５項目が掲げられている。

一　図書館資料を収集し，児童又は生徒及び教員の利用に供すること。

二　図書館資料の分類排列を適切にし，及びその目録を整備すること。

三　読書会，研究会，鑑賞会，映写会，資料展示会等を行うこと。

四　図書館資料の利用その他学校図書館の利用に関し，児童又は生徒に対し指導を行うこと。

五　他の学校の学校図書館，図書館，博物館，公民館等と緊密に連絡し，及び協力すること。

学校図書館もまた，当初から公共図書館と協力することが規定されている。

●…………司書教諭と学校司書

学校図書館法第５条には，「学校には，学校図書館の専門的職務を掌らせるため，司書教諭を置かなければならない」と明記されており，司書教諭資格取得のために「［司書教諭］講習を受けることができる者は，教育職員免許法（昭和24年法律第147号）に定める小学校，中学校，高等学校若しくは特別支援学校の教諭の免許状を有する者又は大学に２年以上在学する学生で62単位以上を修得した者とする」（学校図書館司書教諭講習規程第２条）と受講資格が定められている。つまり，司書教諭は教員なのである。司書教諭のための科目は，計５科目10単位で，現職者を対象に夏期講習が実施されたり，大学で司書教諭資格取得科目として開講されたりしている。

しかし，学校図書館法施行当初は，司書教諭資格取得者数の供給が間に合わず，同法に「附則」として「当分の間，第５条第１項の規定にかかわらず，司書教諭を置かないことができる」と述べられていたためもあり，司書教諭の配置は進まなかった。しかし，購入された図書等を整理したり児童・生徒の利用に対応したりする人が必要であった。そこで学校現場では必要に迫られてPTAの費用等を利用して学校図書館に人を置くことが少しずつ広まっていった。学校図書館で働くようになった人たちは，この仕事のためには司書資格が必要であることを認識して司書講習を受けて司書資格を取得したり，司書有資格者が学校図書館の仕事に携わるようになったりして，学校に入って働く司書として「学校司書」という通称が広まった。その経緯を，塩見昇は次のように述べている。

学校図書館で働く職員（司書）に「学校司書」という名称が付与され，その処遇等が学校図書館にとっての大きな問題としてクローズアップするのは，

> 1957年に札幌で開かれた第８回全国学校図書館研究大会である。この当時すでに4000人を数えるまでになっていた事務職員の１人である鹿児島の１女性が，仲間のカンパに支えられて大会に参加し，その厳しい現状を訴え，参加者の強い関心を集めた。これを機に全国SLAも彼女たちを学校図書館の司書，即ち「学校司書」と呼ぶことを決め，「誇りと自信」をもって働くようにと激励した。
>
> （『学校図書館職員論』塩見昇　教育史料出版会　2000　p.62）

1997年学校図書館法が一部改正され，附則第２項が「学校には，平成15年３月31日までの間（政令で定める規模以下の学校にあつては，当分の間），第５条第１項の規定にかかわらず，司書教諭を置かないことができる」と改められた。

司書教諭の配置

「政令で定める規模」とは11学級であり，2003年４月１日以降は，少なくとも12学級以上の小・中・高等学校に司書教諭が配置された。全国学校図書館協議会の2003年６月の調査（調査対象は全国の小学校426校，中学校200校，高校189校）によると（『学校図書館』637号　2003.11），司書教諭が発令された学校は，11学級以下の学校も含めて，小学校の52.1％，中学校の49.0％，高校の70.9％であった。

学校司書

他方，学校司書がいる学校は，同調査によると小学校の37.0％，中学校の37.1％，高校の88.2％であった。しかし，この2003年時点においても学校図書館の仕事に携わる人の名称は，学校司書のほか，学校図書館事務職員，読書指導員など多様であり，求められる業務内容も，求められる能力や資質も，勤務体制も身分保障もあまりにも多様であった。しかし，学校図書館に人がいて授業に学校図書館を利用できるようになると，子どもたちが変わり教育が変わることが少しずつ認識されてきた。現在，司書教諭は学校図書館の専任ではなく，クラスや教科，クラブ顧問あるいは各種主任を担当するなど忙しく，司書教諭が全面的に「学校図書館の専門的職務を掌る」余裕がない場合が多い。そこで，学校図書館の職務を，情報・資料の専門家として分担する学校司書の存在の必要性が次第に認識されてきたことを背景に，2014年６月に「学校図書館法」が改正され，学校司書が次のように明記された。

> 第６条　学校には，前条第１項の司書教諭のほか，学校図書館の運営の改善及び向上を図り，児童又は生徒及び教員による学校図書館の利用の一層の促進に資するため，専ら学校図書館の職務に従事する職員（次項において「学校司書」という。）を置くよう努めなければならない。
>
> ２　国及び地方公共団体は，学校司書の資質の向上を図るため，研修の実施その他の必要な措置を講ずるよう努めなければならない。

これに先立つ2014年３月には，「これからの学校図書館担当職員に求められる役割・職務及びその資質能力の向上方策等について（報告）」が発表され，学校図書館担当職員には教育支援の役割があることが明示された。またこの学校図書館法改正を踏まえ，「学校図書館の整備充実に関する調査研究協力者会議」が開催され，学校図書館運営の基本的視点や学校司書の養成等の在り方に関する検討が行われ，2016年10月に報告書がまとめられた。これを受けて，文部科学省では学校図書館の運営上の望ましい在り方を示した「学校図書館ガイドライン」や「学校司書のモデルカリキュラム」を発表した。

●…………学校図書館の現状

学校図書館に関する調査は，文部科学省が隔年に，全国SLAは毎年実施している。以下は文部科学省の2018年度の調査結果である（http://www.mext.go.jp/a_menu/shotou/dokusho/link/1378073.htm）。

学校図書館における人的整備の状況（「司書教諭の発令状況」2016年4月1日現在）

小学校	全体の状況	12学級以上の学校における発令状況	中学校	全体の状況	12学級以上の学校における発令状況	高等学校	全体の状況	12学級以上の学校における発令状況
国立	100.0%	100.0%	国立	72.6%	95.9%	国立	64.7%	100.0%
公立	67.9%	99.4%	公立	64.6%	98.9%	公立	87.0%	99.3%
私立	64.3%	89.2%	私立	68.4%	88.0%	私立	79.6%	88.2%
合計	68.0%	99.3%	合計	65.0%	98.3%	合計	84.5%	96.1%
小学校	配置学校数	全体に占める割合	中学校	配置学校数	全体に占める割合	高等学校	配置学校数	全体に占める割合
国立	42校	58.3%	国立	40校	54.8%	国立	13校	76.5%
公立	11,644校	59.3%	公立	5,408校	57.3%	公立	2,349校	66.9%
私立	115校	51.3%	私立	521校	70.4%	私立	915校	66.4%
合計	11,803校	59.2%	合計	5,969校	58.2%	合計	3,279校	66.6%

学校図書館における物的整備の状況（2015年度末現在。（　）内は2014年5月現在の数値）

	2015年度末図書標準達成学校数の割合	蔵書をデータベース化している学校の割合	学校図書館に新聞を配備している学校の割合
小学校	66.4%（60.3%）	73.9%（71.6%）	41.1%（36.7%）
中学校	55.3%（50.0%）	72.7%（69.9%）	37.7%（31.8%）
高等学校	——	91.3%（90.5%）	91.0%（90.0%）

UNIT 44

◉学校・学校図書館への支援と連携・協力

学校図書館活用の意義

●…………学校図書館の３つのセンター機能

読書センター
学習情報センター

学校図書館は，「学校の教育課程の展開に寄与するとともに，児童又は生徒の健全な教養を育成することを目的として設けられる学校の設備をいう」（学校図書館法第２条）と明記されているように，当初から大きく二つの目的をもつものと規定されていた。この二つの機能は，1995年の「児童生徒の読書に関する調査研究者会議」報告書では，「学校図書館は子供のオアシス，学校の読書センターにしよう」，「学校図書館を学校の学習情報センターにしよう」と表現されていた。2009年３月の子どもの読書サポーターズ会議の『これからの学校図書館の活用の在り方等について（報告）』では「読書センター」，「学習・情報センター」となっていた。

2014年３月の『これからの学校図書館担当職員に求められる役割・職務及びその資質能力の向上方策等について（報告）』（学校図書館担当職員の役割及びその資質の向上に関する調査研究協力者会議　2014.3）においては，読書センター，学習センター，情報センターの三つの機能として説明された。「情報センター」を独立して表記することにより，1953年の学校図書館法成立時にはなかった「情報活用能力の育成」という概念を明確にしたのである。したがって，学校図書館は次の３つの機能をもつものとして捉えられる（図 p.227）。

①読書センター機能：感性や情操を育む。（健全な教養を育成する）

さまざまな読書活動・言語活動をとおして，読書を啓発し，読書習慣を確立させ，自立的な読者として成長させる。また読む力の育成を教科横断的に計画的・体系的に実施する。

②学習センター機能：教科学習を深め豊かにする。（教育課程の展開に寄与する）

学習活動に適切な資料を用いることによって，授業を深め豊かにし，児童生徒の思考力・判断力・表現力等を育む

③情報センター機能：情報活用能力と読む力を育成する。

図書館資料をとおして，探究的な学習や言語活動を充実させ情報リテラシーと読む力の育成を教科横断的に計画的・体系的に実施し，児童生徒に情報を使う力と読む力を身に付けさせる。

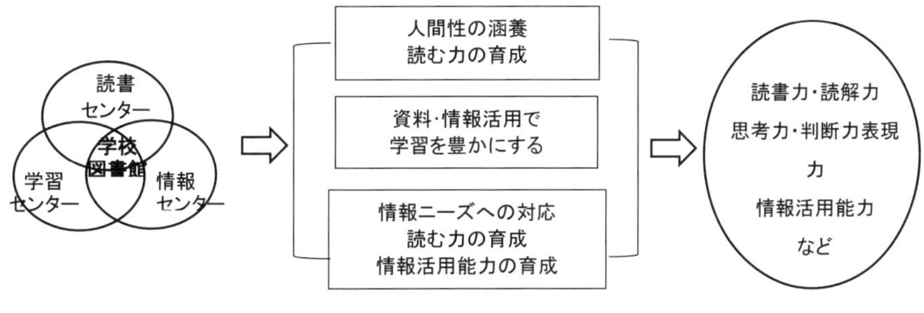

学校図書館の３つの機能

●………… 学習指導要領

学習指導要領はほぼ10年ごとに改訂される。最近では，幼稚園，小学校，中学校の学習指導要領が2017年３月に告示され，高等学校は2018年３月，特別支援学校の幼稚部，小学部，中学部は2017年４月，高等部は2019年２月に学習指導要領が告示された。

幼稚園，小学校，中学校，高等学校，特別支援学校のどの学校の学習指導要領においても，その前文に次の記述がある。「必要な教育の在り方を具体化するのが，各学校において教育の内容等を組織的かつ計画的に組み立てた教育課程である。(中略）学習指導要領とは，こうした理念の実現に向けて必要となる教育課程の基準を大綱的に定めるものである。学習指導要領が果たす役割の一つは，公の性質を有する学校における教育水準を全国的に確保することである。」

2017年３月告示の「中学校学習指導要領」第１章総則の「２　教育課程の編成」の第２項「教科等横断的な視点に立った資質・能力の育成」には，次の二つの事項が挙げられている。

⑴　各学校においては，生徒の発達の段階を考慮し，言語能力，情報活用能力（情報モラルを含む。)，問題発見・解決能力等の学習の基盤となる資質・能力を育成していくことができるよう，各教科等の特質を生かし，教科等横断的な視点から教育課程の編成を図るものとする。

⑵　各学校においては，生徒や学校，地域の実態及び生徒の発達の段階を考慮し，豊かな人生の実現や災害等を乗り越えて次代の社会を形成することに向けた現代的な諸課題に対応して求められる資質・能力を，教科等横断的な視点で育成していくことができるよう，各学校の特色を生かした教育課程の編成を図るものとする。

また，学校図書館に関しては，学習指導要領総則（第３　教育課程の実施と学習評価　1. 主体的・対話的で深い学びの実現に向けた授業改善⑺）に次の記述がある。

⑺　学校図書館を計画的に利用しその機能の活用を図り，生徒の主体的・対話的で深い学びの実現に向けた授業改善に生かすとともに，生徒の自主的，自発的

な学習活動や読書活動を充実すること。また，地域の図書館や博物館，美術館，劇場，音楽堂等の施設の活用を積極的に図り，資料を活用した情報の収集や鑑賞等の学習活動を充実すること。

以上は「中学校学習指導要領」の記述であるが，これは，どの学校種においても同様に「第１章　総則」に記されている。学習指導要領は教科ごとに記されているので，学校図書館資料の利用は各教科等の記述の中に埋もれていると言える。学校図書館資料が特に貢献するのは，「言語活動」と「探究的な学習」の面である。

●…………探究的な学習

「小学校学習指導要領」（平成29年告示）の第５章「総合的な学習の時間」の「目的」に次のように示されており，これは中学校，高等学校においても同様である。

探究的な見方・考え方を働かせ，横断的・総合的な学習を行うことを通して，よりよく課題を解決し，自己の生き方を考えていくための資質・能力を次のとおり育成することを目指す。

⑴　探究的な学習の過程において，課題の解決に必要な知識及び技能を身に付け，課題に関わる概念を形成し，探究的な学習のよさを理解するようにする。

⑵　実社会や実生活の中から問いを見いだし，自分で課題を立て，情報を集め，整理・分析して，まとめ・表現することができるようにする。

⑶　探究的な学習に主体的・協働的に取り組むとともに，互いのよさを生かしながら，積極的に社会に参画しようとする態度を養う。

探究的な学習とは，前回の学習指導要領改訂時（小学校2008年）に示されたものであり，『小学校学習指導要領解説　総合的な学習の時間編』において「探究的な学習における児童の学習の姿」として，一連の学習過程が図とともに次のように説明されていた。同じ図と説明が，2017年改訂の学習指導要領にも記述されている。

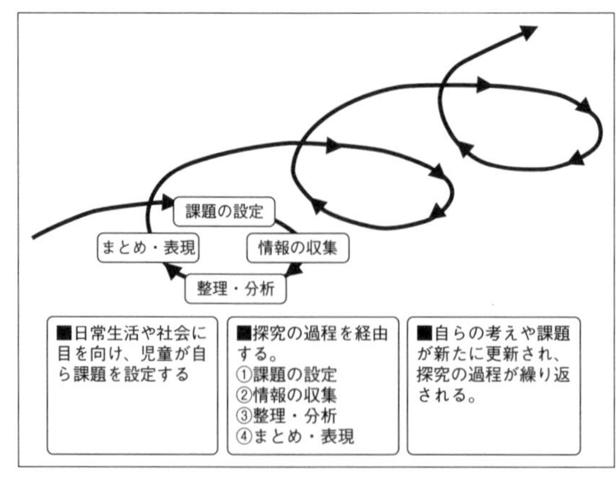

探究的な学習における児童の姿

児童は，①日常生活や社会に目を向けた時に湧き上がってくる疑問や関心に基づいて，自ら課題を見付け，②そこにある具体的な問題について情報を収集し，③その情報を整理・分析したり，知識や技能に結び付けたり，考えを出し合ったりしながら問題の解決に取り組み，④明らかになった考えや意見などをまとめ・表現し，そこからまた新たな課題を見付け，更なる問題の解決を始めるといった学習活動を発展的に繰り返していく。要するに探究的な学習とは，物事の本質を探って見極めようとする一連の知的営みのことである。

この探究的な学習については，中学校，高等学校の『学習指導要領解説　総合的な学習の時間編』においても同様に示されている。特に高等学校においては2017年の改訂で「総合的な学習の時間」が「総合的な探究の時間」とされ，「古典探究」，「日本史探究」，「理数探究」などの探究的科目が新設された。

●…………利用指導から情報活用能力（情報リテラシー）の育成へ

学校図書館は，従来から利用指導を実施してきた。利用指導は，児童・生徒が学校図書館を使いこなせるように，図書館の規則，資料の種類や排架場所，分類法，資料の使い方などを指導するものであった。

パスファインダー

米国では，1980年代に児童・生徒の図書館利用の動機づけを高めるために，学習活動と関連のあるテーマをもとにさまざまな資料を探す道筋を提示する「パスファインダー」が作成された。しかし，当該のテーマならば児童・生徒はそのパスファインダーに沿って調べればよいが，他のテーマとなると自分で探せないことが課題となり，1990年代以降に，探究プロセスモデルに基づいた情報探索のプロセス自体を指導する方法が開発された。探索のプロセスを行ったり来たり繰り返し経験することによって，自分で何が問題であるのかを明確にでき，目標（方向）を定めることができ，自分が現在どの段階にいてどの方向へ向かえばよいのか等を推論することができるようになる。未知の状況に出会ったときにも，これまでの経験から推論して対応できる力を養うのである。これはわが国の探究的な学習そのものであり，これによって情報·資料による問題解決をする力，情報を使う力（情報リテラシー）を養う。情報リテラシーについて，アメリカ図書館協会が次のように説明している。

情報探索のプロセス

情報リテラシーのある人とは，情報が必要であるときを認識でき，必要な情報の所在を知る能力をもち，必要とした情報を理解し，効果的に利用できる能力をもった人である。……つまり，情報リテラシーのある人とは，学び方を知っている人である。学び方を知っているというのは，知識を通して学習することができるように，知識がどのように整理されていて，どのように見つけだせばよいか，どのように情報を利用したらよいかを知っていることである。

（アメリカ図書館協会　1989）

UNIT 45

◉学校・学校図書館への支援と連携・協力

学校および学校図書館への支援

●…………公共図書館の学校・学校図書館支援の現状

自治体によって学校図書館をめぐる状況はさまざまである。学校図書館に関する認識も，学校図書館の整備も，学校司書の配置も，自治体あるいは学校によってかなりの違いがあり，学校側が必要としている支援の幅は大きい。その幅広い要求に対応している公共図書館の支援の幅も当然広く，そのレベルやタイプは多岐にわたっている。以下では，公共図書館の支援を，①図書館の整備，②資料の提供，③プログラムの提供，④交流・共同事業，⑤情報の提供・発信と大きく五つに分けて見ていこう。

(1) 図書館の整備

まず，学校図書館に人が配置されていないところでは，公共図書館職員が巡回して，ボランティアや児童・生徒の図書委員に学校図書館の整備の方法を教えたり図書の整理や分類の方法などを教えたりしている。公共図書館職員が学校図書館を定期的に訪問して，公共図書館職員が主体となって環境整備したり資料整理したりする地域もある。公共図書館から学校司書として職員を派遣している地域もある。これらはいずれも，学校図書館が自立していない場合である。

(2) 資料の提供

資料提供　団体貸出　学習支援セット

学校図書館に何らかの形で担当者が存在すれば，公共図書館から資料提供が行える。並行読書や調べ学習のための資料を団体貸出する公共図書館は多い。「世界遺産」「食育」「大豆」「戦争」などのテーマの学習支援セット（たとえば1セット40冊）を用意しているところもある。小学校の理科・科学図書（たとえば1セット40冊）搬送サービスや，「日本の昔話」「ともだち」などのテーマ絵本（たとえば1セット20冊）の貸出をしているところもある。ペープサートやブックトークセット（シナリオと紹介する本）を用意している図書館もある。

特に県立図書館では，県内の図書館未設置自治体に対して，「学校図書館支援1000冊プラン」や「寄託図書制度」などが見られる。

(3) プログラムの提供

図書館によるサービスやプログラムの提供も多い。公共図書館から「学校（級）訪問」してブックトークを行ったり，逆に子どもたちが図書館に来ておはなし会や利用指導などを受ける「学校（級）招待」がある。図書館見学や職場体験，1日図書館員などのプログラムもある。休館日の月曜日を利用してスクールサービスデイとして児童・生徒の調べ学習活動を受け入れている図書館もある。

プログラムの提供
ブックトーク
学校（級）招待

また，司書教諭や学校司書向けの研修を実施したり，出前講座として学校で全教員向けの図書館活用講座やブックトークの研修会などを実施したりする。PTAの講演会などで依頼されて，読書について図書館員が話をすることもある。

研修
出前講座

(4) 共同・交流事業

公共図書館と学校図書館の担当者が，共同でブックリスト（夏休みのお薦めの本など）を作成したり，研修会を開催したり，調べ学習のコンクールを開催したりしているところがある。

公共図書館職員と学校図書館担当者が懇談会や協議会をもって情報交換することは大変意義がある。公共図書館職員と学校図書館担当者の人事交流が行われている地域もあり，特に県立図書館と県立高校図書館との間の人事交流は実施されやすい。

情報交換
人事交流

(5) 情報の提供・発信

情報の提供・発信には，館報やチラシ，各種広報紙（誌），ホームページ（HP），メールマガジンなどの方法がある。HPに「先生のためのページ」を設けて「学校向き新着図書案内」や図書館利用案内，利用申請の書式を掲載したりしている。国や自治体の読書関連の動向や研修会などの情報提供もある。

冊子もよく作成されている。児童･生徒向けの「学び方ガイド」や教員向けの「公共図書館利用の手引き」，ボランティア向けの「学校図書館整備の手引き」などである。印刷体の冊子を作成した上で，Web上で公開されることが多い。

学習に関係ある地域資料やパスファインダーを作成してHPに掲載したり，学校からのレファレンス質問一覧や調べ学習用リンク集をWebで提供したりしている。調べ学習の方法や図書館活用方法の説明を，児童・生徒向けや保護者向け，教員向けなどに掲載している館もある。学校図書館ボランティアを含めたボランティア向けのページを作っている図書館も多い。

地域資料
パスファインダー
リンク集

公共図書館職員と学校図書館担当者との合同によるメーリングリストは，資料探しや情報交換に役立つ。

●…………**支援の目的と体制**

上記で取り上げた支援は，目的によって次のように分けることもできる。

①学校図書館活性化支援

②読書活動・指導の支援

③授業支援，情報リテラシー育成支援

④教員支援

⑤ボランティア支援

「読書指導の支援」として，武蔵野市立図書館では，「読書の動機づけ指導」を1967年から実施している。市立小学校12校の3年生と参観の保護者を対象に，5月中旬から1か月かけて，講師と図書館職員が学校を訪問する。訪問は2部に分かれ，第1部は児童対象である。まず，図書館職員が図書館を紹介し，次に講師がブックトークや読み聞かせなどで本を紹介する。第2部は参観の保護者を対象に，質問や読書相談を受ける，というものである。このために，毎年，図書選定部会（講師，学校側代表，図書館職員）が新刊書中心に約30冊を選定することから始め，紹介した本はクラスに贈られるという（http://www.library.musashino.tokyo.jp/child/douki.html）。

これは，市立図書館が市域の小学校全体に対して行っている支援である。

支援の体制は，各図書館が個別に各学校に対応する場合から，地域内図書館組織として当該地域内学校全体を支援する組織的な対応もある。学校図書館支援に特化して，学校図書館支援センターを立ち上げているところもある。

学校図書館支援センター

●…………**学校図書館支援センター**

文部科学省が2006～2008年度に学校図書館支援センター推進事業を実施して以来，学校図書館支援センターの設立が少しずつ広がってきている。2019年8月現在，国際子ども図書館のWebページには，15か所の学校図書館支援センターがリンクされている。支援センターは市立のものが多いが，その管轄は，図書館内に設置されるもの，教育委員会内に設置されるもの，教育センター内に設置されるものなどがあり，その組織体制によって業務内容にも違いがある。

たとえば，白山市学校図書館支援センター（石川県）は，白山市立松任図書館内に設置されている。この支援センターのHPには，九つの領域に分けて多様な情報が提供されている。その中の「支援センター」の「業務内容」として，以下の15項目が掲げられている。「学校図書館各データの集約」や「学校図書館支援センターだよりの発行」などによって，市内の学校が横断的につながり，情報交換が行われ，連絡調整が可能となり，市立図書館のサービスが効率的に展開されていることがうかがえる。また，市立図書館に学習成果を展示する「学校展示」は学校図書館活用を地域につなげ広げるのに役立つと思われる。

白山市学校図書館支援センターの「業務内容」

具体的な業務内容

1. 学校図書館からの貸出依頼受付
   - 長期(調べ学習用)、短期(個人からのリクエスト用)

2. レファレンス受付
   - 学校図書館からのレファレンスに対応

白山市学校図書館
支援センターHP より

3. 学校への貸出処理・返却処理・配架
   - 公共図書館から学校へ貸し出す資料の各処理

4. 配送システム
   - 公共図書館から貸し出す資料を箱詰め
   - 学校間の相互貸借分を仕分け、箱詰め
   - 配送業者への連絡

5. 絵本パック・読み物パック
   - 希望の冊数の絵本、読み物をパックにし貸出

6. 学習用資料の収集・提供
   - 図書館の資料では、対応が難しいものについて、各関係団体へ問合せ資料請求
   - 学習に役立つ情報の収集(冊子、パンフレット他)

7. 利用時期の調整
   - 各学校の年鑑、百科事典、図鑑の利用時期を把握し、調整して貸出

8. 学校図書館各データの集約
   - 学校図書館　学校図書館を活用した授業実績
   - 学校図書館　利用指導実績
   - 学校配送実績

9. 司書部会参加
   - グループ研究参加

10. 図書館業務に関する質問・相談

11. 広報活動
   - 学校図書館支援センターパンフレットの作成
   - 見学者の対応
   - ホームページの作成・運営
   - 学校図書館支援センターだよりの発行

12. 支援センター蔵書の管理・貸出
   - 年鑑、大型絵本、学校図書館に関する参考図書

13. 研修参加
   - 学校図書館大会
   - 県立図書館　図書館実務講習会
   - 教育センター図書館教育研修講座

14. 白山市図書館を使った調べ学習コンクール事務局補助

15. 学校展示
   - 図書館を活用した授業の成果物などを市立図書館に展示

http://www.city.hakusan.ishikawa.jp/kyouiku/matto_Library/gaxtukousien/shiencenter-gyomunaiyou.html

UNIT 46

◎子ども読書活動の推進と公共図書館

全国的な子ども読書活動の推進

●…………読書のとらえ方

「ここでいう読書とは，文学作品を読むことに限らず，自然科学や社会科学関係の本を読んだり，何かを調べるために本を読んだりすることなども含めたものである」と『これからの時代に求められる国語力について』（文化審議会　2003）に述べられている。ここでは，「読書活動」を，さらに新聞や雑誌，電子資料など幅広い種類のものを含めて読む行為と捉える。読書の場は，子どもたちにとって主に「家庭」「地域・公立図書館」「学校・学校図書館」である。この子どもたちの読書活動を支援し推進する全国的な動きを，国と民間に分けて概観していこう。

●…………国の子ども読書活動推進の動向

学校図書館図書標準

学校図書館図書整備新５か年計画

読書センター

学習情報センター

学校図書館法が改正

戦後，1953年に学校図書館法が制定されたが，本の倉庫となっていた学校図書館が多かった。その状況に目立った変化が起きたのは，1992年の全国学校図書館悉皆調査報告書の発表以降である。1993年に「学校図書館図書標準」が定められ，その達成のために同年，「学校図書館図書整備新５か年計画」が策定され計500億円が地方交付税として措置された。「児童生徒の読書に関する調査研究協力者会議」の1995年の報告書には，学校図書館は「読書センター」と「学習情報センター」と示され，その機能が明確に表現された。文部科学省は1995年以降，「学校図書館情報化･活性化推進モデル地域事業」（1995～2000），「読書指導研究指定校事業」（1997），「学校図書館資源共有型モデル地域事業」（2001），「学校図書館支援センター推進事業」（2006-2009）など次々と事業を展開した。また，1997年に学校図書館法が改正され，2003年度から12学級以上の学校に司書教諭が必置されることとなった。学校図書館法は2014年６月にも改正され，第６条に「専ら学校図書館の職務に従事する職員（次項において「学校司書」という。）を置くよう努めなければならない」と明記され，学校司書が初めて法に位置づけられた。

子どもと本の議員連盟

子ども読書年

他方，子ども読書活動推進の動きは，1993年12月の「子どもと本の議員連盟」の発足以来，活発化した。この議員連盟等の働きかけで2000年５月５日に「国際子ども図書館」が部分開館し，これを記念して2000年は「子ども読書年」とされた。

2001年12月に「子どもの読書活動の推進に関する法律」が制定され，これを受けて2002年８月に「子どもの読書活動の推進に関する基本的な計画」が閣議決定された。この「基本的な計画」は約５年間の子どもの読書活動に関する基本方針と具体的施策を明らかにするものであり，第二次計画が2008年３月に策定された。2000年から３年ごとに経済協力開発機構（OECD）の生徒の学習到達度調査（PISA）が実施されたが，2003，2006年度のわが国の15歳の読解力の低下が示された結果，「PISA型読解力」が重要視され，2008年改訂の学習指導要領にも大きな影響を与えた。「読

子どもの読書活動の推進に関する法律

子どもの読書活動の推進に関する基本的な計画

PISA 型読解力

第四次「子供の読書活動の推進に関する基本的な計画」の概要

趣　旨

2001年（平成13年）に成立した「子どもの読書活動の推進に関する法律」に基づき，おおむね５年（2018～2022年度）にわたる子供の読書活動推進に関する基本方針と具体的方策を明らかにする。

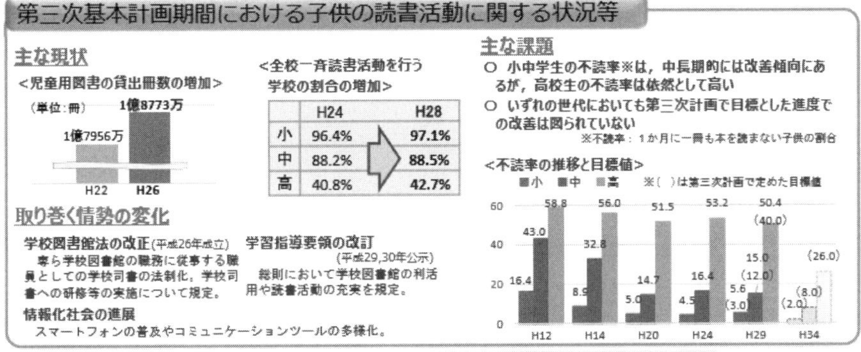

分　析

① 中学生までの読書習慣の形成が不十分

② 高校生になり読書の関心度合いの低下

③ スマートフォンの普及等による子供の読書環境への影響の可能性

各世代の施策に反映

計画改正の主なポイント

① 読書習慣の形成に向けて，発達段階ごとの効果的な取組を推進

乳幼児期：絵本や物語を読んでもらい，興味を示すようになる　等
小学生期：多くの本を読んだり読書の幅を広げたりする読書　等
中学生期：内容に共感したり将来を考えたりする読書　等
高校生期：知的興味に応じた幅広い読書　等

② 友人同士で本を薦め合うなど，読書への関心を高める取組を充実

読書会，図書委員，「子ども司書」，ブックトーク，書評合戦（ビブリオバトル）等の活動

③ 情報環境の変化が子供の読書環境に与える影響に関する実態把握・分析

スマートフォンの利用と読書の関係　等

推進体制

子供の読書環境を充実させるため，国・都道府県・市町村は，学校・図書館・民間団体・民間企業等，様々な機関と連携し，各種取組を充実・促進

市町村推進計画策定率
◆第三次基本計画で定めた目標
市：100%　町村：70%
◆平成28年度実績
市：88.6%　町村：63.6%
※H29末目標
※第四次計画でも引き続き達成を目指す

市町村：計画未策定→策定，策定済→見直し，地域での幅広い関係者との連携　等
都道府県：高校生の不読率改善に関する取組実施（高校を所管する立場から），市町村への蔵書貸出，計画未策定市町村への助言　等
国：情報環境と読書の関連調査・分析，地方公共団体への財政措置，国民の関心と理解の増進（子ども読書の日，優良事例の表彰等）　等

www.kodomodokusyo.go.jp/.../hourei_download_data.asp?id...

書」は「言語活動の充実」や「国語力や読解力の教育」という文脈の中で語られ，その必要性が認識された。

子ども読書応援プロジェクト

子どもの読書サポーターズ会議

子ども読書の街

文部科学省は2007年度に「子ども読書応援プロジェクト」を立ち上げ，2008年4月に「子どもの読書サポーターズ会議」を設けた。この会議と連携してモデル地域事業「子ども読書の街」が展開された。1992年以降に「学校図書館活性化」と「子ども読書活動推進」という2本の流れがあったように思えた国レベルの動きは，2002年に「子どもの読書活動の推進に関する基本的な計画」が策定されて以降，「読書」の語られる文脈の広がりの中で融合され統合されたように思われる。

2010年は「国民読書年」とされ，2011年9月に「国民の読書推進に関する協力者会議」の報告書『人の，地域の，日本の未来を育てる読書環境の実現のために』が発表された。子どもだけでなく，国民全体の読書が視野に入れられたのである。

2013年5月に「第三次子どもの読書活動に関する基本的な計画」が発表され，2018年4月に「第四次子供の読書活動の推進に関する基本的な計画」が発表された（図 p.235）。それには現状について「中学生までの読書習慣の形成が不十分」「高校生になり読書の関心度合いの低下」「スマートフォンの普及等による子供の読書環境への影響の可能性」と分析され，読書習慣の形成に向けた計画などが示されている。

国の「子供読書活動の推進」の施策を考えるとき，1990年代の国の動きは，(1)読書の啓発・動機づけにかかわる施策と，学校図書館活性化を目指した施策と，(2)読書施設・資料の整備にかかわる施策の大きな2本柱で進められたと捉えられる。2003年以降は，(1)も(2)も含み，さらに(3)読書教育の展開にかかわる施策が始められた段階と捉えることができる。その読書教育の目的とするところにはさまざまな角度がみられる。すなわち，「感性を高める読書」「言葉の力を育む読書」「読解力を培う読書」「情報リテラシーを育成する読書」などが焦点化されている。

●…………国際子ども図書館の子ども読書活動推進

2000年に開館した国立国会図書館国際子ども図書館は，(1)児童書専門図書館としての役割，(2)子どもと本のふれあいの場としての役割，(3)子どもの本のミュージアムとしての役割，を果たしており，(1)児童書専門図書館としての役割には，(ア)資料・情報センター機能の高度化，(イ)調査研究支援，(ウ)子ども読書活動推進に係る支援がある。(ウ)の支援は次ページの3つの柱から成っている（図 p.237）。

学校読書調査

青少年読書感想文全国コンクール

母と子の20分間読書運動

●…………民間の子ども読書活動の推進

戦後早くも1947年に「読書週間」と「読書世論調査」が開始された。1950年代に「学校読書調査」や「青少年読書感想文全国コンクール」が始まり，1960年代以降は「母と子の20分間読書運動」や家庭・地域文庫が広まった。

(ウ) 子ども読書活動推進に係る支援

1) 子どもの読書に関する情報発信の強化及びネットワークの構築

- 児童サービスの事例や調査研究の成果など、全国の公共図書館、学校図書館、文庫等で子どもへのサービスを担当している人（以下「児童サービス関係者」という。）の活動に有用な情報を提供する。
- 児童サービス関係者を対象とした集合型の交流プログラムを拡充するとともに、インターネット等を通じた交流・情報交換の場を提供する。
- 児童書研究図書室内に、子どもの読書活動の推進に関する国内外の資料や情報を集めたコーナーを設置する。

2) 人材育成支援

- 児童サービス関係者の資質向上及び幅広い知識のかん養に資するため、ネットワーク環境等を整備した研修室において、豊富な資料・情報を活用した集合研修や催物を企画・実施する。
- より多くの児童サービス関係者が必要に応じて知識を得ることができるように、情報提供や派遣・遠隔研修を整備、拡充する。

3) 学校図書館支援

- 学校図書館セット貸出しについては、公共図書館と学校図書館との連携モデルとして継続し、活用事例の紹介等の情報提供に重点を置く。
- 公共図書館と学校図書館との連携協力の促進に資するため、学習支援のためのモデル事業を企画・実施し、その内容と成果を広く公開する。
- 学校図書館における選書や整理を支援するため、新着図書や国際子ども図書館が選定した児童書の書誌情報を提供する。
- 学校図書館からの複写申込、レファレンス依頼については、国立国会図書館全体で、それぞれの所管資料に基づいて対応する。

（『国際子ども図書館第２次基本計画』2011年３月29日
https://www.kodomo.go.jp/about/law/basicplan2.html

母と子の20分間読書運動は，1959年に当時の鹿児島県立図書館長の久保田彦穂（筆名：椋鳩十）が提唱したもので，「教科書以外の本を，子どもが20分間くらい読むのを，母が，かたわらにすわって，静かに聞く」というものである。1960年からは鹿児島県が「親子20分読書運動」として本格的に推進し，全国に広がっていった。

家庭文庫

家庭文庫は明治期から見られたが，石井桃子の『子どもの図書館』（岩波書店 1965）の刊行がきっかけとなって普及した。本書は，児童文学の編集者・作家・翻訳家である石井が自宅を開放して子どもたちに本を貸し出したり読み聞かせをしたりした「かつら文庫」の７年間の活動をまとめたものである。公共図書館の児童サービスの必要性や海外の児童図書館事情にも触れられており，多くの人々に，特に母親たちに感銘を与えた。その影響を受けた人たちが同様に家庭文庫を開設しはじめた。家庭文庫が，自宅を開放して個人の蔵書をもとに開かれたのに対して，地域の自治会や町内会などで公共の場を使用して運営する子ども文庫を地域文庫と呼ぶ。日本図書館協会の調査報告書によると，子ども文庫の数は，1970年に265であったものが，1974年に2,064に膨れ上がっている（『子どもの豊かさを求めて：全国子ども読書調査報告書３』1995）。これらの文庫活動について，1986年 IFLA 東京大会で紹介され，「BUNKO」として海外へ伝わった。

地域文庫

1970年の『市民の図書館』（日本図書館協会）には，公共図書館の三つの重点目標の一つとして「児童サービス重視」が示された。1979年にヤングアダルト出版会が設立され，1988年に「朝の読書」が開始されたこの1970～80年代は，「子ども」

という読書する主体が認知され確認された時代と言えよう。

朝の読書運動

「朝の読書運動」は，1988年に当時の船橋学園女子高等学校（現・東葉高等学校）の２人の教諭，林公と大塚笑子が始めたもので，「毎朝，ホームルームや授業のはじまる前の10分間，生徒と先生がそれぞれに，自分の好きな本を黙って読む」というものである。その４原則として，「毎日やる，みんなでやる，好きな本でよい，ただ読むだけ」が掲げられている。「朝の読書」の実施校数は，2019年８月５日現在，全国で26,822校（76.5％），小学校16,197校（81.4％），中学校8,430校（82.1％），高等学校2,195校（44.8％）である。全国都道府県別実施率の全国平均は77％，実施率が最も高い県は90％で，静岡県（小学校92％，中学校92％，高校76％）と佐賀県（小学校95％，中学校91％，高校71％）であった（https://www.tohan.jp/csr/asadoku/index.html）。

子どもと本の出会いの会

1993年の「子どもと本の出会いの会」の発足後から民間の動きは活発になり，「国立の国際子ども図書館設立を推進する全国連絡会」（1995），「学校図書館推進会議」（1996），「子ども読書年推進会議」（1999），「国際子どもの図書館を考える全国連絡会」（2000），「子どもの読書推進会議」（2001）と，国の動きに呼応して次々と組織が発足した。

アニマシオン

ブックスタート

ブッククラブ

リテラチャーサークル

リーディングワークショップ

1990年代末から読書推進の方法が導入されてきたのも注目に値する。1997年にスペインの「アニマシオン」の訳書が出版され，2000年にはイギリスの「ブックスタート」が我が国に紹介された。その後，「ブッククラブ」や「リテラチャーサークル」，「リーディングワークショップ」などアメリカで開発された読書方法が紹介されている。

ブックスタート

ブックスタートパック

ブックスタートは，国際子ども図書館の一部開館を記念して子ども読書年とされた2000年に導入されたものである。ブックスタートは，1992年にイギリスで始められた。「絵本を『読む（read books)』のではなく，赤ちゃんと絵本を開く楽しいひとときを『分かち合う（share books)』。そのきっかけを，すべての赤ちゃんのもとへ届けよう」と始まった活動であり，わが国では，市町村自治体の事業として，０歳児健診の際などに行われている。読み聞かせの大切さを伝え，絵本や絵本リスト，図書館利用案内などの入ったブックスタートパックを手渡すものである。ブックスタートは，2019年７月31日現在，全国1,741市区町村のうち1,050市区町村が実施している（http://www.bookstart.or.jp/about/ichiran.php）。

子ども読書に関連した講座やコンクール等も1993年以降増加している。「JPIC 読書アドバイザー養成講座」（出版文化産業振興財団，1993～），「調べる学習コンクール」（図書館の学校，1997～），「オーサービジット」（朝日新聞社，2003～），「どくしょ甲子園」（朝日新聞社・全国 SLA，2009～2014），「絵本専門士養成講座」（独立行政法人国立青少年教育振興機構，2014～），高校生直木賞（高校生直木賞実行

委員会，2014～），ビブリオバトルなどがある。 ビブリオバトル

ビブリオバトルは，2007年に京都大学の谷口忠太らによって始められたもので，現在，図書館も含めて，さまざまな場で展開されている。これは知的書評合戦ともよばれ，本が紹介された後にどの本が一番読みたくなったかを競うものである。

＜学校図書館活性化（国）＞	＜子ども読書活動推進（国）＞
1992　全国学校図書館悉皆調査・報告書	
1993　学校図書館図書標準	1993　子どもと本の議員連盟
1993　学校図書館図書整備新5か年計画	
1995　児童生徒の読書に関する調査協力者会議報告書	1995　国際子ども図書館設立推進議員連盟
1995以降　学校図書館情報化・活性化推進モデル地域事業，学校図書館推進モデル地域事業など	2000　国際子ども図書館開館 2000　子ども読書年
1997　学校図書館法改正	2000　読書活動優秀実践校表彰開始
1998～学校図書館フォーラム	
2001　学校図書館資源共有型モデル地域事業	2001　子どもゆめ基金 2001　子ども読書活動の推進に関する法律
2002～学校図書館の現状に関する調査	2002　子どもの読書活動の推進に関する基本的な計画

＜広義の子ども読書活動推進＞（国）

2003～司書教諭必置
2004「これからの時代に求められる国語力について」
2005　文字・活字文化振興法
2005　読解力向上プログラム
2006　学校図書館支援センター推進事業
2007　子ども読書応援プロジェクト
2008　子どもの読書活動の推進に関する基本的な計画（第二次）
2008, 2009　学習指導要領改訂
2009　子どもの読書サポーターズ会議報告書
2010　国民読書年
2011　国民の読書推進に関する協力者会議報告書
2012　学校図書館図書整備5か年計画（学校司書配置交付税措置）
2013　子どもの読書活動の推進に関する基本的な計画（第三次）
2014『これからの学校図書館担当職員に求められる役割・職務及びその資質向上方策等について（報告）』
2014　学校図書館法改正（学校司書を置くよう努めなければならない）
2016『これからの学校図書館の整備充実について（報告）』学校図書館ガイドライン，学校司書モデルカリキュラム
2017～2019　学習指導要領の改訂
2018　子供の読書活動の推進に関する基本的な計画（第四次）

＜官民の連携＞

1995　国立の国際子ども図書館設立を推進する全国連絡会
1996　学校図書館推進会議
1999　子ども読書年推進会議
2000　国際子ども図書館を考える全国連絡会
2001　子どもの読書推進会議

＜子ども読書推進の活発化（民間）＞

1993　子どもと本の出会いの会
1993～読書アドバイザー養成講座（JPIC）
1997　学校図書館を考える全国連絡会議
1997　読書のアニマシオン紹介される
1997～調べる学習コンクール開始（図書館の学校）
1999～全国おはなし訪問隊（講談社）
2000～ブックスタート運動
2003～オーサービジット事業（朝日新聞社）
2006　家読（うちどく）の提唱
2009～どくしょ甲子園
2010～ビブリオバトル首都決戦

図　子ども読書活動推進の動向

UNIT 47

◉子ども読書活動の推進と公共図書館

自治体の子ども読書活動の推進

●…………自治体の子ども読書活動推進の動き

子どもの読書活動の推進に関する法律

子どもの読書活動の推進に関する基本的な計画

2001年に「子どもの読書活動の推進に関する法律」が制定され，その第8条により，2002年に「子どもの読書活動の推進に関する基本的な計画」が策定された。2008年にその第二次，2013年に第三次，2018年には第四次計画が発表されている。「子どもの読書活動の推進に関する法律」はまた，第9条で都道府県と市町村においては子ども読書活動推進計画を「策定するよう努めなければならない」と記述されている。

自治体については，都道府県における子ども読書活動推進計画は2006年度末までに，すべての都道府県において策定済みである。市町村においては，2019年3月31日現在，子ども読書活動推進計画を策定済みである市町村は1,398市町村（80.3%），現在，具体的に策定作業を進めている市町村は84市町村（4.8%），策定するか否かについて検討中である市町村は111市町村（6.4%），策定予定のない市町村は148市町村（8.5%）である。ちなみに，市・町村別にみると，市の策定状況は753市（92.4%），町村の策定状況は645町村（69.7%）である（http://www.mext.go.jp/b_menu/houdou/31/05/1417045.htm）。

自治体によっては，「読書県しずおか」や「子ども読書県しまね」「こども読書のまち・いまり」など自治体名に「読書」を冠してその推進をアピールしているところや，Web上に「子ども読書活動推進ページ」等の名称で子ども読書活動に関する情報を提供しているところが見られる。

子ども読書活動推進センター

「子ども読書活動推進センター」など，この機能に特化した組織を，教育委員会や図書館，教育センターなどの下に設置する自治体もある。また，読書や読解力等の重要性が認識され，沼津市の小・中学校の「言語科」，東京都江戸川区の小・中学校の「読書科」のように，読書に特化したりPISA型読解力を視野に入れたりした特色ある教育を自治体ぐるみで実施しているところもある。

読書条例

読書条例の制定も見られる。「高千穂町家族読書条例」（宮崎県，2004）が最初のもので，「秋田県民の読書活動の推進に関する条例」（2010.4）や「仙北市市民読書条例」（秋田県，2011.6），「恵庭市人とまちを育む読書条例」（北海道，2013.4），「北九州市子ども読書活動推進条例」（福岡県，2015）などがある。野木町（栃木県）

では「野木町民の読書活動の推進に関する条例」を制定し「キラリと光る読書のまち野木宣言」(2014.11) を出している。秋田県や横浜市のように，子どもに特化せずに，条例に基づいて県民や市民全体を対象とした「秋田県読書活動推進基本計画」(2011.3，2016.3) や「横浜市民読書活動推進計画」(2014.3) を策定しているところもある。

●…………子ども読書推進活動の取り組み

地方自治体の子ども読書推進活動には，五つの類型が見られる。すなわち，①啓発活動，②具体的取組，③資料や情報の提供，④調査，⑤養成・研修である。

①啓発活動には，「朝読・家読運動」や読書推進キャンペーンの実施，読書推進のための啓発リーフレットやパンフレットの作成，読書や図書館関連の標語のコンクール，読書推進マスコットキャラクターの作成や募集，「ノーテレビ・ノーゲーム・読書の日」の設定などがある。

②具体的取組には，ブックスタート，ビブリオバトル，家族10分間読書運動，読書体験談募集，子どもの読書活動推進フォーラム，図書館子どもフェスティバル，子ども読書アドバイザー出前講座，読書ボランティア指導者派遣事業，子どもの読書ボランティア派遣事業など多彩である。香川県の「23が60読書運動」のように「読書」自体の推進を目的とするもの，読書新聞コンクールのように読書による成果物を競うもの，音読大会のように言語力を高めようとするもの，職員等派遣事業のように読書活動を支援するものなどが見られる。

③資料や情報の提供には，ボランティアや学校等の特色ある取組事例集の作成，子ども読書支援ボランティア情報誌の発行，学校支援図書セット貸出などが見られる。

④調査には，子どもと保護者の読書活動状況調査，子ども読書活動にかかわる団体・個人の調査などが行われている。

⑤養成・研修には，子どもの読書ボランティア指導者養成講座，読み聞かせボランティアステップアップ講座，子ども読書活動交流会などが見られる。

●…………子ども読書活動推進のための支援センター

子どもの読書活動推進の支援に特化した組織を立ち上げている自治体があるのは前述のとおりである。山口県や埼玉県などのように，県立図書館に「子ども読書支援センター」を設置したり，滋賀県のように教育委員会に「子ども読書活動支援センター」を設置したりするところがある。また，学校図書館支援を中心とした学校図書館支援センターの設置もあり，いずれも子ども読書活動の推進にかかわっているが，どこに軸足をおいているかで支援内容に特徴が見られる。

たとえば，山口県子ども読書支援センター（下図）は，県内の子ども読書活動推進の拠点であり，資料や読書関連情報を提供するほか，フォーラムや研修会の開催，講師の派遣・紹介，研究・開発，関連機関との連携協力に取り組んでいる。

「山口県子ども読書支援センター」のご案内

公開日：2010年1月29日

「子ども読書年」を契機に、法律の制定、国の基本計画の策定等の動きがあり、山口県でも、平成16年10月に**「山口県子ども読書活動推進計画」**が策定され、推進に向けた取組が活発になってきました。こうした流れを受け、県立図書館では、平成16年4月1日より、**「子ども読書支援センター」**を設置しています。

山口県子ども読書支援センターの事業

山口県子ども読書支援センターは、県内の子ども読書活動を推進する中核拠点としての機能拡充を目指し、次のような事業を行っています。

- 1. 児童資料、子ども読書研究資料、子ども読書推進関連資料の収集・提供
- 2. 子ども読書関連情報の収集・提供
- 3. 子ども読書関係レファレンス業務
- 4. フォーラム、各種研修会の開催
- 5. 子ども読書推進専用ホームページの開設
- 6. 講師の派遣・紹介
- 7.子ども読書推進に関する研究・開発
- 8. 関係機関・団体との連携協力、など
  - センター開設に伴い、「青少年室」は「子ども資料室」と改称、室内の模様替えを行いました。
  - 平成17年度から、専任職員3名を配置して事業に取り組んでいます。
  - 平成21年度から、「子ども読書支援センター」が「山口県子ども読書支援センター」に改称されました。

山口県子ども読書支援センター　https://library.pref.yamaguchi.lg.jp/kodomocenter_guide

●…………子ども読書活動の推進計画の実施

埼玉県教育委員会では，2019年３月に『埼玉県子供読書活動推進計画（第四次）～すべての子供たちに本との出会いを～』を発表した。基本方針として「1. 家庭，地域，学校における子供が読書に親しむ機会の提供と環境の整備・充実」「2. 子供の読書活動に関する啓発・広報の推進」「3. 子供が読書に親しむ推進体制の充実」を挙げ，第１次計画からの経緯や数値目標等を示している。その概要は図（p.243）のとおりである。

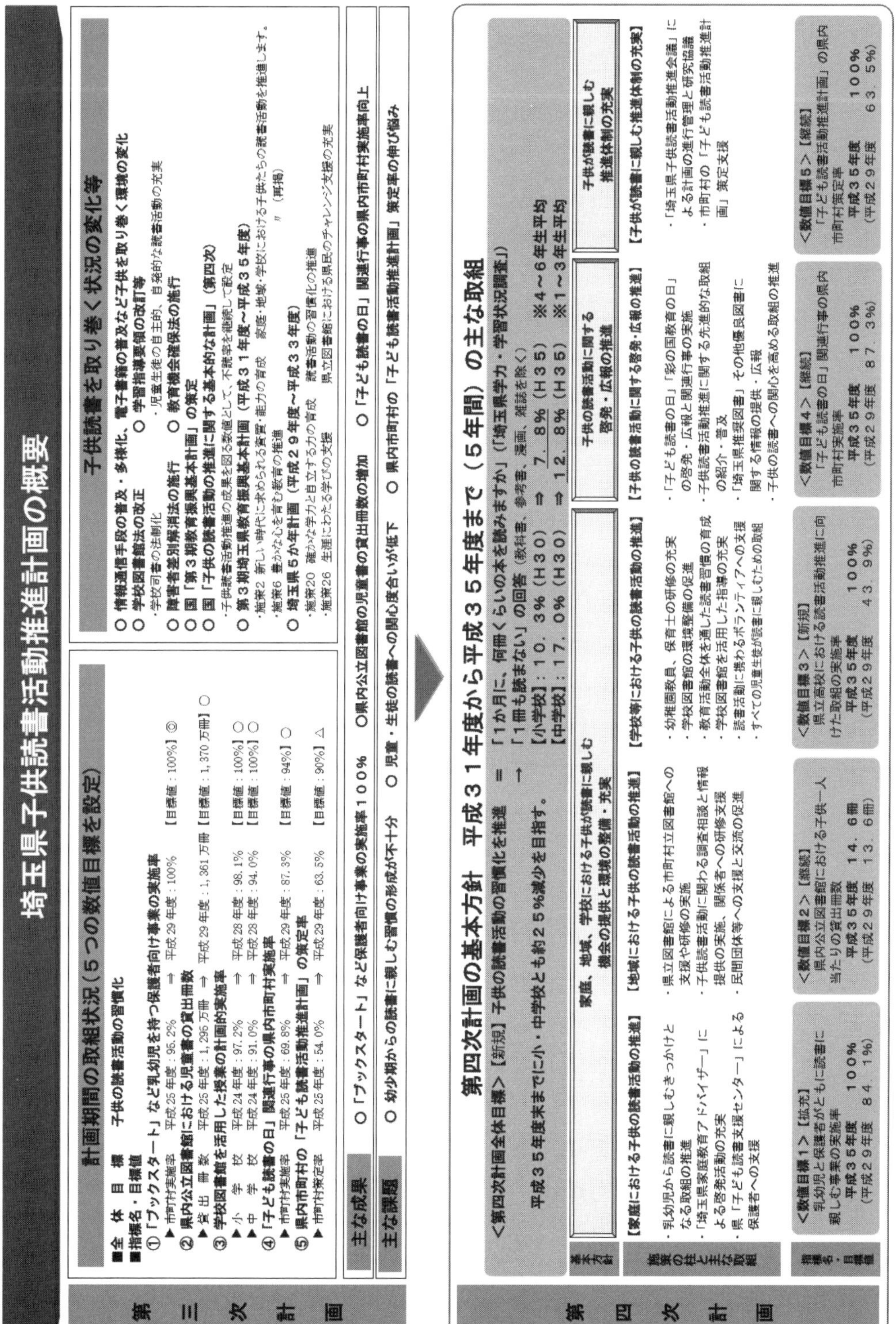

埼玉県子供読書活動推進計画の概要

第三次計画

計画期間の取組状況（５つの数値目標を設定）

■全　体　目　標　　子供の読書活動の習慣化
■指標名・目標値
①「ブックスタート」など乳幼児を持つ保護者向け事業の実施率
▶市町村実施率　平成 25 年度：96.2%　⇒　平成 29 年度：100%　【目標値：100%】◎
② 県内公立図書館における児童書の貸出冊数
▶貸出冊数　平成 25 年度：1,296 万冊　⇒　平成 29 年度：1,361 万冊【目標値：1,370 万冊】○
③ 学校図書館を活用した授業の計画的実施率
▶小　学　校　平成 24 年度：97.2%　⇒　平成 28 年度：98.1%　【目標値：100%】○
▶中　学　校　平成 24 年度：91.0%　⇒　平成 28 年度：94.0%　【目標値：100%】○
④「子ども読書の日」関連行事の県内市町村実施率
▶市町村実施率　平成 25 年度：69.8%　⇒　平成 29 年度：87.3%　【目標値：94%】○
⑤ 県内市町村の「子ども読書活動推進計画」の策定率
▶市町村策定率　平成 25 年度：54.0%　⇒　平成 29 年度：63.5%　【目標値：90%】△

子供読書を取り巻く状況の変化等

○ 情報通信手段の普及・多様化、電子書籍の普及など子供を取り巻く環境の変化
○ 学校図書館法の改正　○ 学習指導要領の改訂等
・学校司書の法制化　・児童生徒の自主的、自発的な読書活動の充実
○ 障害者差別解消法の施行　○ 教育機会確保法の施行
○ 国「第３期教育振興基本計画」の策定
○ 国「子供の読書活動の推進に関する基本的な計画」（第四次）
・子供読書活動推進の成果を図る数値として、不読率を継続して設定
○ 第３期埼玉県教育振興基本計画（平成３１年度～平成３５年度）
・施策2 新しい時代に求められる資質・能力の育成　家庭・地域・学校における子供たちの読書活動を推進します。
・施策6 豊かな心を育む教育の推進　〃（再掲）
○ 埼玉県５か年計画（平成２９年度～平成３３年度）
・施策20 確かな学力と自立する力の育成　読書活動の習慣化の推進
・施策26 生涯にわたる学びの支援　県立図書館における県民のチャレンジ支援の充実

主な成果　○「ブックスタート」など保護者向け事業の実施率１００％　○県内公立図書館の児童書の貸出冊数の増加　○「子ども読書の日」関連行事の県内市町村実施率向上

主な課題　○ 幼少期からの読書に親しむ習慣の形成が不十分　○ 児童・生徒の読書への関心度合いが低下　○ 県内市町村の「子ども読書活動推進計画」策定率の伸び悩み

第四次計画

第四次計画の基本方針　平成３１年度から平成３５年度まで（５年間）の主な取組

＜第四次計画全体目標＞【新規】子供の読書活動の習慣化を推進　＝　「１か月に、何冊くらいの本を読みますか」（「埼玉県学力・学習状況調査」）
→　「１冊も読まない」の回答（教科書、参考書、漫画、雑誌を除く）

平成３５年度末までに小・中学校とも約２５%減少を目指す。
【小学校】：１０．３%（Ｈ３０）　⇒　７．８%（Ｈ３５）　※4～6年生平均
【中学校】：１７．０%（Ｈ３０）　⇒　１２．８%（Ｈ３５）　※1～3年生平均

基本方針

- 家庭、地域、学校における子供が読書に親しむ機会の提供と環境の整備・充実
- 子供の読書活動に関する啓発・広報の推進
- 子供が読書に親しむ推進体制の充実

施策の柱と主な取組

【家庭における子供の読書活動の推進】
・乳幼児から読書に親しむきっかけとなる取組の推進
・「埼玉県家庭教育アドバイザー」による啓発活動の充実
・県「子ども読書支援センター」による保護者への支援

【地域における子供の読書活動の推進】
・県立図書館による市町村立図書館への支援や研修の実施
・子供読書活動に関わる調査相談と情報提供の実施、関係者への研修支援
・民間団体等への支援と交流の促進

【学校等における子供の読書活動の推進】
・幼稚園教員、保育士の研修の充実
・学校図書館の環境整備の促進
・教育活動全体を通した読書習慣の育成
・学校図書館を活用した指導の充実
・読書活動に携わるボランティアへの支援
・すべての児童生徒が読書に親しむための取組

【子供の読書活動に関する啓発・広報の推進】
・「子ども読書の日」「彩の国教育の日」の啓発・広報と関連行事の実施
・子供読書活動推進に関する先進的な取組の紹介・普及
・「埼玉県推奨図書」その他優良図書に関する情報の提供・広報
・子供の読書への関心を高める取組の推進

【子供が読書に親しむ推進体制の充実】
・「埼玉県子供読書活動推進会議」による計画の進行管理と研究協議
・市町村の「子ども読書活動推進計画」策定支援

指標名・目標値

＜数値目標１＞【拡充】
乳幼児と保護者がともに読書に親しむ事業の実施率
平成３５年度　１００%
（平成２９年度　８４．１%）

＜数値目標２＞【継続】
県内公立図書館における子供一人当たりの貸出冊数
平成３５年度　１４．６冊
（平成２９年度　１３．６冊）

＜数値目標３＞【新規】
県立高校における読書活動推進に向けた取組の実施率
平成３５年度　１００%
（平成２９年度　４３．９%）

＜数値目標４＞【継続】
「子ども読書の日」関連行事の県内市町村実施率
平成３５年度　１００%
（平成２９年度　８７．３%）

＜数値目標５＞【継続】
「子ども読書活動推進計画」の県内市町村策定率
平成３５年度　１００%
（平成２９年度　６３．５%）

『埼玉県子供読書活動推進計画（第四次）～すべての子供たちに本との出会いを～』
https://www.pref.saitama.lg.jp/f2215/kodomodokusho/kplan.html

（参考１）第三次計画における取組内容等

取組内容		指標名	目標値
子供の読書活動の習慣化		学校の授業時間以外に、普段（月～金）全く読書をしない児童生徒の割合	小学校６年生 １５％以下 中学校３年生 ２３％以下
推進の柱	１　家庭における子供の読書活動の推進	「ブックスタート」など乳幼児を持つ保護者向け事業の実施率	１００％
	２　地域における子供の読書活動の推進	県内公立図書館における児童書の貸出冊数	１，３７０万冊
	３　学校等における子供の読書活動の推進	学校図書館を活用した授業の計画的実施率	１００％
	４　子供の読書活動に関する啓発・広報の推進	「子ども読書の日」関連行事の県内市町村実施率	９４％
	５　子供が読書に親しむための推進体制の整備	県内市町村の「子ども読書活動推進計画」の策定率	９０％

『埼玉県子供読書活動推進計画（第四次）～すべての子供たちに本との出会いを～』
https://www.pref.saitama.lg.jp/f2215/kodomodokusho/kplan.html

●…………子ども読書活動を推進するためのポイント

各自治体の子ども読書の推進事業や推進計画を比較してみると，効果的に推進事業が実施されるために必要なポイントがあることがわかる。

推進計画策定

まず，推進計画策定の担当事務局がどこかということである。それは結果的に推進計画の発行所である。発行所は「教育委員会」あるいは「図書館」が多い。図書館が事務局になっていると，学校教育に関する部分が網羅的に把握できないと同時に，学校教育に関する部分の計画を立案しにくい場合がある。そのために策定委員会は各部局各課の横断的な構成が必要となってくる。また，図書館が指定管理の場合は，図書館が当該自治体の計画策定あるいは推進事業の責任者となることは難しい。

子ども読書活動推進会議

連絡会議

懇話会

次に，計画推進のための実行部隊としてどのような組織が用意されているかということである。「子ども読書活動推進会議」が設置され，その下に連絡会議や懇話会など各部局の担当者の横断的会議が設置されるとよい。それにより，事業が行政横断的な取り組みとなる。

さらに，設置目標が示されるとよい。それにより，推進事業の進捗状況が明白になる。そして，この進捗状況を管理・評価する組織が設けられていることが重要である。計画策定委員会はあるものの，この計画の進捗を管理する組織が明確でないところも多い。この役割を，子ども読書推進会議や懇話会，あるいは図書館協議会が担っている自治体もある。そして最後に，進捗状況把握のために継続的に実態調査を実施することが必要である。

UNIT 48

◎子ども読書活動の推進と公共図書館

地域の諸機関・団体との連携・協力

●…………幼稚園や保育園等との連携・協力

幼稚園や保育園との連携・協力では，児童サービス担当者が園に出かけて読み聞かせを行ったり絵本等の団体貸出を行ったりする例が多い。浦安市立図書館（千葉県）では，幼稚園・保育園等へ職員を派遣して絵本の読み聞かせを行っているほか（2018年度には実施329回，延べ参加者数6,692人），園児の来館を受け入れたり保育園等の絵本関連の製作物の展示を行ったりしている。稲城市立図書館（東京都）では右図のように保育園・幼稚園の先生向けブックリストを作成している。

幼稚園

保育園

団体貸出

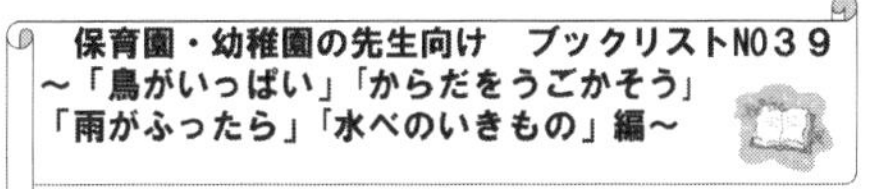

今回は、中央図書館・児童コーナーおよび団体貸出室、書庫にある本・紙芝居の中から、**「鳥がいっぱい」「からだをうごかそう」「雨がふったら」「水べのいきもの」**の本をご紹介します。（一部抜粋）

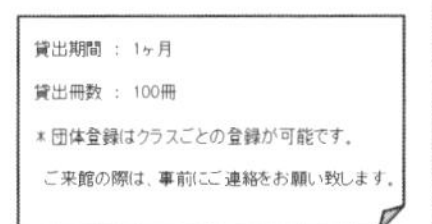

貸出期間 ： 1ヶ月

貸出冊数 ： 100冊

＊団体登録はクラスごとの登録が可能です。

ご来館の際は、事前にご連絡をお願い致します。

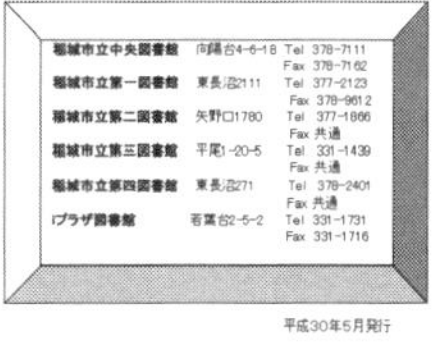

稲城市立中央図書館	向陽台4-6-18	Tel 378-7111 Fax 378-7162
稲城市立第一図書館	東長沼2111	Tel 377-2123 Fax 378-9612
稲城市立第二図書館	矢野口1780	Tel 377-1866 Fax 共通
稲城市立第三図書館	平尾1-20-5	Tel 331-1439 Fax 共通
稲城市立第四図書館	東長沼271	Tel 378-2401 Fax 共通
iプラザ図書館	若葉台2-5-2	Tel 331-1731 Fax 331-1716

平成30年5月発行

保育園・幼稚園の先生向けブックリスト
（http://www.library.inagi.tokyo.jp/?action=common_download_main&upload_id=3717）

●………… 保健センターとの連携・協力

保健センターとの連携・協力としては，図書館で廃棄された絵本などを保健センターに寄贈して，待ち時間に子どもや保護者に利用してもらうほか，ブックスタートへの連携・協力が大きい。ブックスタートは1992年にイギリスで開始され，2000年の子ども読書年を機に日本に導入されたものである。NPOブックスタートのホームページ（HP）によれば，2019年９月30日現在で全国の市区町村1,741のうち1,052市区町村が実施しており，その事務局を担う機関は2018年３月末現在で次のようである。

保健センター

ブックスタート

図書館・図書室　54.0％
生涯学習課・社会教育課など　16.6％
保健センター・健康推進課など　18.9％
子育て支援課・こども課・福祉課など　9.1％
社会福祉協議会・住民課・総務課など　1.4％

ｎ＝1022
実施状況確認シートをもとに集計
（2018年３月末現在）

上記からわかるように，ブックスタートの実施自治体の半数以上において図書館が事務局を担っている。全国に先駆けて2000年からブックスタートを実施した北海道恵庭市でも，恵庭市立図書館が事務局を務めている。同館のHPによれば，連携によって次のように実施されている。

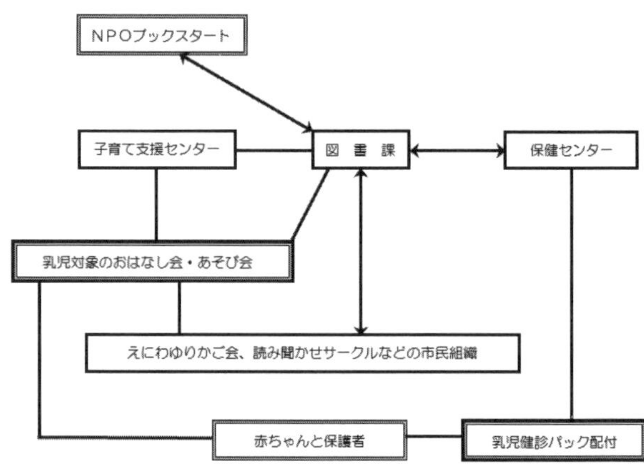

恵庭市ブックスタートの運営体制

◇パック配布前作業：図書館はブックスタートの案内チラシを作成し，健診対象者への郵送物に同封してもらう。保護者に伝えるメッセージの統一性を図るため，図書館員と保健師は共通の資料を用いてブックスタートの事前学習を行う。図書館は，各部署から提供された配付物と図書館側の配付物（絵本２冊，図書館の絵本ガイド，図書館利用者登録用紙，子育てほっとダイヤル案内，恵庭市ファミリーサポートセンター案内，おはなし広場日程表）をバッグに詰める。

◇ブックスタート・パック配付：市保健センターで４月から毎月１回行われる９～10カ月児の健診会場で配付する。受付時間（9：30）までに図書館員３名，読み聞かせ担当者（えにわゆりかご会会員３名前後）は会場に集合する。まず，保健師が問診時に「親に絵本を通した心のふれあいの大切さ」と絵本がプレゼントされることを伝える。医師の診察を待つ親子に，えにわゆりかご会会員が読み聞かせ等の実践を通して，「赤ちゃんと本の出合いが早すぎない」「絵本は赤ちゃんのもの」などを伝える。図書館員は健診が終了した親子に１対１で向かい合い，「ブックスタートの主旨」「赤ちゃんは図書館利用者としての権利を持つ」「関係機関の乳児の受け入れ体制」について説明してからパックを手渡す（http://opac.city.eniwa.hokkaido.jp/bookstart-bookstart.html）。

●…………病院との連携・協力

病院との連携

病院との連携・協力としては，団体貸出をしたり，移動図書館の巡回場所に病院が含まれていたり，小児病棟での読み聞かせやお話会などが見られる。浦安市立図書館では市内の病院の売店横などに図書コーナーを設けて，一般書や児童図書，大活字本や雑誌，病気に関する図書を貸し出したり，待ち時間などに閲覧できるようにしたり，本のリクエストを受け付けたりしている。

静岡県立子ども図書室

静岡県立子ども図書館（1977年設置）のように，病院内に図書館が設置される例も見られるようになってきた。ここでは，スタッフ向け医学情報提供，家族向け医学情報提供，地域の公共図書館・学校図書館向け医学情報の普及・啓発の機能のほか，患者図書サービス「わくわくぶんこ」があり，各病棟や集中治療室にも絵本が置いてある。

わくわくぶんこ

●…………矯正施設等との連携・協力

法務省設置法第８条により設置される施設等機関として，刑務所，少年刑務所，拘置所，少年院，少年鑑別所，婦人補導院がある。前三者を「刑事施設」と呼んでいるが，これら６機関は矯正施設でもある。少年院では，従来から余暇時間等に読書が行われると同時に矯正教育の一環として読書指導が行われてきた。読書指導には，読書記録や読書感想文などを書かせたり，読書会や読書集会，読書感想文発表会などが実施されたりしてきた。

少年刑務所

図書館と矯正施設との連携の事例はまだ少ないが，2010年に発足した「矯正と図書館サービス連絡会」が，「矯正施設と図書館との連携充実や，矯正施設内の読書環境整備を目的とし」（同連絡会 HP より）た活動を推進している。

広島県立図書館では，児童自立支援施設である広島県立広島学園を皮切りに，矯正施設等の連携を進めている。児童自立支援施設は，問題行動などにより家庭や学校等で適応困難な18歳未満の児童が入園し，規則正しい集団生活を通して，健全な社会の一員として自立できるように支援することを目的とした施設である。

児童自立支援施設

広島県立図書館が行った連携には次のことがある。広島学園へ団体貸出を提供し，夏休みの朝読書の時間にボランティアの助けを借りて読み聞かせやストーリーテリング，ブックトークを行い，図書室のレイアウトや本の並べ方について助言した。さらに「おすすめの本のポップ作り」を授業として行った。貴船原少女苑（家庭裁判所で少年院送致と決定された12～20歳までの女子対象の施設）では，薬物依存や性に関する指導をする際の教材に関する情報が求められ，図書の貸出とブックトークを行った。広島少年鑑別所では，読み聞かせをする法務教官や，地域貢献の一環として地元の小学校へ読み聞かせに行く少年鑑別所職員に対して，読み聞かせの練習や読み聞かせのための本の紹介を行った。広島県立図書館の正井さゆりは「図書館が提供できるサービスと施設側の受入れ体制を同調させることがなかなか難しい」と述べている（「矯正施設等との連携について」正井さゆり『平成24年度全国公共図書館研究集会報告書』2013.7　JLA 公共図書館部会）。

読み聞かせ

ストーリーテリング

ブックトーク

おすすめ本のポップ作り

●…………博物館・図書館・文書館の連携

MLA（博物館・図書館・文書館）の連携は，資料のデジタル化の面でよく見られる。児童サービスにおいても，デジタル資料を軸に連携していくことも必要である

MLA 連携

デジタル資料

が，子どもたちにとっては，直接サービスにおけるMLA連携がより重要であろう。

埼玉県立久喜図書館では，毎年夏休みに県立博物館との連携イベント「夏休みこども講座」を開催している。2019年は「ネズミワールドへようこそ！」をテーマに，県立自然の博物館と県立川の博物館の学芸員が講師を務めた。「ネズミ」はどんな種類がいてどういう生活をしているのか，一緒に学んでみようというもので，図書館員によるブックトークなどもある。一方，川の博物館では特別展「根・子・ねずみ」を開催し「"ネズミ" クイズラリー」などのイベントを行う。これに合わせて県立図書館子ども室においても連携資料展を開く。

国立国会図書館国際子ども図書館では，上野という立地を生かした連携が積極的に行われている。上野動物園飼育員のお話と絵本の読み聞かせを組み合わせた「子どものためのおたのしみ会」では，動物を決めて，動物園内での様子や生態などを飼育員が話し，図書館員がその動物の出てくる絵本を読む。東京文化会館等と連携して室内楽と絵本の読み聞かせを組み合わせたコンサートも行っている。上野公園の9機関の連携による「Museum Start あいうえの」は，子どもたちのミュージアム・デビューを応援し学びの場を広げることを目的とするプロジェクトである。こうした連携の効果を国際子ども図書館の楢木恵美子は次のように記している（「リニューアル後の児童青少年向けサービスと連携協力」楢木恵美子　2017　www.ndl.go.jp/jp/international/pdf/2017theme3_NDL.pdf）。

> （前略）連携機関のスタッフのお互いの機関に対する認知度が上がり，それぞれの専門機能を生かして協力し合うことで，単独では為し得なかった，幅広い内容の教育普及活動が行えるようになりました。作家によるワークショップでは，小学生だけでなく，通常の図書館利用や美術館・博物館プログラムではほとんど見られない中学生，高校生の参加も複数あり，子どもの関心やニーズにあった多様な導入プログラムを用意することが，結果として青少年の本との出会いの機会を増やすことにつながることも確認できました。

●…………ボランティアとの連携

ボランティアとの連携

図書館の内外における児童サービスの展開には，ボランティアとの連携が欠かせない。ボランティアの活動内容は，資料の配架・整理・修理，保育園や小学校への移動図書館の補助，点訳絵本や布の絵本などの制作，館内の飾り付け，絵本の読み聞かせやおはなし，紙芝居の実演，英語に親しむ会やクリスマス会などの講座の講師や補助，学習相談など，各図書館の事情により求められ活動の幅は広い。

図書館とボランティアがともに充実できるようにするためには，図書館ボランティア活動実施要領を定め，図書館側のボランティア担当窓口を明確にし，活動上の留意点を提示しておくことが大切である。活動紹介や活動のために必要な情報提供や研修，ボランティアにかかる保険加入も必要となる。また，各図書館あるいは各地域に図書館ボランティア連絡会を設け，交流を図ることが大切である。

図書館ボランティア連絡会

また，図書館の活動理念に賛同して特定の図書館を支援することを目的に，ボランティアを中心とした「図書館友の会」が組織されているところもある。たとえば「つづき図書館ファン倶楽部」（横浜市）では，通信を発行し，「つづきっこ読書応援団」を発足させ，「わらべうたわらしっこの会」や「マドレーヌ（絵本勉強会）」などを立ち上げ，図書館と共催で講演会を開催している。また，各地の友の会をつなぐ「図書館友の会全国連絡会」が2004年４月に設立されている。

●…………子ども文庫との連携

子ども文庫

家庭文庫

地域文庫

子ども文庫（家庭文庫，地域文庫）の活動は，近隣の子どもたちを対象に，貸出・閲覧，読み聞かせ・おはなし・手作り遊び，紙芝居などをすることが多い。図書館から団体貸出を受けて蔵書の数や新鮮さを維持したり，図書館のおはなし会などの活動に協力したりしている文庫も多い。近年では，学校への集団登下校により文庫に来づらくなったり，スマホ等の普及により子どもたちの興味関心をひくものが増加したりして，文庫へ来る子どもたちが減少した。利用者は小学生から乳幼児と保護者へと変化してきており，わらべうたの会や子育ての情報交換のためのお茶会，読み聞かせやブックトークなどの勉強会，読書会などの活動も見られる。

また，「来てもらう文庫から出前文庫へと軸足を移している」（『年報こどもの図書館2007年版』p.322）と述べられているように，地域の保育施設や学校へ出かけておはなし会等を行う活動が増加している。また，子ども人口の減少や公立図書館設置数の増加，文庫主宰者の高齢化，地域の施設が利用できなくなった，などの理由により，文庫活動が中止される例も少なくない。

熊取町立熊取図書館（大阪府）では，HP 上に「文庫案内」を掲載している。これは文庫と連携した情報提供の好例と思われる。

熊取町立熊取図書館「文庫案内」
https://www.town.kumatori.lg.jp/shisetsu/tosyokan/riyou_annai/kodomo/tiikitonorenkei/1355468160751.html

◉——option T

子どもの読書活動の推進に関する法律

平成13年12月12日　法律第154号

（目的）

第1条　この法律は，子どもの読書活動の推進に関し，基本理念を定め，並びに国及び地方公共団体の責務等を明らかにするとともに，子どもの読書活動の推進に関する必要な事項を定めることにより，子どもの読書活動の推進に関する施策を総合的かつ計画的に推進し，もって子どもの健やかな成長に資することを目的とする。

（基本理念）

第2条　子ども（おおむね18歳以下の者をいう。以下同じ。）の読書活動は，子どもが，言葉を学び，感性を磨き，表現力を高め，創造力を豊かなものにし，人生をより深く生きる力を身に付けていく上で欠くことのできないものであることにかんがみ，すべての子どもがあらゆる機会とあらゆる場所において自主的に読書活動を行うことができるよう，積極的にそのための環境の整備が推進されなければならない。

（国の責務）

第3条　国は，前条の基本理念（以下「基本理念」という。）にのっとり，子どもの読書活動の推進に関する施策を総合的に策定し，及び実施する責務を有する。

（地方公共団体の責務）

第4条　地方公共団体は，基本理念にのっとり，国との連携を図りつつ，その地域の実情を踏まえ，子どもの読書活動の推進に関する施策を策定し，及び実施する責務を有する。

（事業者の努力）

第5条　事業者は，その事業活動を行うに当たっては，基本理念にのっとり，子どもの読書活動が推進されるよう，子どもの健やかな成長に資する書籍等の提供に努めるものとする。

（保護者の役割）

第6条　父母その他の保護者は，子どもの読書活動の機会の充実及び読書活動の習慣化に積極的な役割を果たすものとする。

（関係機関等との連携強化）

第7条　国及び地方公共団体は，子どもの読書活動の推進に関する施策が円滑に実施されるよう，学校，図書館その他の関係機関及び民間団体との連携の強化その他必要な体制の整備に努めるものとする。

（子ども読書活動推進基本計画）

第８条　政府は，子どもの読書活動の推進に関する施策の総合的かつ計画的な推進を図るため，子どもの読書活動の推進に関する基本的な計画（以下「子ども読書活動推進基本計画」という。）を策定しなければならない。

２　政府は，子ども読書活動推進基本計画を策定したときは，遅滞なく，これを国会に報告するとともに，公表しなければならない。

３　前項の規定は，子ども読書活動推進基本計画の変更について準用する。

（都道府県子ども読書活動推進計画等）

第９条　都道府県は，子ども読書活動推進基本計画を基本とするとともに，当該都道府県における子どもの読書活動の推進の状況等を踏まえ，当該都道府県における子どもの読書活動の推進に関する施策についての計画（以下「都道府県子ども読書活動推進計画」という。）を策定するよう努めなければならない。

２　市町村は，子ども読書活動推進基本計画（都道府県子ども読書活動推進計画が策定されているときは，子ども読書活動推進基本計画及び都道府県子ども読書活動推進計画）を基本とするとともに，当該市町村における子どもの読書活動の推進の状況等を踏まえ，当該市町村における子どもの読書活動の推進に関する施策についての計画（以下「市町村子ども読書活動推進計画」という。）を策定するよう努めなければならない。

３　都道府県又は市町村は，都道府県子ども読書活動推進計画又は市町村子ども読書活動推進計画を策定したときは，これを公表しなければならない。

４　前項の規定は，都道府県子ども読書活動推進計画又は市町村子ども読書活動推進計画の変更について準用する。

（子ども読書の日）

第10条　国民の間に広く子どもの読書活動についての関心と理解を深めるとともに，子どもが積極的に読書活動を行う意欲を高めるため，子ども読書の日を設ける。

２　子ども読書の日は，４月23日とする。

３　国及び地方公共団体は，子ども読書の日の趣旨にふさわしい事業を実施するよう努めなければならない。

（財政上の措置等）

第11条　国及び地方公共団体は，子どもの読書活動の推進に関する施策を実施するため必要な財政上の措置その他の措置を講ずるよう努めるものとする。

附則

この法律は，公布の日から施行する。

◉——option U

少年院・少年鑑別所における読書

少年院も少年鑑別所も法務省に設置される矯正施設である。1948年に少年院と少年鑑別所の管理運営等を規定した少年院法が制定されて以来，全面的な見直しがされて2015年６月１日に新少年院法が施行され，同時に少年鑑別所法が独立した法として制定された。少年鑑別所は「家庭裁判所の少年審判を開くために犯罪を犯した未成年の少年を収容し，少年審判で処分を決めるための材料を集めたり調べたりする施設のこと」であり,「少年院は鑑別所の収容などを経て少年審判で矯正教育（犯罪や非行のような社会的不適応がある人の性格などを矯正し，社会復帰させる教育）が必要と判断された少年を収容する施設」である（https://keiji-pro.com/columns/133/#content_5)。

新少年院法には，旧法にはなかった「書籍等の閲覧」（第78～80条）に関する条文が追加され「これにより，少年院における“読書”に法的根拠が生まれ，これまで各施設で独自に行われることが多かった取組みに一定の基準が示された」と日置将之は指摘する（日置将之「少年院における読書活動：改正少年法をもとに」『明治大学図書館情報学研究会紀要』No.8　2017　p.19-25)。少年鑑別所法にも「書籍等の閲覧等」（第65～69条）が含まれている。少年院は2019年６月１日現在49庁，少年鑑別所は2019年４月14日現在52庁が全国に設置されている。

日置ら日本図書館研究会児童・YA図書館サービス研究グループの2019年の調査では，以下のような結果が報告されている（日置将之氏提供)。

＜調査方法＞

調査期間・方法	2019年１～２月。質問紙を郵送。２施設に訪問調査（10月)。
調査対象	全少年院51施設，全少年鑑別所52施設　計103施設
回収率は，少年院39施設，少年鑑別所33施設（計72施設　70％）	

＜備付書籍＞（蔵書冊数と年間予算は概数を含む）

備付書籍	少年院	少年鑑別所
蔵書冊数	平均5,070.2冊 最高12,500冊　最低800冊	平均 2,767.8冊 最高9,156冊　最低1,200冊
年間予算	平均236,984円 最高1,000,000円　最低67,000円	平均 154,032円 最高1,380,000円　最低50,000円
図書室	有：19　　無：20	有：18　無：15
読書の取組	有：39　　無：0	有：14　無：17　回答無：2

＜読書を活用した矯正教育の取り組み内容（複数回答）＞

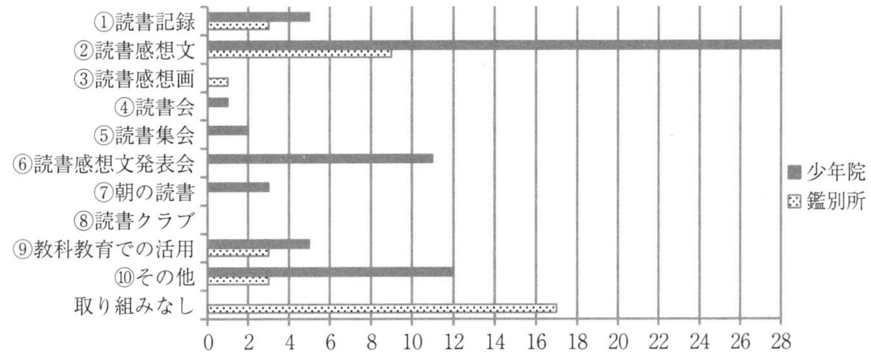

「⑩その他」には以下のものが含まれる。

少年院：読書指導，生活指導における課題図書，読書紹介ポスター作成・発表，ビブリオバトル（3施設），被害者心情理解の教育時の課題図書，日課に「読書」の時間を設定，ポップ作製と掲示

鑑別所：読書週間にポスター等を掲示，図書館の職員によるブックトーク，日記にその日読んだ図書の感想を評価する欄，図書に関するアンケート

読書活動を体験することの意味

広島県立図書館の正井さゆりは矯正施設との連携を重ねてきた経験から，「おはなし会やブックトーク等の読書行事には，基本的に子どもに読書への親しみを持たせることに意義がある」と述べ，そのほか次の四つの意味があるのではないかと述べている（正井さゆり『すべての子どもに本との出会いを：児童自立支援施設・児童相談所・矯正施設への読書活動の支援』溪水社　2017）。抜粋して紹介しよう。

①「人の声」による反応･･･人間の声で直接語りかけられる言葉は，それが優しく温かい言葉であった時，聞き手はまるで自分が優しく大切に扱われている印象を受けるであろう。快い感触を得ることができれば，読書行事や自らの読書活動に対しても肯定的な受け止め方をすることが期待される。

②読書による疑似体験･･･登場人物に共感することもあれば，自分と違う点に気づくこともある。自分自身と比べることで心の中で自分のことを振り返っている。

③集団で行う読書行事の効果･･･一冊の本について，自分と同じ感想を話す人がいれば「自分も一緒だ」と共感し，違う感想の人がいれば「そんな考え方もあるのか」と触発される。新たな気付きや感情の変化をもたらす。人の多様性を実感することにもつながる。

④体験としての読書･･･読書に関する体験によって，自分の新たな面を発見し前向きな意思を表明していた。これは自分を評価し認める姿勢につながる。

UNIT 49

◉児童サービス担当者のキャリア・アップ

児童サービス担当者のキャリア・アップ

●…………児童サービス関係者の組織化

ある職がどれほどの成熟段階にあるかは，その職の組織化を一つの指標とみることができよう。わが国の児童サービス関係者が初めて組織をもったのは，1953年に小河内芳子を代表とする児童図書館研究会（児図研）の発足であった。「児童図書館の研究とその発展充実を図ることを目的とし，事業としては，(1)児童図書館運営に関する研究会，講演会等，(2)児童図書館の発展充実のための宣伝，啓蒙，(3)優良児童図書の推せん紹介，(4)児童図書館の資料，用品の研究，(5)他の図書館関係，児童関係団体との連絡提携など」が挙げられていた（『児童図書館のあゆみ』児童図書館研究会編　教育史料出版会　2004　p.76）。この研究会は，機関誌『こどもの図書館』（月刊）を発行し，2019年現在は全国に17支部を構え，年１回全国学習会を開き，ミニ学習会や実務講座を適宜実施している。

児童図書館研究会

また，1956年には日本図書館協会（JLA）公共図書館部会に児童サービス分科会（現在は児童・青少年部門）が設けられ，さらにJLA内に1980年に「児童青少年読書委員会」が発足して（現在は「児童青少年委員会」），当時，児童図書館研究会の名誉会長であった小河内が初代委員長に就任した。児童図書館研究会と児童青少年読書委員会のメンバーは重複した者も多く，両組織が緊密に連携してわが国の児童サービスを牽引してきたと言える。そのほか地域や自治体レベルで児童サービス担当者の連絡会が組織されているところも多い。

●…………児童サービス担当者の職務

(1)　児童サービス担当者の責任

児童サービス担当者の職務は，図（p.255）のようにまとめることができる。まず，館内では，運営に関する業務，資料に関する業務，利用者に対するサービスがある。館外においては，保育園・幼稚園・学校などに対する連携・協力がある。子ども読書推進に関する法律の制定以後は，自治体の子ども読書活動推進計画に大きくかかわっている。子どもの読書や児童資料に関する働きかけもある。こうしたことを行うために，児童サービス担当者は専門団体等へ所属して研鑽に励み，館内・館外の各種研修に参加し，各自研究意識をもち研究発表を継続して行うことが必要である。

研修

研究発表

館内にあっては，子どもと本の世界を結びつけ，子どもの情報活用能力を育み，保護者等へ読書の意義の認識を深めるよう働きかける。館外にあっては，地域の子ども読書推進の調整・リーダーとして期待される。

児童サービスにかかわる図書館員は，児童サービスを図書館の全サービスとの関連や地域における子どもや読書関連の機関との連携において，自己の職務を捉えること，IT 技術の革新がめざましくデジタル教科書の利用が進められている現在，メディア全般において児童資料を捉えること，教育・福祉・文化など子どもをとりまく社会全般において子どもを捉えることが大切である。そして，図書館情報学のほか，その隣接領域（心理学，読書科学，教育学，保育学等）に目を向けることが必要である。 隣接領域

〈専門職としての責任〉
○専門団体への参加，○研修，○研究　など

館　内	館　外
〈運営に関する業務〉 ○児童サービスの目標，方針の決定 ○事業の優先順位の決定 ○予算の見積もり，コスト分析 ○サービスの評価　など 〈資料に関する業務〉 ○選書，収集方針の決定 ○資料の選択，収集，整理，保存等 ○コレクションの形成と管理　など 〈利用者に対するサービス〉 ○閲覧，貸出，○フロアワーク ○レファレンス，○利用指導 ○読書案内・指導・相談 ○集会・行事，○展示，○広報　など	〈地域の機関・施設との連携・協力〉 ○保育園，幼稚園，学校，子ども文庫，公民館，児童館，保健所，病院，矯正施設など ○貸出（長期・短期，団体・個人） ○出前（おはなし会など） ○行事への協力，○相談，情報提供 ○ブックモビル　など 〈自治体の子ども読書推進運動への協力〉 ○計画の策定・実施・評価 ○各種情報提供 ○他機関との連絡調整　など 〈子どもの読書・児童資料関連事項〉 ○書評や紹介（雑誌・新聞等） ○各種働きかけ　など

〈社会全般に対する貢献〉
○書誌コントロール，○児童資料の質の向上，○児童資料の整備，
○読書環境の整備・拡充，○子どもの情報へのアクセス権の保証　など

児童サービス担当者の職務・役割

(2) 児童サービス担当者に求められる知識・技術

児童サービス図書館員に求められる知識としては，司書養成科目改訂の基礎となった『司書資格取得のために大学において履修すべき図書館に関する科目の在り方について（報告）』（これからの図書館の在り方検討協力者会議　2009.2）に示されている。それによると，「児童サービス論」は，「児童（乳幼児からヤングアダルトまで）を対象に，発達と学習における読書の役割，年齢層別サービス，絵本・物

語等の資料，読み聞かせ，学校との協力等について解説し，必要に応じて演習を行う」としている。具体的には，「①発達と学習における読書の役割，②児童サービスの意義（理念と歴史を含む），③児童資料（絵本），④児童資料（物語と伝承文学，知識の本），⑤児童サービスの実際（資料の選択と提供，ストーリーテリング，読み聞かせ，ブックトーク等），⑥乳幼児サービス（ブックスタート等）と資料，⑦ヤングアダルトサービスと資料，⑧学習支援としての児童サービス（図書館活用指導，レファレンスサービス），⑨学校，学校図書館の活動（公立図書館との相違点を含む），⑩学校，家庭，地域との連携・協力」が挙げられており，これが，司書講習や司書養成機関のシラバスの基本となっている。

児童サービス担当者のための専門的能力

10代へのサービス担当者のための専門的能力

アメリカ図書館協会（ALA）では，児童サービス部会（ALSC）が児童サービス担当者に求められる能力のガイドライン「児童サービス担当者のための専門的能力：Competencies for Librarians Serving Children in Public Libraries」（ALSC, 2015）を，ヤングアダルトサービス部会（YALSA）が「10代へのサービス担当者のための専門的能力：Teen Services Competencies for Library Staff」（2017）を発表している。児童サービス担当者の専門的能力は，下図のように7領域が示されその下に計62項目が列挙されており，ヤングアダルトサービス担当者については10項目が挙げられている。

〈児童サービス担当者〉	〈ヤングアダルトサービス担当者〉
Ⅰ．利用者グループへの関わり	1．10代の成長と発達に関する知識
Ⅱ．レファレンスと利用者サービス	2．10代の若者との交流
Ⅲ．プログラムの企画・実践スキル	3．柔軟な学習環境（公式・非公式）の提供
Ⅳ．資料に関する知識，整理，管理	4．適切な学習活動・経験（公式・非公式）の計画・実施
Ⅴ．アウトリーチとアドボカシー	5．若者との連帯とリーダーシップの助長
Ⅵ．経営・管理スキル	6．コミュニティや家族との連帯
Ⅶ．専門性と専門家としての成長	7．文化の多様性に対する適性と敏感性
	8．アクセスの公平性
	9．成果と評価
	10．継続的な学び

●…………研修の機会

(1) 全国的レベル・地区別の研修会

児童図書館員養成専門講座

児童サービスに特化したものとして，JLA 児童青少年委員会が1980年から毎年開催している「児童図書館員養成専門講座」（2009年まで「児童図書館員養成講座」）がある。「公共図書館職員として5年以上の経験を持ち，児童サービス担当を2年以上経験している」職員を対象として「公共図書館の児童サービスの現場で中心的役割を果たし，指導者・助言者として活躍できる人を養成する」ことを目的としたもので，事前課題を課し，前期・後期の計15日間で実施する。また，JLA 全国公共図書館研究集会児童・青少年部門（旧「児童に対する図書館奉仕全国研究集会」）が隔年で開催されている。

また，JLA の中堅職員（図書館勤務経験３年以上）ステップアップ研修や文部科学省図書館地区別研修に「児童サービス」が含まれることがある。国立教育政策研究所社会教育実践研究センター（旧・国立社会教育研修所）の公共図書館の中堅職員を対象とした「図書館司書専門講座」（毎年）の中にも児童サービスのテーマが含まれる年がある。

中堅職員

ステップアップ研修

文部科学省図書館地区別研修

図書館司書専門講座

その他，国際子ども図書館では「児童文学連続講座」を開催するほか,「児童サービス関係者が館種や地域を越えて会し，特定のテーマについて最新の情報や動向を学び，事例紹介・意見交換・相互交流を行う場として，児童サービス研究交流会を開催」（同館 HP）している。東京子ども図書館では「おはなしの講習会」や「子ども図書館講座」を開催し，研修制度を設けている。

⑵　都道府県レベルの研修

都道府県では，県立図書館や県図書館協会などが県内市町村立図書館の職員を対象に研修を行っている。都道府県ごとに開催される研修形態・内容は異なるが，例として千葉県の研修事例を紹介しよう（『要覧　平成30年度』千葉県立中央図書館・千葉県立西部図書館・千葉県立東部図書館)。

まず,「公共図書館新任職員研修会」（年１回）がある。その内容は「公共図書館の役割，利用サービス，レファレンスサービス，児童サービス及び相互協力業務等」であり，五つのテーマの中に児童サービスが含まれている。そのほか「児童サービス基礎研修会」を年５回（6，7，9月）開催する。2017年度は「児童奉仕概論」,「絵本・物語の選書」,「おはなし会の運営について」,「ノンフィクションの選書について」,「レファレンスサービスについて」,「児童サービス担当者として：伝えること・受け取ること・考えること」という内容で，講師は県立図書館職員をはじめ県内市町村の職員と外部講師であった。

公共図書館新任職員研修会

⑶　館内研修，自己研修など

日常的に館内研修（OJT：On the Job Training）が実施されることが望ましいが，職員数や勤務体制により時間的に余裕のない館が多いと思われる。地域の児童担当者が自主的に集まって新刊書を評価したり，公共図書館と学校図書館の職員が共同して調べ学習のための資料の勉強会をしたりしているところもある。

館内研修

いずれの地域的レベルであっても，個人においては基礎から専門的研修へと研修内容がレベルアップできるような研修が用意されていること，研修のための時間と費用が手当てされていることが必要である。そして，常に児童サービスを中心とした図書館界の動向や子どもを取り巻く社会の動向を把握できるようにアンテナを高く掲げておくことが大切である。

UNIT 50

◎児童サービス担当者のキャリア・アップ

児童図書館界の動向を探る

●…………児童サービスの動向

児童図書館員養成専門講座

「児童図書館員養成専門講座」(日本図書館協会(JLA)主催)の「年間計画」の講義担当の川上博幸は，提出された課題を分析して，三つの時期の特徴をまとめている(川上博幸「児童サービスの年間計画の変化から見える最近のサービス傾向」『図書館雑誌』107巻6号　2013　p.348-350)。

Ⅰ．1990年頃は「年間の計画をたてて，子どもへのサービス活動や児童室の運営をしていた図書館は少なかった」と述べているが，この年間計画というのは，「ある図書館全体の，年間の取組や予定，子どもへのサービス活動，それに関わる講座，講習会，研究会などの学習活動，さらに日常の定められた業務，その他，県下の研修，会合などを記述するものである。……これは，児童サービスが館全体の運営の一部であり，他の部署の影響を受けたり援助をしたりされたり，という組織内の連携・協力関係を考慮に入れているからである」(p.348)と川上は述べている。「児童サービスが館全体の運営の一部」というのは当然のことと思われるが，30年前にはまだ一般的とは言えなかったようである。

また，「読み聞かせ活動，お楽しみ会，おはなし会，映画会など諸活動は……定期的に実施している館が増えていた。……そんななかで，既に，おはなし会などを“学齢前の子と小学生を区分して実施するべきか”と，課題に挙げている図書館がでてきていた」と，乳幼児サービスの萌芽を感じさせる記述もある。

Ⅱ．2000年前半頃は，「読み聞かせ，おはなし会の定例化がいっそう進み……回数が増える形で定例化されていた。子どもと本をつなぐ活動が一定の定着をしたとみてよい」と評価し，「実施面で，幼児と小学生など年齢で区分する図書館が増え……科学遊びが増えている」と多様化してきていることを指摘している。

科学遊び

子どもの読書活動の推進に関する法律

子ども読書活動推進計画

研修会の講師

Ⅲ．2010年頃からは，「子どもの読書活動の推進に関する法律」(2001)と「子ども読書活動推進計画」の影響を受けて，「市町図書館では，何らかの形で，保育所，幼稚園，学校へ出かけていく活動が増え……都道府県図書館では特に……子どもの読書に関わる活動をしている人たちに，本の選び方や出会いを図る技術を伝える研修会の講師をする図書館員がかなり増えた」という。そのほか，子ども用のホームページ(HP)を作成する館は，Ⅰの時期には見られず，Ⅱの時期では「ごくごくわずか」であり，Ⅲの時期に増えてきており，「ヤングを含めて不特定多数にはたらきかけられる“新しい手法”である」としている。

また，2000年以降に，「子ども図書館」や「児童図書館」の名称を付した児童サービス専門の図書館が増加していることも注目に値する。これは「子ども読書活動推進」の影響であろう。『年報こどもの図書館2012年版』（児童図書館研究会編　JLA　2012）には「全国子ども図書館一覧」として68館がリストされており，その中には大学附属子ども図書館も見られる。

児童サービス専門の図書館

『年報こどもの図書館』

子ども図書館が自治体の他部署と強く連携している例もある。たとえば，2013年リニューアル開館の富山市立とやま駅南図書館・こども図書館は富山駅近くのビルの４階にあるが，同じ４階に富山市子育て支援センターがあり，その「こどもひろば」とも図書館はつながっている。このような子育て支援事業と子ども図書館の連携は特に目立つ。また，2018年開館の北九州市立子ども図書館は，HP によれば，北九州市子ども読書活動推進条例に基づき整備したもので，次の六つの機能をもつという。1. 子ども向け専門図書館，2. シビックプライドを醸成する図書館，3. 市立図書館による児童サービスの統括機能，4. 学校図書館支援センター機能，5. 地域や家庭等での子ども読書活動の支援，6. 関係機関との連携推進。

図書館へのゲームの導入も見られる。上述のとやま駅南図書館・こども図書館にはゲーム機が導入されており，モーションセンサーにより体を動かして遊ぶゲームができ，子ども同士や親子が楽しんで遊ぶことができる。また，「テーブルトーク・ロールプレイングゲーム」（TRPG）や「現代ボードゲーム」を導入する図書館が見られ始めた。山中湖図書情報創造館（山梨県）では月１回ゲームの日として各種ゲームを楽しむ日としており，アメリカ図書館協会（ALA）の「International Games Day（世界中の図書館でゲームをする日）」に呼応して11月に「ボードゲームの日」を実施している。ちなみに2014年のポスターには「ご家族で（３歳からでも OK）　小学生，中学生，高校生から大人まで！　ゲームという名の物語を体験しよう」の文字が見られる（http://lib-yamanakako.blogspot.com/2014/）。また，小・中学生向けプログラミングワークショップを開催する図書館も出てきた。

しかし，公立図書館の非正規職員の増加や指定管理者の運営の下では，「児童サービスに精通した司書」が育ちづらいことを坂部豪が指摘している。異動や離職によって児童サービス経験の蓄積が難しくなっているのである（坂部豪「児童図書館の運営」『年報こどもの図書館2017年版』JLA　2018　p.145-151）。

そのほか少年院法が1949年に施行されて以来66年ぶりに全面改訂され，2015年４月に新少年院法が施行された。同時に「少年鑑別所法」が新たに整備・施行された。新少年院法には「矯正教育の目的・内容・方法等の明確化」や「在院者の特性に応じた計画的・体系的・組織的な矯正教育を実施」などの「矯正教育の基本的制度の法定化」も盛り込まれている。また，2013年６月制定の「障害を理由とする差別の解消の推進に関する法律」（「障害者差別解消法」）が，2016年４月に施行された。これには役所や事業者に「不当な差別的取扱いの禁止」と「合理的配慮の提供」が求められており，無論，図書館も例外ではない。

●…………児童サービスの動向把握のための情報源

まず，『図書館年鑑』（JLA　年刊）がある。前年の図書館サービスの概況がまとめられているもので，その中の「問題別図書館概況」の「児童青少年への図書館サービス」として前年の児童図書館界の出来事が３ページで掲載されている。このほかに約５年ごとに刊行されている『年報こどもの図書館』がある。児童図書館研究会が『年鑑こどもの圖書館1956年版』から継続して編集しているもので，最新の『年報こどもの図書館2017年版』（児童図書館研究会編　JLA　2018）では，特集に「子どもと震災」と「図書館利用に障害のある子どもへのサービス」を取り上げ，「子どもをめぐる社会・文化状況」や児童図書館界や学校図書館界，児童図書出版の動向等をまとめている。

文部科学省（文科省）の「子ども読書の情報館」のサイト（図 p.261）には，文科省の発表データや取組事例などが掲載されている。国際子ども図書館の HP には「児童サービス・学校図書館関係者の方へ」の中に，「子どもの本に関する情報」，「子どもの読書活動推進」などの多様な情報が提供されている。国立国会図書館のサイト「カレントアウェアネス・ポータル」（https://current.ndl.go.jp/）では「児童サービス」などのキーワードにより検索すれば，関連文献を探すことができる。

『図書館雑誌』（JLA　月刊）や『みんなの図書館』（図書館問題研究会　月刊）には児童サービスの特集が組まれることがある。『図書館界』（日本図書館研究会　隔月刊）では，特集を組んで文献レビューを掲載しており，最近では2018年５月号に「児童・YA サービスの動向」が見られる。

●…………子ども文庫との協働

「公共図書館の児童サービスが発展してきた背景には，常に文庫のサポートがあった」（『児童図書館のあゆみ』児童図書館研究会　教育史料出版会　2004　p.212）と言われる。文庫の全国的組織として1970年に「親子読書地域文庫全国連絡会」（親地連）が結成されて以来，各地で文庫連絡会が結成されてきた。子ども文庫連絡会は，文庫経営のノウハウを伝え合ったり，児童サービスの充実を働きかけたり，児童書やストーリーテリング等の勉強会を開催したりしている。なかでも規模の大きい大阪府子ども文庫連絡会（大子連）は1976年に結成したもので，大阪府内の約150の子ども文庫をまとめ，図書館と協力して子どもの読書活動を推進しており，児童文化講座や地域講座を開催したり，学習会のための講師を派遣したりしている。

子ども文庫を法人化してNPO（特定非営利活動法人）の図書館を設立する動きもある。NPO法人高知こどもの図書館は，「ホキ文庫」の蔵書15,000冊を土台として1999年に開設された。さまざまな研究書などの貸出を基本としながら，子どもへの直接サービスを実施し，情報の収集と発信，講演会・講座・ワークショップ，ボランティア養成講座，講師派遣事業，巡回企画展事業などを行っている。

NPO法人山梨子ども図書館は，公共図書館勤務と文庫活動の経験の豊富な浅川玲子を中心に2005年に設立されたもので，「子どもの本に関心のある人や児童書全般の専門家を目指す者に対して，講座講義を通じて広範囲の知識，関連の技術を伝授する事業を行い，優れた児童書への認識を高めさせ，また児童書に関する専門家の養成に寄与することを目的とする」（HPより）もので，専門家養成講座，講演会，講師派遣などを行っている。

「子ども読書の情報館」（http://kodomodokusyo.go.jp/）

参 考 文 献

ここには,「児童サービス」を理解するための基本的な文献を挙げる。各 UNIT や option で紹介したものと併せて参考にしていただきたい。

●児童・YA サービスについて理解するために

○赤星隆子著『児童図書館の誕生』理想社, 2007

○石井桃子著『石井桃子コレクション　3　新編子どもの図書館』岩波書店, 2015(岩波現代文庫　文芸)

○コルウェル, E. 著　石井桃子訳『子どもと本の世界に生きて：一児童図書館員のあゆんだ道』こぐま社, 1994

○汐﨑順子著『児童サービスの歴史：戦後日本の公立図書館における児童サービスの発展』創元社, 2007

○児童図書館研究会編『児童図書館のあゆみ：児童図書館研究会50年史』教育史料出版会, 2004

○正井さゆり著『すべての子どもに本との出会いを：児童自立支援施設・児童相談所・矯正施設への読書活動の支援』溪水社, 2017

○杉山きく子著『がんばれ！児童図書館員』本作り空 Sola, 2014

○高橋樹一郎著『子ども文庫の100年：子どもと本をつなぐ人々』みすず書房, 2018

○日本図書館協会児童青少年委員会児童図書館サービス編集委員会編『児童図書館サービス1, 2』日本図書館協会, 2011（JLA 図書館実践シリーズ18, 19）

○ピンボロー, ジャン文　アトウェル, デビー絵　張替恵子訳『図書館に児童室ができた日：アン・キャロル・ムーアのものがたり』徳間書店, 2013

○フェイジック, アデルほか編　高鷲志子, 髙橋久子訳『本・子ども・図書館：リリアン・スミスが求めた世界』全国学校図書館協議会, 1993

○藤野寛之編著『アメリカの児童図書館・学校図書館：サービス活動の先駆者たち』日外アソシエーツ（紀伊國屋書店発売）, 2015

●子どもと読書について理解するために

○石井桃子著『子どもに歯ごたえのある本を：石井桃子談話集』河出書房新社, 2015

○黒澤浩ほか編『新・子どもと本と読書の事典』ポプラ社, 2004

○松岡享子著『子どもと本』岩波書店, 2015（岩波新書　新赤版）

○松岡享子著『子どもたちの心に届ける自然・ことば・遊び：松岡享子ロングインタヴュー　木城えほんの郷20周年記念講演録』木城えほんの郷, 2018（木城えほんの郷ブックレット）

○ミーク，マーガレット著　こだまともこ訳『読む力を育てる：マーガレットミークの読書教育論』柏書房，2003
○脇明子著『物語が生きる力を育てる』岩波書店，2008

●読書における子どもについて理解するために

○秋田喜代美著『読書の発達心理学：子どもの発達と読書環境』国土社，1998.
○石井桃子著『子どもが本をひらくとき：石井桃子講演録』ブックグローブ社，2017
○岡本夏木著『子どもことば』岩波書店，1982（岩波新書　黄版）
○佐々木宏子著『絵本の心理学：子どもの心を理解するために』新曜社，2000
○佐々木宏子著『絵本は赤ちゃんから：親子の読み合いがひらく世界』新曜社，2006
○バトラー，ドロシー著　百々佑利子訳『クシュラの奇跡：140冊の絵本との日々』のら書店，1985.

●児童資料について理解するために

○桂宥子編著『はじめて学ぶ英米児童文学史』ミネルヴァ書房，2004
○国立国会図書館国際子ども図書館編『国際子ども図書館児童文学連続講座講義録　平成28年度：子どもに本を手渡すために』国立国会図書館，2017
○国立国会図書館国際子ども図書館編『国際子ども図書館児童文学連続講座講義録　平成30年度：絵本と子どもの原点を見つめる』国立国会図書館，2019
○スミス，リリアン著　石井桃子ほか訳『児童文学論』岩波書店，1979
○瀬田貞二著『幼い子の文学』中央公論新社，1999（中公新書）
○瀬田貞二著『絵本論：瀬田貞二子どもの本評論集』福音館書店，1985
○鳥越信編著『はじめて学ぶ日本児童文学史』ミネルヴァ書房，2001
○ハント，ピーター編　さくまゆみこほか訳『子どもの本の歴史：写真とイラストでたどる』柏書房，2001
○松岡享子著『昔話絵本を考える』新装版，日本エディタースクール出版部，2002

●学校図書館について理解するために

○塩見昇著『学校図書館の教育力を活かす：学校を変える可能性』日本図書館協会，2016（JLA 図書館実践シリーズ 31）
○堀川照代編著『「学校図書館ガイドライン」活用ハンドブック：解説編，実践編』悠光堂，2018，2019

事 項 索 引

【五十音順】

＜タ＞

＜ナ＞

書名索引

【本文中で紹介・引用した図書および雑誌のタイトルの五十音順】

執筆者紹介

（UNIT 執筆順）

堀川　照代（ほりかわ　てるよ）
所　　属：青山学院女子短期大学
関心領域：児童サービス論，学校図書館論
主要著作：「公共図書館児童サービスの特性と児童図書館員の養成」（日本図書館学会研究委員会編『児童・ヤングアダルトサービスの到達点と今後の課題』日外アソシエーツ，1997）
『子どもの情報行動に関する調査研究』（共著，国立国会図書館，2008）
『児童サービス研修のいまとこれから』（共著，国際子ども図書館，2011）
担　　当：UNIT 0，3～6，43～50，option K，U

竹中　淑子（たけなか　よしこ）
所　　属：子どもの本研究所
関心領域：児童サービス論，児童文学，ストーリーテリング
主要著作：“Japanese children's literature on the world threshold,”（*Japanese Book News*, No.4，1993）
『たのしく読める英米児童文学』（共著，ミネルヴァ書房，2000）
『はじめての古事記』（共著，徳間書店，2012）
担　　当：UNIT 1，2，30～32，option L～N

根岸　貴子（ねぎし　たかこ）
所　　属：子どもの本研究所
関心領域：児童サービス論，児童文学，ストーリーテリング
主要著作：『日本の児童図書賞　1987-1991年』（責任編集，日本エディタースクール出版部，1993）
『はじめての古事記』（共著，徳間書店，2012）
『こねこのレイコは一年生』（創作，のら書店，2014）
担　　当：UNIT 7 ～11，option C

尾﨑　尚子（おざき　なおこ）
所　　属：埼玉県さいたま市立桜図書館
関心領域：児童サービス，学校図書館，今後の公共図書館
主要著作：「さいたま市の学校図書館支援センター－活動と展開－」（『図書館雑誌』2002年8月号，vol.96，no.8）
「児童向けノンフィクション資料について－自然科学の本を中心に－」（『こどもの図書館』2010年7月号，vol.57，no.7）
担　　当：UNIT 12，13，15，16，23～29，option H

井上　靖代（いのうえ　やすよ）

所　　属：獨協大学

関心領域：児童・ヤングアダルトサービス，アメリカ図書館史

主要著作：「ヤング・アダルトサービス理論の変遷」（日本図書館学会研究委員会編『児童・ヤングアダルトサービスの到達点と今後の課題』日外アソシエーツ，1997）

翻訳『ヤングアダルト・サービスの秘訣　公共図書館ジェネラリストへのヒント』（ルネ・J. ヴィランコート，アメリカ図書館協会公共図書館部会・ヤングアダルト図書館サービス部会共著，日本図書館協会，2004）

担　　当：UNIT 14，37〜42，option D，J，P，Q

伊藤　明美（いとう　あけみ）

所　　属：社会福祉法人芳雄会，日本女子大学，清泉女子大学

関心領域：児童サービス論，ストーリーテリング，乳幼児サービス

主要著作：『先生が本（おはなし）なんだね　語りの入門と実践』（小澤昔ばなし研究所，2016）

『がまとうさぎのもちあらそい』（再話，くもん出版，2006）

『知っておきたい図書館員の仕事』（共著，LIU，2003）

担　　当：UNIT 17〜22，33〜36，option A，I

（所属は2020年１月現在）

児童カウンター（浦安市立図書館）

児童サービス論　新訂版

JLA 図書館情報学テキストシリーズⅢ　6

1998年 8 月26日 ［シリーズ第 1 期］初版第 1 刷発行
2005年 3 月16日　新訂版第 1 刷発行
2009年 2 月13日 ［シリーズ第 2 期］初版第 1 刷発行
2014年 2 月26日 ［シリーズ第 3 期］初版第 1 刷発行 ©
2020年 3 月16日　新訂版第 1 刷発行
2022年11月20日　新訂版第 4 刷発行
定価：本体 1,900円（税別）

編著者……………………堀川照代
シリーズ編集……………塩見昇・柴田正美・小田光宏・大谷康晴

発行………………………公益社団法人 日本図書館協会
〒104-0033　東京都中央区新川 1 丁目11－14
TEL 03-3523-0811（代）
〈販売〉TEL 03-3523-0812　FAX 03-3523-0842
〈編集〉TEL 03-3523-0817　FAX 03-3523-0841
印刷………………………船舶印刷株式会社
ブックデザイン…………笠井亞子

JLA202215
ISBN978-4-8204-1909-9　　本文用紙は中性紙を使用しています。 Printed in Japan.